ENGELS LEREN

TALEN ALS TARGET

ENGELS LEREN

**Niveau Beginners
A2**

Anthony Bulger
Nederlandse bewerking door Carine Caljon

DE REEKS
TALEN ALS TARGET

OVER HET GEMEENSCHAPPELIJK EUROPEES REFERENTIEKADER VOOR TALEN

Vanaf wanneer kan men zeggen dat men een vreemde taal "spreekt"? Dat men ze bovendien "correct" en vlot spreekt? Laat staan dat men ze "beheerst"? Dit zijn vragen die linguïsten en taalleraren al lang bezighouden. Ook wie zijn kennis moet omschrijven, bijvoorbeeld bij het solliciteren, heeft baat bij een duidelijk antwoord.

Wel, dat antwoord kwam er in 2001, met het door de Raad van Europa opgestelde Gemeenschappelijk Europees Referentiekader voor Talen, meestal "Europees Referentiekader" (ERK) genoemd. De hoofddoelstelling was het aanbieden van een voor alle Europese talen bruikbare methode waarmee objectief het kennisniveau kan geëvalueerd worden. Deze richtlijnen vormden een dankbaar alternatief voor de talrijke, meestal taalgebonden evaluatietests die tot dan toe gangbaar waren.
Meer dan 15 jaar na de invoering ervan kent het referentiekader ook succes buiten Europa. Het wordt in landen over de hele wereld gebruikt en de richtlijnen zijn beschikbaar in 39 talen. Lesgevers, recruters, bedrijven en taalgebruikers vinden voortaan een houvast in de vaste, erkende referentieniveaus.

DE 6 NIVEAUS IN HET EUROPEES REFERENTIEKADER

Het Europees referentiekader bestaat uit
3 gebruikerscategorieën
en
6 taalvaardigheids-
niveaus:

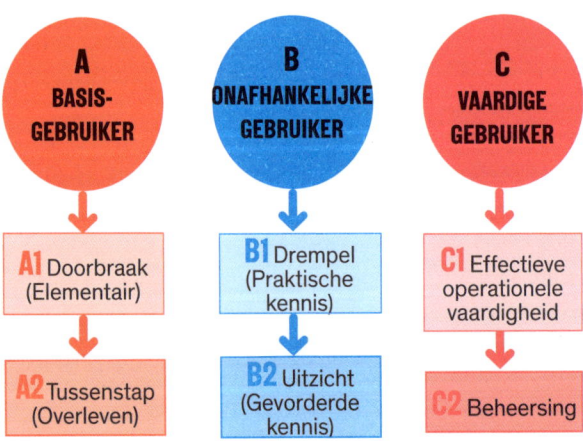

Elk vaardigheidsniveau heeft criteria voor het evalueren van verschillende aspecten van communicatie:
- productie (spreken en schrijven)
- receptie (gesproken en geschreven taal begrijpen)
- interactie (mondeling en schriftelijk).

In onze cursus beperken we ons uiteraard (in hoofdzaak) tot de taal begrijpen en (in mindere mate) ze mondeling en schriftelijk weergeven. Interactie is de volgende stap. In deze reeks reiken we de lezers de basis aan die nodig is om met native speakers te beginnen communiceren.

DE VAARDIGHEDEN BIJ NIVEAU A2

Bij niveau A2 kan men:
- woordenschat en uitdrukkingen uit het dagelijks leven **begrijpen** en gebruiken
- korte teksten **lezen** en informatie opzoeken in gewone documenten
- **communiceren** door rechtstreeks informatie uit te wisselen bij eenvoudige routinetaken
- in eenvoudige bewoordingen persoonlijke gegevens (gezin, opleiding, werkomgeving,...) en behoeften **uitdrukken**
- korte, eenvoudige notities en berichten **schrijven**.

De meeste zelfstudiemethodes vermelden een ERK-niveau (doorgaans B2), maar deze classificatie gebeurde vaak achteraf en komt niet altijd overeen met de ERK-richtlijnen.
Als je de lessen volgt zoals aangegeven, de dialogen beluistert en de oefeningen maakt, zal je met onze reeks **Talen als target** niveau A2 bereiken. Dit levert de basis voor de belangrijkste stap: communiceren met native speakers. Oefenen is hierbij essentieel: je gaat de nieuwe taal steeds beter begrijpen en er je steeds vlotter in uitdrukken. Jouw opgedane kennis moet uitbreiden, niet verwateren!

ENGELS LEREN

BEGRIPPEN

- UITSPRAAK

- KLANKEN
- KORTE EN LANGE KLINKERS
- DE LETTER *R* NA EEN KLINKER IN EEN EINDKLANK
- DE LETTER *H*: AANBLAZEN OF NIET
- DE LETTERCOMBINATIE *CH*
- *TH*: ZACHT OF HARD
- DE LETTERS *G* EN *J*
- EIND-B, -D, -V EN -Z

- KLEMTOON IN EEN WOORD
- TWEELETTERGREPIGE ZELFSTANDIGE EN BIJVOEGLIJKE NAAMWOORDEN
- TWEELETTERGREPIGE WERKWOORDEN
- DRIELETTERGREPIGE WOORDEN
- VIERLETTERGREPIGE WOORDEN

- KLEMTOON EN RITME IN DE ZIN

■ UITSPRAAK

Waar, in eerste instantie, de grammaticale structuur van het Engels relatief eenvoudig is, kan de uitspraak wel wat problemen opleveren. Dit niet alleen door het grote aantal onregelmatigheden en bijzonderheden, maar ook door het feit dat er vanuit de 26 letters van het alfabet meer dan 45 klanken kunnen gevormd worden (dus een paar meer dan in het Nederlands). Bijgevolg is het verschil tussen geschreven en gesproken vorm soms onvoorstelbaar, bv. bij **though** [DHoo^w] en **cough** [kof]. Aandachtig luisteren en hardop oefenen is dan ook de ontzettend belangrijke boodschap!

Het zal je wellicht niet meteen lukken om "als een Engelsman" (of een Amerikaan) te spreken, maar we willen je helpen om een duidelijke en natuurlijke uitspraak aan te leren, die je Engelstalige gesprekspartners vlot zullen begrijpen. Weet dat Engels voor bijna 400 miljoen mensen de hoofdtaal is, en dat het totaal aantal sprekers ervan geschat wordt op zo'n 2 miljard over de hele wereld! Om dan universele uitspraakregels mee te geven, lijkt ons bijzonder complex en gevaarlijk.

We moeten zeker rekening houden met 3 elementen: de verschillende klanken, de klemtoon in woorden, de klemtoon en het ritme in de zin.

◆ KLANKEN

Als Nederlandstalige moet je bij de Engelse klanken vooral letten op het volgende:

KORTE EN LANGE KLINKERS

Net als in het Nederlands kunnen klinkers kort en lang uitgesproken worden (cf. b<u>a</u>d - b<u>a</u>den), maar daarbovenop kunnen klinker(combinatie)s in het Engels ook op verschillende manieren uitgesproken worden en kunnen klanken met verschillende klinker(combinatie)s geschreven worden. Neem de woorden **ship** (*schip*) en **sheep** (*schaap*): in het eerste is de **i** vergelijkbaar met de onze [sjip], terwijl in het tweede de dubbele **e** een lange ie-klank vormt [sjiep].

Beluister de volgende woordparen en herhaal ze hardop, let hierbij op de lengte van de klinkers (kort - lang):

a. ship – sheep
b. at (*om,...*) – ate (verl. tijd van **eat**, *eten*)
c. plan (*plan, project*) – plane (*vliegtuig*)
d. met (verl. tijd/volt. dw. v.) **meet**, *ontmoeten*
e. not (*niet*) – note (*nota, briefje*)
f. lick (*likken*) – like (*graag ...*)
g. tub (*kuip*) – tube (*buis; Londense metro*)
h. hop (*sprongetje*) – hope (*hopen*)
i. bet (*wedden*) – beat (*(ver)slaan*)
j. cut (*snijden*) – cute (*schattig*)

DE LETTER *R* NA EEN KLINKER IN EEN EINDKLANK

Deze zgn. "niet-rhotische r" is gangbaar in standaard Brits Engels, maar niet in alle streken van het land, noch in een groot deel van de Verenigde Staten. Zo wordt, bijvoorbeeld, het substantief **firm** (*firma*) in Groot-Brittannië uitgesproken als [fe-em], maar in Schotland of in Chicago als [fe-erm].

In dit boek opteren we voor de klassieke niet-rhotische **r** die de voorliggende klinker als het ware rekt (bv. in **park** [pa-ak], *park*), maar die onhoorbaar is als eindklank (bv. in **weather** [wèDHe], *weer*).

Luister hoe de woorden uitgesproken worden en herhaal ze dan hardop:

a. **term** (*trimester*)
b. **brother** (*broer*)
c. **work** (*werk*)
d. **farm** (*boerderij*)
e. **mother** (*moeder*)
f. **fork** (*vork*)
g. **dinner** (*diner, avondeten*)
h. **doctor** (*dokter*)

DE LETTER *H*: AANBLAZEN OF NIET

De **h** wordt op zich meestal aangeblazen als beginklank van een woord of van een tweede element in een samenstelling.

Luister hoe de woorden uitgesproken worden en herhaal ze dan hardop:

a. **he** (*hij*)
b. **head** (*hoofd*)
c. **superhero** (*superheld*)
d. **behind** (*achter*)
e. **unhappy** (*ongelukkig*)
f. **anyhow** (*hoe dan ook*)

De weinige woorden waarin de **h** zo niet uitgesproken wordt, komen vaak uit het Latijn:

Luister hoe de woorden uitgesproken worden en herhaal ze dan hardop:

a. **hour** (*uur*)
b. **honour** (*eer*)
c. **honest** (*eerlijk*)
d. **vehicle** (*voertuig*)

DE LETTERCOMBINATIE *CH*

De combinatie **ch** klinkt meestal als in *tsjilp*, maar ook vaak als [k] of [sj] (veel in woorden van vreemde oorsprong).

Luister hoe de woorden uitgesproken worden en herhaal ze dan hardop:

a. **child** (*kind*), **teacher** (*leraar, lerares*), **rich** (*rijk*)
b. **character** (*karakter*), **school** (*school*), **stomach** (*maag*)
c. **champagne**, **machine**, **parachute**

TH: ZACHT OF HARD

De combinatie **th** kent een "zachte", stemloze variant (**think, three**) en een "harde", stemhebbende (**this, them**), dus met al dan niet trillende stembanden:

• Ga voor de uitspraak van de zachte **th** uit van een t, maar breng het tipje van de tong tussen de voortanden.

Luister hoe de woorden uitgesproken worden en herhaal ze dan hardop:
a. **think** (*denken*)
b. **three** (*drie*)
c. **throat** (*keel*)
d. **thanks** (*bedankt*)
e. **things** (*dingen*)
f. **Thursday** (*donderdag*)
g. **thirty** (*dertig*)
h. **thousand** (*duizend*)

• Ga voor de harde **th** uit van een d, maar met het tipje van de tong tussen de voortanden.

Luister hoe de woorden uitgesproken worden en herhaal ze dan hardop:
a. **this** (*dit*)
b. **then** (*dan*)
c. **those** (*die* mv.)
d. **they** (*zij, ze*)
e. **the** (*de, het*)
f. **their** (*hun*)
g. **that** (*dat*)

Als bijkomende oefening – en voor de fun – nu de beide **th**-klanken door elkaar.

Luister hoe de zinnen uitgesproken worden en herhaal ze dan hardop:
a. **Thank you for this**, *Dank je/u hiervoor.*
b. **That is their thing**, *Dat is hun ding.*
c. **They have three thousand things that they think about**, *Ze hebben 3000 dingen waaraan ze denken.*
d. **Thursday is their thirtieth birthday**, *Donderdag is het hun 30e verjaardag.*
e. **They think that this is easy!** *Ze denken dat dit gemakkelijk is!*

DE LETTERS G EN J

De **j** (en de combinatie **dj**) wordt altijd uitgesproken als een [dzj]-klank.

Beluister de woorden en herhaal ze dan hardop:
a. **jazz**
b. **July** (*juli*)
c. **project**
d. **adjective** (*adjectief*)

De **g** wordt nooit zoals in het Nederlands uitgesproken, maar wel:

- als een [dzj]-klank (zo ook **dge**):

Luister naar die klank en herhaal de woorden hardop:
a. **ginger** (*gember*)
b. **energy** (*energie*)
c. **age** (*leeftijd*)
d. **bridge** (*brug*)

- zoals in het Franse "garçon":

Luister naar die klank en herhaal de woorden hardop:
a. **go** (*gaan*)
b. **game** (*spel*)
c. **finger** (*vinger*)
d. **dog** (*hond*)

EIND-B, -D, -V EN -Z

In het Nederlands hoor je geen verschil tussen *rat* en *rad*. In het Engels blijft een -d, -b, -v of -z als eindklank (dus niet noodzakelijk als eindletter) stemhebbend (opmerking: in een paar woorden wordt de **-b** niet uitgesproken).

Beluister de volgende woordparen en herhaal ze hardop. Let erop de eindklanken stemloos resp. stemhebbend uit te spreken :

a. **lap** (*schoot*) – **lab** (*labo*)
b. **bet** (*weddenschap*) – **bed** (*bed*)
c. **safe** (*veilig*) – **save** (*redden*)
d. **hats** (*hoeden*) – **heads** (*hoofden*)

◆ KLEMTOON IN EEN WOORD

In alle meerlettergrepige woorden wordt één van de lettergrepen nadrukkelijker uitgesproken dan de andere en krijgt dus de "klemtoon". In die andere, minder hoorbare lettergrepen worden vooral die onbeklemtoonde klinkers nauwelijks uitgesproken waardoor, bijvoorbeeld, een **a** of een **i** niet meer van elkaar te onderscheiden zijn. In de plaats hoort men een "neutrale" klinker, een zgn. "doffe of stomme e" (de "schwa" in fonetica-terminologie), die we in ons klankschrift weergeven met [e].

Bijgevolg kan je het verschil tussen de enkelvoudsvorm **gentleman**, *heer* (module 7) en de meervoudsvorm **gentlemen** wel zien, maar doordat de klemtoon bij beide woorden op de eerste lettergreep ligt, klinkt de **a** resp. **e** uit het tweede element vrijwel identiek als een "doffe e" en hoor je nauwelijks een verschil tussen **gentleman** en **gentlemen**.

Het vergt wat tijd om aan dit fenomeen te wennen.

Als hulpmiddel om de woordklemtoon juist te plaatsen (en aldus correct uit te spreken) zullen we in de dialogen de beklemtoonde letters vet drukken. Hierna volgen alvast een paar eenvoudige regels.

TWEELETTERGREPIGE ZELFSTANDIGE EN BIJVOEGLIJKE NAAMWOORDEN

Deze worden meestal op de eerste lettergreep beklemtoond.

Luister hoe de woorden uitgesproken worden en herhaal ze dan hardop:
a. **in**crease (*toename*)
b. **ac**cent (*accent*)
c. **ve**ry (*heel, erg, zeer*)
d. **la**ter (*later*)
e. **wo**man (*vrouw*)
f. **plea**sure (*plezier, genoegen*)
g. **mo**ney (*geld*)

TWEELETTERGREPIGE WERKWOORDEN

Deze hebben hun klemtoon meestal op de tweede lettergreep.

Luister hoe de woorden uitgesproken worden en herhaal ze dan hardop:
a. to in**crease** (*toenemen*)
b. to re**ceive** (*ontvangen*)
c. to de**cide** (*beslissen*)
d. to re**lax** (*ontspannen*)
e. to co**llect** (*in-, verzamelen*)
f. to ex**plain** (*uitleggen*)
g. to pro**vide** (*leveren*)

Een aantal tweelettergrepige woorden, zoals **increase**, kan zowel werkwoord als zelfstandig naamwoord zijn. De enige manier om ze van elkaar te onderscheiden, is de plaats van de klemtoon herkennen.

Luister, herhaal en let hierbij goed op de klemtoon:
a. an **in**crease – to in**crease**
b. an **im**port (*een invoer*) – to im**port** (*invoeren*)
c. a **pro**test (*een protest*) – to pro**test** (*protesteren*)
d. a **re**cord (*een record, geluidsopname*) – to re**cord** (*opnemen*)
e. a **pre**sent (*een cadeau*) – to pre**sent** (*voorstellen*)

DRIELETTERGREPIGE WOORDEN

Deze worden meestal beklemtoond op de eerste lettergreep.

Luister en herhaal:
a. **in**strument (*instrument*)
b. **ma**nager (*manager, directeur*)
c. **con**tinent (*continent*)
d. **se**parate (*apart, afgescheiden*)
e. **fur**niture (*meubels*)
f. **ci**nema (*bioscoop*)

VIERLETTERGREPIGE WOORDEN

Er zijn er weinig in dit boek. Ze worden nooit beklemtoond op de eerste of laatste lettergreep. Omdat de regels vrij complex zijn, beperken we ons tot twee tips:

- telkens wanneer je een nieuw woord leert, noteer je het en onderstreep je de klemtoon
- als je een woord gebruikt maar niet zeker weet waar de klemtoon te leggen, spreek dan alle lettergrepen duidelijk uit: men zal je begrijpen, ook met dat vreemde accent!

◆ KLEMTOON EN RITME IN DE ZIN

Dit is misschien wel het moeilijkste gegeven voor een beginner, maar door dagelijks te oefenen, door de Engelse tekst uit onze 30 modules hardop te herhalen, krijg je het onder de knie.

Een Engelse zin klinkt ritmischer dan een Nederlandse: leg meer nadruk op de betekenis dragende woorden (doorgaans zelfstandige naamwoorden, werkwoorden en bijwoorden), ga sneller over de grammaticaal ondersteunende woorden (lidwoorden, voorzetsels enz.) heen. Zo worden in de omgang de hulpwerkwoorden **to be**, *zijn* en **to have**, *hebben* deels "ingeslikt" (over deze "samentrekkingen" verneem je meer in de eerste module).

Respecteer deze manier van beklemtonen om goed begrepen te worden. Met het ritme verandert ook de nuance – en zelfs de betekenis – van de zin.

Beluister aandachtig onderstaande zinnen die voorkomen in de eerste modules van het boek en herhaal ze hardop, hierbij eventueel de maat slaand bij iedere beklemtoonde lettergreep:

a. **My <u>hus</u>band's a <u>teach</u>er**, *Mijn man is leraar.*
b. **We're <u>here</u> for a <u>long</u> week<u>end</u>**, *We zijn hier voor een lang weekend.*
c. **There's a <u>news</u>agent near the <u>post</u> office**, *Er is een krantenwinkel vlakbij het postkantoor.*
d. **Turn <u>left</u> at the <u>traf</u>fic lights on <u>West</u> Street**, *Sla linksaf aan/bij de verkeerslichten in West Street.*
e. **<u>Whose</u> are these <u>jeans</u> on the <u>chair</u>?** *Van wie is deze jeans op de stoel?*
f. **I <u>start</u> at <u>six</u> in the <u>morn</u>ing and I <u>fin</u>ish at <u>noon</u>**, *Ik begin om 6 uur 's morgens en ik stop om 12 uur 's middags.*

Telkens zijn het de "semantische" woorden die, door ze te benadrukken, de boodschap naar de gesprekspartner toe ondersteunen.

Beluister aandachtig de opnamen en imiteer de sprekers: door te oefenen zal je mettertijd het ritme aanvoelen.

I. MENSEN ONTMOETEN

1. KENNISMAKING — 21
2. EERSTE GESPREK — 29
3. PRATEN MET EEN ONBEKENDE — 37
4. EEN HUISELIJK GESPREK — 45
5. DE FAMILIE — 53
6. BIJ DE DOKTER — 61
7. ETEN EN DRINKEN BESTELLEN — 69

II. ZAKEN REGELEN

8. WINKELEN — 81
9. DE TREIN NEMEN — 89
10. TELEFONEREN — 97
11. ZICH KLAARMAKEN OM UIT TE GAAN — 105
12. EEN HOTELKAMER BOEKEN — 113
13. OP EEN CRUISE — 121
14. EEN VAKANTIE ORGANISEREN — 129
15. VERHUIZEN — 137

III. ZAKEN ONDERNEMEN

IV. VRIJE TIJD

16. HET OPENBAAR VERVOER NEMEN 149

17. KAMPEREN 157

18. SOLLICITATIEGESPREK 165

19. NAAR EEN RESTAURANT GAAN 173

20. BOODSCHAPPEN DOEN 181

21. NAAR DE BIOSCOOP GAAN 189

22. EEN ZAKELIJKE BESPREKING 197

23. OP KANTOOR 205

24. EEN SABBATJAAR NEMEN 217

25. MET DE AUTO 225

26. OP HET PLATTELAND WONEN 233

27. EEN NIEUW LEVEN 241

28. NAAR DE RADIO LUISTEREN 249

29. BRIEVEN SCHRIJVEN 257

30. NIET OP KANTOOR 265

I

MENSEN

ONTMOETEN

1. KENNISMAKING

INTRODUCTIONS

DOELSTELLINGEN

- IEMAND BEGROETEN EN ZICH VOORSTELLEN
- VRAGEN NAAR IEMANDS NAAM
- IEMAND FYSIEK SITUEREN
- AFSCHEID NEMEN

BEGRIPPEN

- LIDWOORDEN
- PERSOONLIJKE VOORNAAMWOORDEN (ALS ONDERWERP)
- *TO BE*
- SAMENTREKKINGEN
- *"TAGS"*
- VRAGEN

KENNISMAKING

– Hallo, ik ben Jim Tiler. Wie ben jij?

– Aangenaam [Verheugd om-te ontmoeten je]. Mijn naam is Sarah McDonald.

– Kom [Ben] je uit Schotland, Sarah?

– Nee [ik ben niet], maar mijn vader is Schot[s]. En waar kom [ben] jij vandaan, Jim? Liverpool?

– [Je bent] Juist! Je herkent mijn accent.

– Het is gemakkelijk! Mijn man/echtgenoot komt [is] ook uit Liverpool.

– Is hij hier op de conferentie met jou?

– Nee, hij is niet vrij.

– Waarom niet?

– Hij is thuis [te huis] met de kinderen. Ze zijn heel jong. Is jouw vrouw/echtgenote hier?

– Ja [ze is]. Het [Ze] is de vrouw daarginds, met onze zoon. We zijn hier (met z'n) allen voor een lang weekend.

– Geweldig. Tot [Zie je] later, Jim.

– Dag, Sarah.

(Aan/Bij de inschrijfbalie)

– Goedemorgen, meneer. Wat is uw naam?

– Mijn naam is Jim Tiler. Ik ben hier voor de conferentie.

– Een ogenblik, alstublieft. U bent niet ingeschreven.

– Toch wel [Ja ik ben].

– O, ja… maar de voornaam is James.

– Ja, dat klopt [het is].

– Hoe maakt u het [bent u] vandaag, meneer Tiler?

– Ik maak het [ben] heel goed, dank u. En u?

Voor een beter begrip van de Engelse zinsstructuur:
(…) → letterlijke vertaling en […] → toevoeging die nodig is in het Nederlands.

🔊 03   INTRODUCTIONS

– **He**llo, I'm **Jim Ti**ler. **Who** are **you**?

– **Pleased** to **meet** you. **My** name's **Sa**rah Mc**Don**ald.

– **Are** you from **Sco**tland, **Sa**rah?

– **No** I'm **not**. But my **fa**ther's **Sco**ttish. And **where** are **you** from, **Jim**? **Li**verpool?

– You're **right**! You re**co**gnise my **ac**cent.

– It's **ea**sy! My **hus**band's from **Li**verpool, too.

– Is he **here** at the **con**ference **with** you?

– **No**, he **is**n't free.

– Why not?

– He's at **home** with the **kids**. **They**'re very **young**. **Is** your **wife** here?

– **Yes** she **is**. She's the **wo**man **over there**, with our **son**. We're all **here** for a **long** week**end**.

– **Great**. **See** you **la**ter, Jim.

– Good **bye Sa**rah.

(At the registration desk)

– Good **mor**ning sir. What is your name?

– My **name** is **Jim Ti**ler. I am **here** for the **con**ference.

– One **mo**ment please. You **aren't** re**gi**stered.

– Yes I am.

– Oh, yes… but the **first** name is **Ja**mes.

– **Yes** it **is**.

– How **are** you to**day** Mr **Ti**ler?

– I'm very **well**, thank you. And **you**?

■ DE DIALOOG BEGRIJPEN
FORMULES EN UITDRUKKINGEN

→ **How are you?** komt overeen met *Hoe gaat het (met je/u/jullie), Hoe maak je / maakt u / maken jullie het?*

→ **See you later** is de gebruikelijke manier om *Tot later/straks* te zeggen. **To see** betekent *zien.*

→ Net als in het Nederlands is in het Engels het taalgebruik situatiegebonden. Zo hebben in de eerste dialoog van deze module een man en een vrouw van dezelfde leeftijdsgroep en uit hetzelfde milieu een vlot gesprek, met veelvuldig gebruik van "samentrekkingen" (zie verderop), terwijl in de tweede de baliebediende zich in een professionele context vormelijker richt tot een onbekende, met weinig samentrekkingen. Merk op dat het onderscheid informeel/formeel in het Nederlands duidelijk blijkt uit het gebruik van *jij/u,* terwijl in het Engels altijd **you** van toepassing is (zie verderop).

→ In de omgang kan men elkaar de hele dag begroeten met **Hello**, *Hallo*. In een meer formele context gebruikt men **Good morning**, *Goedemorgen*, **Good afternoon**, *Goede(na)middag* (tot rond 18 u), **Good evening**, *Goedenavond* en **Good night**, *Goedenacht*. Bij het afscheid nemen zegt men **Good bye** of gewoon **bye**.

→ De gebruikelijke aanspreklngen zijn **Mr** (de geschreven vorm van **Mister**, *Meneer*) en **Mrs** (**Missus**, *Mevrouw*) gevolgd door de naam. Een ongehuwde vrouw wordt gewoonlijk (schriftelijk en mondeling) aangesproken met **Miss**, maar omdat dit een weinig gewaardeerde differentiatie naar burgerlijke staat inhoudt, is er nu ook het neologisme **Ms** (uitgesproken als [m'z]).

GRAMMATICA
LIDWOORDEN

• Bepaald lidwoord: in het Engels is er alleen **the** (dus geen onderscheid tussen mannelijk, vrouwelijk en onzijdig) → **the father**, *de vader;* **the mother**, *de moeder;* **the child**, *het kind;* **the children**, *de kinderen.*

• Onbepaald lidwoord: het equivalent van *een* is voor een zelfstandig naamwoord dat begint met een medeklinker **a** (**a day**, *een dag*) en voor een dat begint met een klinker **an** (**an apple**, *een appel*).

PERSOONLIJKE VOORNAAMWOORDEN (ALS ONDERWERP)

– de 1e persoon enkelvoud **I**, *ik* wordt altijd met een hoofdletter geschreven; de 1e persoon meervoud is **we**, *wij/we*

– **you** komt overeen met *jij/je*, *u* en *jullie*: er is dus geen verschil tussen de 2e persoon enkelvoud of meervoud en er is geen aparte beleefdheidsvorm

– **he**, *hij* en **she**, *zij/ze* zijn van toepassing voor een persoon en in bijna alle andere gevallen, bv. **a conference**, geldt het onzijdige **it**; de meervoudsvorm is **they**, *zij/ze*.

▲ VERVOEGING

Opmerking: in het Engels wordt de infinitiefvorm van een werkwoord altijd voorafgegaan door **to**. (Weet al dat bij toepassingen waarin die **to** niet nodig is men spreekt over de "naakte" infintief.)

TO BE

- Het werkwoord **to be** is, net als *zijn*, onregelmatig.
- In de tegenwoordige tijd kan **to be** drie vormen aannemen (terwijl *zijn* er vier telt).
- Voor de ontkennende vorm van **to be** volstaat het om **not** achter de werkwoordsvorm te zetten.
- Voor de vragende vorm van **to be** wisselen werkwoordsvorm en persoonlijk voornaamwoord van plaats, zoals bij inversie in het Nederlands.

Bevestigende vorm	Ontkennende vorm	Vragende vorm
I am *ik ben*	**I am not** *ik ben niet*	**am I…?** *ben ik…?*
you are *je/u bent / jullie zijn*	**you are not** *je/u bent niet / jullie zijn niet*	**are you…?** *ben je / bent u / zijn jullie…?*
he/she/it is *hij/ze/het is*	**he/she/it is not** *hij/ze/het is niet*	**is he/she/it…?** *is hij/ze/het…?*
we are *we zijn*	**we are not** *we zijn niet*	**are we…?** *zijn we…?*
they are *ze zijn*	**they are not** *ze zijn niet*	**are they…?** *zijn ze…?*

SAMENTREKKINGEN

In gewone gesprekken, e-mails, brieven of in dialogen in romans worden klinkers van hulpwerkwoorden "weggelaten". Dit geeft voor **to be**:

Bevestigende vorm	Ontkennende vorm	
I'm	I'm not	
you're	you aren't	you're not
he's/she's/it's	he/she/it isn't	he's/she's/it's not
we're	we aren't	we're not
they're	they aren't	they're not

"TAGS"

- Omdat een vraag gewoon met **Yes**, *Ja* of **No**, *Nee* beantwoorden als te abrupt overkomt, verwerkt men het hulpwerkwoord uit de vraag in het antwoord. Hiervoor is geen exact equivalent in het Nederlands:

Is he Scottish? – Yes he is. *Is hij Schot? – Ja [hij is (dat)].*

- Bij een ontkennend antwoord wordt **not** toegevoegd:

Are they at the conference? – No they are not. *Zijn ze op de conferentie? – Nee [ze zijn (dat) niet].*

- Het systeem is vrij eenvoudig, maar let erop de juiste vorm te gebruiken:

Am I in Liverpool? – Yes you are. *Ben ik in Liverpool? – Ja [u bent (dat)].*

VRAGEN

- Vragen met het werkwoord **to be** worden, net als in het Nederlands met *zijn*, gevormd door inversie van onderwerp en werkwoord: **You are Scottish. → Are you Scottish?** *U bent Schot(se). → Bent u Schot(se)?*

- Veel Engelse vraagwoorden beginnen met **wh-** en leiden, zoals in het Nederlands, de zin in: **Where are you?** *Waar ben je / bent u / zijn jullie?*

What? *Wat?, Welk(e)?*
When? *Wanneer?*
Where? *Waar?*
Why? *Waarom?*
Who? *Wie?*
en... **How?** *Hoe?*

WOORDENSCHAT

to be *zijn*
to be right *het juist hebben, gelijk hebben*
to meet *ontmoeten*
to recognise *herkennen*
to see *zien*

a conference *een conferentie*
a desk *een balie, bureau (meubel)*
a home *een (t)(e)huis*
a husband *een echtgenoot/man*
an introduction *een inleiding, voorstelling*
a kid, *wordt in de omgang gebruikt voor* **a child**, *een kind*
a man *een man (onregelmatig meervoud:* **men***)*
a moment *een moment, ogenblik*
a morning *een morgen*
a name *een naam – meestal voornaam,* **first name** *(lett. eerste naam) en familienaam,* **last name** *(lett. laatste naam) samen*
a son *een zoon*
a wife *(onregelmatig meervoud:* **women***) een vrouw/echtgenote*
a woman *een vrouw (onregelmatig meervoud:* **women***, met de* **o** *uitgesproken als* [i]*)*

at home *thuis*
but *maar*
easy *gemakkelijk*
free *vrij*
good *goed*
here *hier*
registered *ingeschreven*
there *daar,*
    over there *daarginds, -ginder*
today *vandaag*
too *ook*
very *heel, zeer, erg*
well *goed* (bijwoord)
with *met*
young *jong*

no *nee*
yes *ja*

please *alsjeblieft/alstublieft;* (**pleased** *verheugd*)
thank you *dank je/u*

Good bye *Dag, Dààg*
Great! *Geweldig!* lett. *groot,* zoals in **Great Britain** *Groot-Brittannië*
Hello *Hallo*
How are you? *Hoe gaat het (met je/u/jullie)? Hoe maak je / maakt u / maken jullie het?*
Pleased to meet you *Aangenaam, Aangename kennismaking*
See you later *Tot later/straks*
Very well *Heel goed*
You're right *Je/U hebt / Jullie hebben gelijk / het juist*

⬢ OEFENINGEN

Bij sommige oefeningen hoort een opname (herkenbaar aan het pictogram 🔊). Je moet dan eerst de oefening maken en daarna audiogewijs je antwoorden controleren of eerst het geluidsfragment beluisteren om de vragen te kunnen beantwoorden. Je vindt alle antwoorden terug in het gedeelte "Oplossingen" achterin dit boek.

1. VERVANG DE VOLLE VORM VAN HET WERKWOORD *TO BE* DOOR EEN SAMENTREKKING:

a. I am Scottish. →

b. You are from Liverpool. →

c. She is here and he is over there. →

d. It is not easy. →

2. ZET DE ZINNEN VAN OEFENING 1 OM IN VRAGEN:

a. →

b. →

c. →

d. →

🔊 3. VUL DE ZINNEN AAN MET HET PASSENDE VRAAGWOORD:

03

a. .... is your name please? *Wat is je/uw/jullie naam alstublieft?*

b. .... is your wife? *Waar is je/uw vrouw?*

c. .... is the conference? *Wanneer is de conferentie?*

d. .... is that woman? *Wie is die vrouw?*

e. .... are you here? *Waarom ben je / bent u / zijn jullie hier?*

f. .... are you today? *Hoe gaat het vandaag?*

4. VERTAAL DE ZINNEN:

a. We zijn hier voor de conferentie. →

b. Super! Tot later. →

c. Is uw vrouw hier? – Ja. →

d. Waar kom je vandaan, Jim? →

2.
EERSTE GESPREK

FIRST CONVERSATION

DOELSTELLINGEN

- BEVESTIGEN
- VRAGEN STELLEN
- BEZIT AANDUIDEN (1)
- NAAR IEMANDS LEEFTIJD VRAGEN EN DIE VRAAG BEANTWOORDEN
- IEMAND UITNODIGEN

BEGRIPPEN

- HET ONTKENNENDE *NOT*
- TELWOORDEN
- MEERVOUD VAN ZELF-STANDIGE NAAMWOORDEN
- MANNELIJK/VROUWELIJK BIJ BEROEPSNAMEN
- AANWIJZENDE VOORNAAMWOORDEN
- BEZITTELIJKE VOORNAAM-WOORDEN - BIJVOEGLIJK GEBRUIK
- *TO HAVE*

BELANGRIJKE VRAGEN

(Op de luchthaven van Manchester)
– Goedenavond, mevrouw. Welkom in Manchester. Iets aan te geven?

– Nee, ik heb niets aan te geven, agent.

– Ik heb een paar vragen voor u. Is dat OK?

– Ja, hoor [het is]. Doe maar.

– Wat is de reden voor uw bezoek? Bent u hier voor (uw) werk of plezier?

– Ik woon in New York en ik ben hier voor zaken voor drie of vier dagen. Ons bedrijf heeft [wat] werk te doen in het stadscentrum.

– Wat is uw beroep?

– Ik ben [een] beheersconsulente.

– Is dat een interessante baan?

– Ja, het is heel interessant.

– U heb geluk [bent gelukkig]. Nou, is dat uw handtas?

– Het is geen [niet een] handtas. Het is een aktetas. Dit is mijn handtas.

– En zijn dit [deze] uw autosleutels?

– Nee, dat [ze] zijn mijn huissleutels. Dit [Deze] zijn mijn autosleutels.

– Natuurlijk. Mijn verontschuldigingen.

– Is dat alles?

– Bijna. Hoe oud bent u?

– Dat is een heel vreemde vraag! Ik ben 29.

– Bent u gehuwd?

– Nee [ik ben niet], ik ben vrijgezel. Waarom?

– Bent u dan vrij voor (een) etentje vanavond [deze avond]?

– Ik ben bang (van) niet. Ik ben bezet.

04 SOME IMPORTANT QUESTIONS

(At Manchester airport)

– Good **eve**ning, **ma**dam. **Wel**come to **Man**chester. **Any**thing to de**clare**?

– **No**, I have **no**thing to de**clare**, **of**ficer.

– **I** have some **que**stions for **you**. Is that **OK**?

– **Yes**, it **is**. Go a**head**.

– What is the **pur**pose of your **vis**it? Are you **here** for **work** or **plea**sure?

– I **live** in New **York** and I'm **here** on **bus**iness for **three** or **four** days. Our **com**pany has some **work** to **do** in the **ci**ty **cen**tre.

– **What** is your pro**fess**ion?

– I'm a **man**agement con**sul**tant.

– Is **that** an **in**teresting **job**?

– **Yes**, it's **ve**ry **in**teresting.

– You're **luck**y! Now, is **that** your **hand**bag?

– It's not a **hand**bag. It's a **brief**case. **This** is my **hand**bag.

– And are **those** your **car** keys?

– **No**, they're my **house** keys. **These** are my **car** keys.

– Of **course**. My a**po**logies.

– Is **that all**?

– **Al**most. How **old** are you?

– That's a **ve**ry strange **que**stion! I'm **twen**ty-**nine**.

– Are you **ma**rried?

– **No**, I'm not, I'm **sin**gle. **Why**?

– Then **are** you **free** for **din**ner this **eve**ning?

– I'm a**fraid not**. I'm **bu**sy.

DE DIALOOG BEGRIJPEN
FORMULES EN UITDRUKKINGEN

→ Met **Madam** en **Sir** (niet gevolgd door de naam) wordt beleefd een onbekende aangesproken (zie ook Module 1), bijvoorbeeld om de aandacht te trekken, in een winkel enz.

→ **Go ahead** komt overeen met uitdrukkingen als *Doe maar, Ga uw gang*.

→ **Purpose:** *reden* of *bedoeling van iets*. De vraag **What is the purpose of...?** is gebruikelijk in vormelijke situaties, zoals hier bij een douanecontrole.

→ **Car keys**, *autosleutels*, **handbag**, *handtas*: de regels voor het al dan niet aan elkaar schrijven van samengestelde woorden zijn in het Engels bijzonder complex! Lig er op dit niveau niet van wakker.

CULTURELE INFO

OK is wellicht het bekendste anglicisme — of eerder amerikanisme — ter wereld. Over de oorsprong zijn er vele theorieën. Hoe dan ook, **OK** werd een internationaal begrip en is grammaticaal polyvalent. In het Engels kan het gebruikt worden als adjectief: **an OK dinner**, *een doenbaar etentje*; als werkwoord: **He OK'd the plan**, *Hij keurde het project goed*; als bijwoord: **Is it OK to go?** *Is het OK om te gaan?*; als zelfstandig naamwoord: **Give me the OK**, *Geef me groen licht*. Deze soepelheid komt wel moor voor in het Engels.

GRAMMATICA

HET ONTKENNENDE *NOT*

Ontkennen gebeurt door **not** achter het werkwoord te zetten:
- **this is my handbag** → **this is <u>not</u> my handbag**
  dit is mijn handtas   *dit is mijn handtas <u>niet</u>.*
- bijgevolg:
  this is a handbag → **this is <u>not</u> a handbag**
  dit is een handtas   *dit is <u>geen</u>* (lett. *is <u>niet</u> een*) *handtas.*

TELWOORDEN

In het Engels vervangt men a.h.w. ons "*en*" door een koppelteken en volgt de eenheid op het tiental: **29, twenty-nine**, *negenentwintig*.

1	one	11	eleven
2	two	12	twelve
3	three	13	thirteen
4	four	14	fourteen
5	five	15	fifteen
6	six	16	sixteen
7	seven	17	seventeen
8	eight	18	eighteen
9	nine	19	nineteen
10	ten	20	twenty

MEERVOUD VAN ZELFSTANDIGE NAAMWOORDEN

- Basisregel: het meervoud wordt gevormd door aan de enkelvoudsvorm een **s** toe te voegen, bv. **bag → bags**.
- Eindigt het woord al op een **s** (of een andere sisklank), dan wordt een **e** ingelast: **bus → buses**; **watch → watches**, *horloge - horloges*.
- Eindigt het woord op een **y** voorafgegaan door een medeklinker, dan verandert de **y** in **ie** voor de meervouds-**s**: **apology → apologies**; **company → companies**.
Er zijn bijzondere meervoudsvormen — **of course!** — zoals het voor een Nederlandstalige herkenbare **child → children**.

MANNELIJK/VROUWELIJK BIJ BEROEPSNAMEN

Bij veel beroepsnamen wordt eenzelfde woord gebruikt voor man en vrouw: **a manager**; **teacher**, *leraar/lerares*; **shopkeeper**, *winkelier(ster)*; **author**, *auteur*; **doctor**, *dokter*. Vroeger bevatten sommige beroepsnamen **-man**, bv. **policeman**, *politieman*; **fireman**, *brandweerman*, maar die worden steeds meer vervangen door een neutralere term: **police officer**, *politieagent*; **firefighter**, *vuurbestrijder*. Zo vermindert ook het gebruik van **an actress**, *een actrice*, de vrouwelijke variant van **an actor**, ten voordele van dit laatste, voor beide geslachten.
Let op het gebruik van het onbepaald lidwoord **a/an** voor een beroepsnaam: **He's/She's a consultant.**

AANWIJZENDE VOORNAAMWOORDEN

- Voor iets/iemand dichtbij de spreker: **this** (enkelvoud) en **these** (meervoud),
- voor iets/iemand verwijderd van de spreker: **that** (enkelvoud) en **those** (meervoud).

Deze verschillen worden in het Engels nauwkeurig gerespecteerd.

BEZITTELIJKE VOORNAAMWOORDEN - BIJVOEGLIJK GEBRUIK

my car	mijn auto
your help	jouw, je/uw/jullie hulp
his/her/its name	zijn/haar naam
our son, our company	onze zoon, ons bedrijf
their children	hun kinderen

Vergeet dus niet gebruik te maken van de onzijdige vorm: **his name**, *zijn naam;* **her name**, *haar naam;* **its name** m.b.t. een dier, bedrijf,...

En let op: **it's** en **its** klinken hetzelfde, maar het eerste is de samentrekking van **it is** en het tweede is het onzijdig bezittelijk voornaamwoord.

▲ VERVOEGING
TO HAVE

Het werkwoord **to have**, *hebben* kan bezit uitdrukken, maar kan ook fungeren als hulpwerkwoord. De vervoeging in de tegenwoordige tijd is:

Bevestigende vorm		Ontkennende vorm	
I have ik heb	I've	I have not ik heb niet	I haven't
you have je/u hebt / jullie hebben	you've	you have not je/u hebt / jullie hebben niet	you haven't
he/she/it has hij/ze/het heeft	he's/she's/ it's	he/she/it has not hij/ze/het heeft niet	he/she/it hasn't
we have we hebben	we've	we have not we hebben niet	we haven't
they have ze hebben	they've	they have not ze hebben niet	they haven't

Let op! De samengetrokken vorm van de 3e persoon enkelvoud van **to have** (**he's/she's/it's**) ziet er net uit als die van **to be**, dus is het de context die uitwijst welk werkwoord gebruikt wordt.

WOORDENSCHAT

to be busy *bezet/bezig zijn, het druk hebben*
to declare *aangeven, verklaren*
to do *doen*
to go *gaan*
to have *hebben*
to live *leven, wonen*

an airport *een luchthaven*
an apology (mv. **apologies**) *een verontschuldiging*
a briefcase *een aktetas*
a car *een auto*
a child (mv. **children**) *een kind*
a city (mv. **cities**) *een stad*
a company (mv. **companies**) *een bedrijf*
a day *een dag*
a dinner *een diner, etentje*
an evening *een avond*
a handbag *een handtas*
a house *een huis*
a key *een sleutel*
a pleasure *een plezier, genoegen*
a profession *een beroep*
a purpose *een reden, bedoeling*
a question *een vraag*
a visit *een bezoek*
work *werk*

almost *bijna*
important *belangrijk*
interesting *interessant*
married (to) *gehuwd/getrouwd (met)*
nothing *niets* (van de ontkenning **no** *niet* + **thing** *ding*)
single *enkel, vandaar vrijgezel* en **a single**, *een plaat met slechts één liedje op*
some *leidt een onbepaalde hoeveelheid in (een paar, wat, enige)* en staat altijd in een bevestigende zin: **I have some questions**, *Ik heb (een paar) vragen*; **She has some work to do**, *Ze heeft (wat) werk te doen.*
strange *vreemd*
then *dan*

Go ahead *Doe maar,...*
How old are you? *Hoe oud ben je / bent u / zijn jullie?*
I'm afraid not *Ik ben bang van niet / vrees van niet*
My apologies *Mijn verontschuldigingen/excuses*
Of course *Natuurlijk, Uiteraard*
Welcome *Welkom*

● OEFENINGEN

1. GEBRUIK HET BEZITTELIJK VOORNAAMWOORD DAT OVEREENKOMT MET HET PERSOONLIJK VOORNAAMWOORD:

a. (I) .... apologies.

b. (he) .... son is in Liverpool.

c. (they) .... children are at home.

d. (she) .... handbag is in (she) .... briefcase.

2. ZET DE ZINNEN OM IN VRAGEN:

a. That's an interesting job. ....

b. These are your house keys. ....

c. She's free for dinner. ....

d. That is her handbag. ....

3. VUL DE ZINNEN AAN MET HET JUISTE WOORD:

a. How old .... she? *Hoe oud is ze?*

b. .... is .... profession? – He's a consultant. *Wat is zijn beroep? – Hij is consultant.*

c. Are .... keys? – No, ... *Zijn dat [die] jouw sleutels? – Nee.*

d. .... a strange question. *Dat is een vreemde vraag.*

 4. BELUISTER DE OPNAME EN SCHRIJF DE GETALLEN VOLUIT:

04

a. 3 .... f. 9 ....

b. 7 .... g. 13 ....

c. 12 .... h. 4 ....

d. 6 .... i. 20 ....

e. 15 ....

5. VERTAAL DE ZINNEN:

a. Bent u vrij voor een etentje vanavond? – Ik ben bang van niet.
→

b. Ik woon in New York. Ik ben hier voor zaken en ik heb het heel druk.
→

3.
PRATEN MET EEN ONBEKENDE

TALKING TO A STRANGER

DOELSTELLINGEN

- DE WEG VRAGEN
- RICHTINGEN AANWIJZEN
- SPELLEN IN HET ENGELS

BEGRIPPEN

- BIJVOEGLIJKE NAAMWOORDEN
- *THERE IS/ARE*
- *SOME* EN *ANY*
- RANGTELWOORDEN
- *PRESENT SIMPLE* (O.T.T.)

EEN GEMAKKELIJKE OPLOSSING

– Excuseer me, is er een geldautomaat hier in de buurt [dichtbij hier]? Ik wil [wat] geld afhalen/opnemen.

– Nee, er is geen [niet]. Maar er zijn [een aantal] banken.

– Zijn er [een aantal] postkantoren?

– Nee, maar er is een dagbladhandelaar met een geldautomaat.

– O, goed. Is het ver? Ik ben moe.

– Helemaal niet. Het is net achter u. Maar het is gesloten op zondag. Er is een grote supermarkt in [op] de hoofdstraat [hoog straat] en die [het] is alle dag[en] open.

– Hoe heet die [Wat is het genoemd]?

– De [Zijn] naam is Good Buys [Goede Kopen].

– Wel bedankt [Bedankt heel veel] voor uw hulp.

– Geen dank [Mijn genoegen].

(Later)

– Ik ben verdwaald [verloren]. Kunt u me de weg wijzen [zeggen] naar Low Road [Laag straat]?

– Waar is dat?

– Blijkbaar is daar een supermarkt met een geldautomaat.

– O, u bedoelt de hoofdstraat? U ben er bijna. U slaat links(af) aan/bij de verkeerslichten in West Street. Neem de eerste straat [aan uw] links en dan de tweede rechts na de rotonde. Er zijn twee bakkerijtjes [kleine bakkerijen] en een buurtwinkel. Good Buys is naast het nieuwe tankstation.

– Dat is te ver! Hebt u [wat] geld?

05 AN EASY SOLUTION

– Ex**cuse** me, is there a **cash** ma**chine** near **here**? I **want** to **get** some **mo**ney.

– **No** there **is**n't. But there are some **banks**.

– Are there any **post off**ices?

– **No**, but there's a **news**agent with an **ATM**.

– Oh **good**. **Is** it **far**? I'm **tired**.

– **Not** at **all**. It's **just** be**hind** you. But it's **closed** on **Sun**day. There's a big **su**permarket on the **high street** and it's **o**pen **ev**ery day.

– What's it called?

– Its name is **Good Buy**s.

– **Thanks** very **much** for your **help**.

– My **plea**sure.

(Later)

– I'm **lost**. **Can** you **tell** me the **way** to **Low** Road?

– Where is that?

– A**ppar**ently, there's a **su**permarket with a **cash** ma**chine**.

– **Oh**, you **mean** the **high** street? You're **al**most **there**. You turn **left** at the **traf**fic lights on **West** Street. Take the **first** street on your **left** and then the **sec**ond on your **right** after the **round**about. There are two **small bak**eries and a **cor**ner **shop**. **Good Buys** is **next** to the new **pet**rol **sta**tion.

– That's **too far**! Have **you** got any **mo**ney?

DE DIALOOG BEGRIJPEN
FORMULES EN UITDRUKKINGEN

→ **To call** is zowel *roepen* als *oproepen, opbellen* (telefoneren). **A call** is bijgevolg een *(op)roep*. Zo krijg je op je telefoon in het Engels de volgende boodschap: **You have new calls**, *U hebt nieuwe oproepen*. Daarnaast betekent **to call** ook *noemen*: **His name's James but they call him Jim**, *Zijn naam is James maar ze noemen hem Jim;* vandaar ook **to be called**, *heten* (genoemd worden): **What's he called?** *Hoe heet hij?*

→ **My pleasure** of **It's a pleasure**, *Geen dank, Graag gedaan, Het is me een genoegen* zijn courante replieken op een bedanking.

→ **Can you tell me the way to...** *Kunt u me de weg wijzen* (lett. *zeggen, vertellen) naar...* In openbare gebouwen wijzen de borden **Way In** en **Way Out** op de *Ingang* en *Uitgang*.

→ De dagen van de week worden in het Engels met een hoofdletter geschreven: **Monday**, *maandag;* **Tuesday**, *dinsdag;* **Wednesday**, *woensdag;* **Thursday**, *donderdag;* **Friday**, *vrijdag;* **Saturday**, *zaterdag;* **Sunday**, *zondag*.

→ De vier windstreken zijn: **north**, *noord*; **east**, *oost*; **south**, *zuid* en **west**, *west*.

→ **A small bakery**, *een bakkerijtje*: onze verkleiningsuitgangen worden in het Engels meestal weergegeven met een woord als **small** of **little** (*klein*) voor het zelfstandig naamwoord.

SPELLEN IN HET ENGELS

a [eej]	h [eejtsj]	o [oo^w]	v [vie]
b [bie]	i [aj]	p [pie]	w [debljoe]
c [sie]	j [dzjeej]	q [kjoe]	x [èks]
d [die]	k [keej]	r [aa(r)]	y [waj]
e [ie]	l [èl]	s [ès]	z [zèd/zie]
f [èf]	m [èm]	t [tie]	
g [dzjie]	n [èn]	u [joe]	

CULTURELE INFO

The high street (*hoogstraat*) is in een Britse stad de "hoofdstraat". Voor *straat* zijn er in het Engels twee woorden: **street** en **road**, en hoewel dit laatste ook *weg* betekent (**a main road**, *een hoofdweg*), komt het ook voor in straatnamen, bv. **Portobello Road** in Londen. Als zelfstandig of bijvoeglijk naamwoord zinspeelt **high street** op

3. Praten met een onbekende

winkels zoals voedingswinkels – **a bakery** *een bakkerij*, **a butcher** *een slager*, **a grocery** *een kruidenierszaak*, **a greengrocer** *een groenteboer*, **a fishmonger** *een vishandelaar* – maar ook **a newsagent** (lett. *nieuwsagent*) *een dagbladverkoper* en zelfs **an ironmonger** *een ijzerhandelaar* (**monger** komt van een oud woord voor een verkoper). Er is in Groot-Brittannië vrijwel geen enkele straat zonder **a corner shop**, lett. *een hoek winkel,* wat slaat op een *buurtwinkel*, waar kruidenierswaren, kranten enz. verkocht worden.

GRAMMATICA
BIJVOEGLIJKE NAAMWOORDEN

- Bijvoeglijke naamwoorden staan voor het zelfstandig naamwoord dat ze nader bepalen: **two big supermarkets**, *twee grote supermarkten*
- maar in het Engels zijn ze onveranderlijk: **a big house, two big houses**, *een groot huis, twee grote huizen*.

THERE IS/ARE

There betekent zowel *daar* als *er*. **There is/are** komt overeen met *er is/zijn*.

Bevestigende vorm	Ontkennende vorm
There is / There's a bank near here. *Er is een bank hier dichtbij.*	There is not … / There isn't …
And there are* two supermarkets. *En er zijn twee supermarkten.*	There are not … / There aren't.

* **there are** wordt niet samengetrokken

SOME EN ANY

Beide woordjes leiden iets waarvan de hoeveelheid niet nader bepaald wordt in, vergelijkbaar met "een aantal, wat, enige", maar ze hoeven niet altijd vertaald te worden:
- **some** wordt gebruikt in bevestigende constructies
- **any** is van toepassing in ontkennende en vraagzinnen.

Are there any banks near here? *Zijn er banken hier in de buurt?*
I haven't got any money, *Ik heb geen geld.*
There aren't any newsagents in the city centre, *Er zijn geen dagbladverkopers in het stadscentrum.*
Onthoud de structuren met **some** en **any** goed, want ze zullen ook opduiken in bepaalde samenstellingen, zoals **something** en **anything**.

RANGTELWOORDEN

Na **first**, **second** en **third** eindigen de rangtelwoorden op **-th**; de eind-**y** van de tientallen verandert in **-ie: twenty** → **twentieth**.

first	eerste	eleventh	elfde
second	tweede	twelfth	twaalfde
third	derde	thirteenth	dertiende
fourth	vierde	fourteenth	veertiende
fifth	vijfde	fifteenth	vijftiende
sixth	zesde	sixteenth	zestiende
seventh	zevende	seventeenth	zeventiende
eighth	achtste	eighteenth	achttiende
ninth	negende	nineteenth	negentiende
tenth	tiende	twentieth	twintigste

▲ VERVOEGING
PRESENT SIMPLE (O.T.T.)

De basisregel voor de vervoeging in de onvoltooid tegenwoordige tijd is dat de werkwoordsvorm voor alle personen overeenkomt met de (naakte) infinitief (dus zonder **to**), met uitzondering van de 3e persoon enkelvoud, waar de uitgang **-s** toegevoegd wordt:

to take, nemen			
I	take	ik	neem
you	take	je/u	neemt, jullie nemen
he/she/it takes		hij/ze/het	neemt
we	take	we	nemen
they	take	ze	nemen

Later meer over deze o.t.t. en over de uitspraak van de eind-**s** in de 3e persoon enkelvoud (diezelfde uitspraakregels gelden trouwens ook voor de meervouds-**s**).

WOORDENSCHAT

to buy *kopen*
to call *(op)roepen; opbellen; noemen;* **to be called** *heten*
can *(modaal hulpwerkwoord) kunnen*
to get, *een veelzijdig werkwoord dat in de dialoog* halen *uitdrukt; later meer over* **to have got** *hebben*
to mean *bedoelen, willen zeggen, betekenen*
to take *nemen*
to tell *zeggen, vertellen*
to turn *draaien, afslaan*
to want *willen*

an ATM (automated teller machine) *een geldautomaat*
a bakery *een bakkerij*
a bank *een bank*
a cash machine *een geldautomaat*
a corner *een hoek*
help *hulp*
the high street *de hoofdstraat*
a light *een licht*
money *geld*
a newsagent *een dagbladhandelaar, krantenwinkel*
a petrol station *een benzine-, tankstation*
a post office *een postkantoor*
a road *een straat, weg*
a roundabout *een rotonde*
a shop *een winkel;* **a corner shop** *een buurtwinkel*
a solution *een oplossing*
a supermarket *een supermarkt*
traffic *verkeer*
the way *de weg*

north *noord(en)* - **south** *zuid(en)*
east *oost(en)* - **west** *west(en)*

after *na*
apparently *blijkbaar*
behind *achter*
big *groot*
closed *gesloten (van het werkwoord* **to close** *sluiten)*
every *elk(e), ieder(e), alle*
far *ver*
high *hoog*
just *juist, net, pas*
left *links(af)*
lost *verloren, verdwaald*
low *laag*
much *veel*
near *dichtbij*
new *nieuw*
next to *naast*
open *(ge)open(d)*
right *rechts(af)*
small *klein*
there *daar, er*
tired *moe*
too *te (maar eveneens ook)*

Oh good *O, goed, in orde*
My pleasure *Geen dank enz.*
Not at all *Helemaal niet*
Thanks very much for... *Wel bedankt voor...*

● OEFENINGEN

1. VUL DE ZINNEN AAN MET *SOME* OF *ANY*:

a. Are there .... newsagents in the high street?
Zijn er dagbladhandelaars in de hoofdstraat?

b. There are .... supermarkets, but they're closed.
Er zijn supermarkten, maar ze zijn gesloten.

c. Has he got .... money?
Heeft hij geld?

d. I have .... work to do this morning.
Ik heb werk te doen vanmorgen.

2. SCHRIJF DE DAGEN VOLUIT:

a. Donderdag 11: .... the ....

b. Dinsdag 4: .... the ....

c. Zaterdag 2: .... the ....

d. Maandag 12: .... the ....

3. SPEL DE WOORDEN HARDOP, CONTROLEER JE UITSPRAAK DOOR DE OPNAME TE BELUISTEREN:
05

a. MACHINE
b. HIGH STREET
c. BAKERY
d. MONEY
e. PETROL
f. LOW LIGHT
g. NEWSAGENT

4. VERTAAL DE VOLGENDE ZINNEN:

a. Wel bedankt voor uw hulp. – Geen dank.
→

b. Excuseer me, is er een geldautomaat hier in de buurt?
→

c. De krantenwinkel is net achter u, maar hij is gesloten.
→

d. Is het ver? Ze zijn heel moe. – Helemaal niet.
→

4.
EEN HUISELIJK GESPREK

A DOMESTIC CONVERSATION

DOELSTELLINGEN

- BEZIT AANDUIDEN (VERVOLG)
- KLEUREN BENOEMEN

BEGRIPPEN

- *IT*
- *EVERYTHING*
- *WHOSE*
- BEZITTELIJKE VOORNAAMWOORDEN - ZELFSTANDIG GEBRUIK
- GENITIEF
- *TO DO*

EEN JANBOEL

– Ian, deze kamer is een janboel! Kijk ('s) naar al deze kleren! Er liggen [zijn] overal sokken, hemden, dassen, shorts, onderhemden en broeken. Jij en je broer zijn zo wanordelijk – vooral jij!

– Nee, (dat) zijn we niet. We zijn gewoon een beetje ongeorganiseerd.

– Van wie is [Wiens zijn] deze jeans op de stoel? Hij is van jou [Ze zijn jouwe], niet?

– Hij is niet van mij [Ze zijn niet mijne], eerlijk. Dat is [Die zijn] Sandy's jeans.

– Er is helemaal geen plaats [niet enige ruimte] op deze vloer! En van wie [wiens] is deze lederen jas onder het bed?

– Ik denk dat het (de) mijne is.

– Nee [het is niet]. Dat is jouw broers lievelingsjas. Ik herken hem [het].

– Ben je (er) zeker (van dat) het (de) zijne is? Hij [Het] is te klein voor Sandy.

– Welke kleur is (de) jouwe?

– Sorry, ik vergis me [mijn fout]. Het is de zijne. De mijne is zwart – en die van Sandy [Sandy's] is vuil.

– Sarah heeft ook een jas zoals die, maar de hare is grijs. Hoe dan ook, Sarah is niet zoals jullie/jij. Jullie/Je zus is heel ordelijk.

– Eigenlijk ben ik echt (wel) heel georganiseerd. Ik weet waar alles ligt/is.

– Dat meen je niet [Je bent grappen-makend], Ian! Dat is belachelijk.

– Nee [ik ben niet]. Als alles op de grond ligt, dan weet ik waar het is. Ik ben niet wanordelijk, ik ben juist creatief.

– O, nee, (dat) ben je niet! Je bent slordig. Voortaan [In toekomst] is het jouw taak om het huishouden te doen.

A MESS

– Ian, this **room** is a **mess**! **Look** at all these **clothes**! There are **socks**, **shirts**, **ties**, **shorts**, **vests** and **trou**sers **e**verywhere. **You** and **your bro**ther are so un**ti**dy – e**spec**ially you!

– **No**, we're **not**. We're **just** a little dis**or**ganised.

– **Whose** are these **jeans** on the **chair**? They're **yours**, **are**n't **they**?

– They aren't **mine**, **hon**estly. **Those** are **San**dy's jeans.

– There **is**n't **any space** at **all** on this **floor**! And **whose** is **this lea**ther **jack**et **un**der the **bed**?

– I **think** that it's **mine**.

– **No** it's **not**. That's your **bro**ther's **fa**vourite **ja**cket. I **re**cognise it.

– Are you **sure** it's **his**? It's **too small** for **Sa**ndy.

– What **col**our is **yours**?

– **So**rry, my mis**take**. It **is** his. Mine's **black** – and Sandy's is **dir**ty.

– **Sa**rah has a **jack**et like **that** as **well**, but **hers** is **grey**. Anyway, **Sarah's** not **like** you. Your **sis**ter's **ti**dy.

– **Ac**tually I'm **real**ly **ve**ry **or**ganised. I **know** where **ev**erything is.

– You're **joking** Ian! That's ri**dic**ulous.

– **No** I'm **not**. If **ev**erything's on the **floor**, then I **know** where it **is**. I'm not **un**tidy, I'm just cre**a**tive.

– **Oh no** you're **not**! You're **mess**y. In **fu**ture, it's **your** job to **do** the **house**work.

■ DE DIALOOG BEGRIJPEN
FORMULES EN UITDRUKKINGEN

→ **You're joking!** *Je maakt een grapje, je meent dit toch niet?!* **A joker**, *een grappenmaker*, maar ook de speelkaart met daarop afgebeeld een... narrenfiguur! In de uitdrukking wordt de duratieve vorm van het werkwoord **to joke**, *een grapje maken, schertsen* gebruikt (zie Module 14).

→ **Sorry, my mistake** en **Sorry about that** (lett. *Sorry over dat*) zijn courante uitdrukkingen om zich te excuseren (bij een vergissing).

→ **Jeans, shorts, trousers** en ook **pyjamas** zijn **clothes**, *kleren* met "twee benen", en die staan in het Engels in het meervoud: **His shorts are dirty**, *Zijn short is vuil.*

→ Meer kleuren, na **black** en **grey** (of **gray** in Amerikaans Engels): **red**, *rood*; **yellow**, *geel*; **white**, *wit*; **green**, *groen*; **pink**, *roze*; **blue**, *blauw*; **orange**, *oranje*; **brown**, *bruin*; **purple**, *purper, paars.*

CULTURELE INFO

Britten zijn doorgaans gereserveerd en willen zich niet opdringen. Met **Sorry** vraagt men dan ook iemands aandacht, verzoekt men om iets te herhalen of leidt men een vraag in, bijvoorbeeld om te vragen hoe laat het is: **Sorry, do you have the time?** (lett. vragen of iemand "de tijd heeft"). Met **Sorry** kan men zich ook op een vlotte manier excuseren. Een welgemanierde Brit zou zich zelfs excuseren alvorens een vloek af te steken!

◆ GRAMMATICA
IT

We zagen al het persoonlijk voornaamwoord **it** dat van toepassing is wanneer het niet om een mannelijk/vrouwelijk wezen gaat: **I know where it is**, *Ik weet waar hij* (bv. **the shop**, *de winkel*) */ ze* (bv. **the street**, *de straat*) */ het* (bv. **the shirt**, *het hemd*) *is* (**it** kan dus vertaald worden door *het* of *hij/ze*).

It kan ook gebruikt worden als onbepaald voornaamwoord, zoals *het* in het Nederlands: **It's raining**, *Het regent.*

EVERYTHING

Herinner je **nothing** (cf. **no** + **thing**), *niets* uit Module 2. Volgens hetzelfde model is er **everything** (cf. **every**, *elk, ieder* + **thing**, *ding*), dus *alles*: **Everthing is mine!** *Alles is van mij!;* **I recognise everything**, *Ik herken alles.* Later hebben we het over **something** en **anything** (cf. **some/any** + **thing**), *iets*.

WHOSE

Met het vragend voornaamwoord **whose** wil men weten wie iets toebehoort. Het kan bijvoeglijk of zelfstandig gebruikt worden en dan vertaald worden door *wiens/ wier* of *van wie:*
Whose chair is this? *Wiens stoel is dit?*
Whose is this chair? *Van wie is deze stoel?*
Beide structuren hebben dezelfde betekenis.
Whose kan ook fungeren als betrekkelijk voornaamwoord, zoals we nog zullen zien.

BEZITTELIJKE VOORNAAMWOORDEN - ZELFSTANDIG GEBRUIK

Bezittelijke voornaamwoorden kunnen bijvoeglijk (zie Module 2) of zelfstandig gebruikt worden. Ze heten in het Engels dan ook "possessive adjectives" resp. "possessive pronouns". Let erop dat deze laatste in het Engels zonder lidwoord gebruikt worden!

Bijvoeglijk gebruik	Zefstandig gebruik	Voorbeeld
my	mine de/het mijne, ... van mij	**Mine's black.** *De/Het mijne / Die/Dat van mij is zwart.*
your	yours de/het jouwe/uwe, ... van jou/u/jullie	**Which shirts are yours?** *Welke hemden zijn van jou/u/jullie?*
his	his de/het zijne, ... van hem	**The key is his and the bag is hers.** *De sleutel is van hem en de tas is de hare.*
her	hers de/het hare, ... van haar	
its	/	
our	ours de/het onze, ... van ons	**These clothes are ours.** *Deze kleren zijn de onze.*
their	theirs de/het hunne, ... van hen	**The money is theirs.** *Het geld is van hen.*

GENITIEF

Deze wordt gebruikt bij levende wezens of gelijkaardig (groepen, inrichtingen, enz.). Hij wordt gevormd door achter de "bezitter" **'s** (dus met apostrof!) te schrijven: **Jim's wife is Scottish**, *Jims vrouw is Schotse*. Een genitiefstructuur kan ook als volgt vertaald worden: **That's Mrs Fox's jacket**, *Dat is de jas van mevrouw Fox*.

Eindigt de "bezitter" al op een **s** (bv. een zelfstandig naamwoord in de meervoudsvorm), dan wordt alleen de apostrof toegevoegd: **My kids' socks**, *De sokken van mijn kinderen*.

Is het duidelijk over welk "bezit" het gaat, dan volstaat de genitiefvorm: **Whose is that shirt? – It's Ian's**, *Van wie is dat hemd? – Van Ian*.

My shirt's black and Sandy's is grey, *Mijn hemd is zwart en dat van Sandy is grijs*. Merk op dat de samentrekking met **is** op dezelfde manier weergegeven wordt als de genitiefvorm: **Sandy's here for the conference** en **Sandy's jacket is on the bed** = **The jacket of Sandy**. Doorgaans zal de context wel uitsluitsel brengen.

Later zullen we nog een paar toepassingen met de genitief zien.

▲ VERVOEGING
TO DO

To do heeft als hoofdbetekenis *doen*, maar dient ook als hulpwerkwoord (zoals al bleek in **Do you have the time?** en zoals later nog verduidelijkt zal worden).

Bevestigend		Ontkennend		Vragend	
I do *ik doe*		**I do not (don't) do** *ik doe niet*		**do I do** *doe ik*	
you do *je/u doet /* *jullie doen*	**the housework** *het huishouden.*	**you do not (don't) do** *je/u doet niet /* *jullie doen niet*	**the housework** *het huishouden.*	**do you do** *doe jij /* *doet u /* *doen jullie*	**the housework?** *het huishouden?*
he/she/ it does *hij/ze/het doet*		**he/she/it does not (doesn't) do** *hij/ze/het doet niet*		**does he/ she/it do** *doet hij/zij/ het*	
we do *we doen*		**we do not (don't) do** *we doen niet*		**do we do** *doen we*	
they do *ze doen*		**they do not (don't) do** *ze doen niet*		**do they do** *doen ze*	

4. Een huiselijk gesprek

WOORDENSCHAT

to do *doen;* hulpwerkwoord
to joke *een grapje maken*
to know (de **k** wordt niet uitgesproken: [noow]) *weten*
to look at *kijken naar, bekijken*
to recognise *herkennen*
to think *denken*

a bed *een bed*
a brother *een broer*
a chair *een stoel*
clothes *kleren*
a colour *(color* in Amerikaans Engels*) een kleur*
a floor *een vloer, grond*
the future *de toekomst*
housework *huishouden* (let op! *huiswerk* is **homework**)
a jacket *een jas(je), jack*
jeans *een jeans, spijkerbroek*
leather *leder*
a little *een beetje* (zie Module 9)
a mess *een janboel, slordige boel* (zie ook **messy**)
a mistake *een fout, vergissing*
a room *een kamer, vertrek, ruimte* (*room* = **cream**!)
a shirt *een (over)hemd*
shorts *een short*
a sister *een zus*
a sock *een sok*
space *ruimte, plaats*
a tie *een das*
trousers *een (lange) broek*
a vest *een onderhemd(je)*
the weather *het weer*

anyway *hoe dan ook, een bijwoord dat veelal de zin inleidt*
as well *ook,* synoniem van **too**
black *zwart*
dirty *vuil*
(dis)organised *(on)georganiseerd*
especially *vooral, in het bijzonder*
everything *alles*
everywhere *overal*
favourite *lievelings-*
grey *grijs*
honestly *eerlijk*
like *zoals* (maar weet al dat **to like** een werkwoord is)
messy *slordig* (zie ook **a mess**)
really *echt* (bijw.)
ridiculous *belachelijk*
tidy *ordelijk* / **untidy** *on-, wanordelijk*
under *onder*
whose *wiens/wier, van wie*
yesterday *gisteren*

Actually *Eigenlijk*
Are you sure? *Ben je / Bent u / Zijn jullie er zeker van?*
My mistake *Mijn fout, Ik heb me vergist*
Sorry *Sorry, Excuseer, Pardon*
You're joking! *Je maakt een grapje, Dat meen je niet!*

OEFENINGEN

1. ZET DE ZINNEN IN DE ONTKENNENDE VORM (TWEE MOGELIJKHEDEN):

a. It's too small. ....

b. You are untidy. ....

c. We are very organised. ....

d. He's joking! ....

2. ZET DE ZINNEN OM IN CONSTRUCTIES MET EEN GENITIEFVORM:

Voorbeeld: This is the favourite jacket of Sarah. This is Sarah's favourite jacket.

a. These are the clothes of my brothers. ....

b. Those are the trousers of Sandy. ....

c. Whose are those jeans? – They're the jeans of Ian. ....

3. ZET DE ZINNEN OM IN CONSTRUCTIES MET EEN ZELFSTANDIG I.P.V EEN BIJVOEGLIJK GEBRUIKT BEZITTELIJK VOORNAAMWOORD:

a. This is my shirt. ....

b. These are his socks. ....

c. That's her leather jacket. ....

d. Those are our keys. ....

4. VERTAAL DE ZINNEN, BELUISTER DE OPNAME OM JE VERTALING TE CONTROLEREN:

06

a. Van wie zijn deze sleutels? – Ze zijn van mij.
→

b. Hoe dan ook, Sandy is hier voor de conferentie. – Je maakt een grapje.
→

c. Deze spijkerbroek is van mij. – Excuseer, ik heb me vergist.
→

d. Ik ben niet wanordelijk, ik ben gewoon een beetje ongeorganiseerd.
→

e. Zijn broek is zwart en zijn short is grijs.
→

f. Haar jas is te klein.
→

4. Een huiselijk gesprek

5. DE FAMILIE

THE FAMILY

DOELSTELLINGEN

- IETS AANBIEDEN/GEVEN
- MENSEN UITNODIGEN
- FAMILIERELATIES BENOEMEN
- BEDANKEN EN FELICITEREN
- PRATEN OVER GEWONE HANDELINGEN

BEGRIPPEN

- PERSOONLIJKE VOORNAAMWOORDEN (ALS VOORWERP)
- MEERVOUD VAN WOORDEN OP -Y (VERVOLG) EN OP F-KLANK
- BIJWOORDEN VAN FREQUENTIE
- MEER OVER DE *PRESENT SIMPLE*
- IMPERATIEF / *LET'S*

KERSTMIS MET DE FAMILIE

– De kinderen zijn heel blij omdat (het) morgen Kerstmis is. We geven hun gewoonlijk heel wat speelgoed en cadeaus. Heel de familie komt alle jaren bij [naar] ons voor kerstdag. Mijn moeder en vader, natuurlijk. Mijn zus Sally met haar man en twee baby's. En mijn broer Mike met zijn vrouw en dochter. We nodigen hen altijd uit, maar meestal eet en drinkt Mike te veel.

– Wie kookt [het diner] ? De mannen of de vrouwen?

– Ik. Ik maak een enorme maaltijd klaar voor ons, met kalkoen, groenten en pudding. Ik begin om 6 (uur) 's morgens en stop om 12 uur [noen].

– Dat is een heleboel werk voor je!

– Het is niet zo [te] erg, en ik geniet er echt van. Nou, dek alsjeblieft de tafel. Hier zijn de messen, vorken, lepels, borden en glazen.

(Aan tafel)

– Dit eten is geweldig, Sally. Het is absoluut heerlijk. Dank je wel [zo veel] om voor ons te koken. Je bent heel aardig.

– Neem nog wat [Heb wat meer], Mike! Er is ruimschoots genoeg voor elkeen.

– Niet voor mij, bedankt. Maar de kinderen hebben honger [zijn hongerig] en dorst[ig].

– Eigenlijk denk ik dat ze hun cadeaus nu willen.

– OK, maar laten we eerst de afwas doen.

– Nee, we kunnen alles in de vaatwasser zetten. Laten we de geschenken nu openmaken. Kom vlug hier. Dat daar [ene] is voor Maggie. Peter, geef het [aan] haar, alsjeblieft. En dit hier [ene] is voor jou, Mike. Open het voorzichtig.

– Wauw! Het is heel zwaar. Is het een laptop? Of een kookboek? O, nee! Het is een sporttas en een paar [van] loopschoenen…

07 CHRISTMAS WITH THE FAMILY

– The **chil**dren are very **ha**ppy be**cause** to**mo**rrow is **Christ**mas. We **u**sually **give** them **lots** of **toys** and **pre**sents. All the **fa**mily comes to **us** for **Christ**mas Day every year. My **mo**ther and father, of course. My **sis**ter **Sal**ly with her **hus**band and two **ba**bies. And my **bro**ther **Mike** with his **wife** and **daugh**ter. We **al**ways in**vite** them, but Mike **ge**nerally **eats** and **drinks** too **much**.

– Who **cooks** the **di**nner? The **men** or the **wo**men?

– **Me**. I cook a **huge** meal for us, with **tur**key, **veg**etables and **pu**dding. I **start** at six in the **mor**ning and I **fi**nish at **noon**.

– That's a **lot** of **work** for you!

– It's **not** too **bad**, and I **re**ally en**joy** it. Now, **please**, **lay** the **ta**ble. Here are the **knives**, **forks**, **spoons**, **plates** and **glas**ses.

(At table)

– This **food** is **great**, **Sal**ly. It's abso**lut**ely de**li**cious. **Thank** you so **much** for **coo**king for us. You're **ve**ry **kind**.

– **Have** some **more**, Mike! There's **plen**ty for **ev**eryone.

– **Not** for **me**, thanks. But the **kids** are **hun**gry and **thirs**ty.

– **Ac**tually, I **think** that they **want** their **pre**sents now.

– **OK**, but **let's** do the **wa**shing-up first.

– No, we can put **ev**erything in the **dish**washer. Let's **o**pen the **gifts** now. **Come** here **quick**ly. **That** one is for **Ma**ggie. **Pe**ter, **give** it to her **please**. And **this** one's for **you**, Mike. **O**pen it **care**fully.

– **Wow**! It's **ve**ry **hea**vy. Is it a **lap**top? Or a **cook**ery book? Oh, **no**! It's a **sports** bag and a pair of **run**ning shoes…

■ DE DIALOOG BEGRIJPEN
FORMULES EN UITDRUKKINGEN

→ Dit zijn de naaste familieleden:

a grandfather	een grootvader
a grandmother	een grootmoeder
a father	een vader
a mother	een moeder
a wife	een vrouw/echtgenote
a husband	een man/echtgenoot
a brother	een broer
a daughter	een dochter
a sister	een zus
a son	een broer

→ Met **a woman** bedoelt men *een vrouw* in het algemeen, terwijl **a wife** slaat op *een vrouw* als *echtgenote* (zie Grammatica voor het meervoud hiervan).

→ Om *honger/dorst hebben* uit te drukken, zegt men in het Engels "hongerig/dorstig zijn": **He's hungry**, *Hij heeft honger;* **The kids are thirsty**, *De kinderen hebben dorst.* Deze structuur is gebruikelijk bij het uiten van een gevoel of een indruk, vandaar ook **to be hot/cold**, *het warm/koud hebben* en **to be right/wrong** *het juist/fout hebben, gelijk/ongelijk hebben*.

→ **A lot of** en **lots of:** deze wendingen geven in de omgangstaal, zonder onderscheid, het begrip *een boel/hoop, heel wat, veel* weer. Als ze voor het onderwerp van de zin staan, moet het werkwoord passend vervoegd worden: **A lot of / Lots of those presents are for the kids**, *Veel van die cadeaus zijn voor de kinderen.* Onthoud deze constructie, ze komt later nog vaak terug.

CULTURELE INFO

Christmas wordt dikwijls vervangen door **Xmas** om de religieuze oorsprong niet te benadrukken. De Angelsaksen hebben twee dagen vrij voor Kerst: **Christmas Day** op 25 december en **Boxing Day** de 26e. Die dag gaf de burgerij vroeger aan handelaars of huispersoneel cadeautjes, verpakt in een **box** *doos*; tegenwoordig luidt het eerder het begin van de **Boxing Day sales** *koopjes* in grootwarenhuizen in (zie Module 8).

◆ **GRAMMATICA**

PERSOONLIJKE VOORNAAMWOORDEN (ALS VOORWERP)

Eerder zagen we al de persoonlijke voornamen gebruikt als onderwerp; we vullen nu aan met de persoonlijke voornaamwoorden gebruikt als (lijdend/meewerkend) voorwerp:

Pers. vnw. als onderwerp		Pers. vnw. als voorwerp	
I	ik	me	mij, me
you	jij, je/u/jullie	you	jou, je/u/jullie
he	hij	him	hem
she	zij, ze	her	haar
it	het, hij/ze (niet-pers.)	it	het, hem/haar (niet-pers.)
we	wij, we	us	ons
they	zij, ze	them	hen, hun, ze

Give them some Christmas cake, *Geef hun (wat) kersttaart.*

MEERVOUD VAN WOORDEN OP -Y (VERVOLG) EN OP F-KLANK

Laten we de regel voor het meervoud van een zelfstandig naamwoord dat eindigt op **-y** herhalen (Module 2) en aanvullen: staat er voor de **-y** een medeklinker → **-ies**, bv. **a baby**, *een baby* → **babies**, *baby's*, **a lady**, *een dame* → **ladies**, *dames*; staat er een klinker voor, dan geldt de algemene regel: + **-s**, bv. **a toy**, *een speeltje, stuk speelgoed* → **toys**, *speeltjes, speelgoed.*
Let ook op bij woorden op een **-f** of f-klank, want bij sommige ervan verandert deze **f** in het meervoud in **v**, bv. **a wife** → **wives**, **a knife** → **knives**.

BIJWOORDEN VAN FREQUENTIE

De plaats van bijwoorden hangt o.a. af van hun functie. Zo staan bijwoorden van frequentie voor het (hoofd)werkwoord: **We never invite many people**, *We nodigen nooit veel mensen uit;* **Do you usually do the housework?** *Doe jij gewoonlijk het huishouden?*, behalve bij **to be** als enig werkwoord: **I'm always busy**, *Ik ben altijd bezig.*

▲ VERVOEGING
MEER OVER DE *PRESENT SIMPLE*

Vorming:
- naakte infinitief voor alle personen, behalve de 3e ev., die er **-s** bij krijgt (Module 3)
- let ook op het volgende bij de 3e pers. ev.: bij werkwoorden die eindigen op **-o** of op een sisklank wordt voor de uitgangs-**s** nog een **e** ingelast, en bij werkwoorden op **-y** voorafgegaan door een medeklinker verandert die **y** in **ie**.

to think, *denken*		to go, *gaan*		to wash, *wassen*		to try, *proberen*	
I	think	I	go	I	wash	I	try
you	think	you	go	you	wash	you	try
he/she/it	thinks	he/she/it	goes	he/she/it	washes	he/she/it	tries
we	think	we	go	we	wash	we	try
they	think	they	go	they	wash	they	try

Later zullen we een paar uitzonderingen zien en ontdekken hoe een ontkennende en een vragende zin in de **present simple** gevormd wordt, en hoe de 3e persoonsuitgang **-s** daar opnieuw een rol zal spelen.

Uitspraak van deze eind-**s** (en ook die van de meervouds-**s**!):
- [s] na "stemloze" klanken [p, t, k, f enz.]
- [z] na klinkers en "stemhebbende" klanken [b, d, g, v, l, m enz.]
- na een sisklank klinkt -**es** als [iz].

Gebruik: met de **present simple** wordt o.a. een gewoonte uitgedrukt, zoals bleek toen Sally zei **I cook a huge meal** (te verstaan: elke Kerst doet ze dat) en dat haar broer **eats and drinks too much** (d.w.z. op regelmatige basis).

IMPERATIEF / *LET'S*

Een bevel wordt uitgedrukt met de naakte infinitief: **Open the presents!** *Maak de pakjes open!*, behalve in de 1e persoon meervoud waar, vergelijkbaar met het Nederlandse *laat ons / laten we*, **let's, let us** ingelast wordt: **Let's open**.

⬢ OEFENINGEN

1. ZET HET WERKWOORD IN DE JUISTE VORM:

a. The work isn't too bad. He (to finish) .... at noon every day.

b. She (to cook) .... a huge meal at Christmas.

c. They really (to enjoy) .... vegetables.

d. We (to be) .... hungry and thirsty.

WOORDENSCHAT

to be hungry/ thirsty *honger/dorst hebben*
to come *komen*
to cook *koken; eten klaarmaken*
to drink *drinken*
to eat *eten*
to enjoy *genieten (van), heel graag ...*
to finish *(be)eindigen, stoppen*
to give (to) *geven (aan)*
to invite *uitnodigen*
to lay *leggen;* **to lay the table** *de tafel dekken*
to open *open(mak)en*
to put *zetten*
to start *beginnen*

a book *een boek,* **a cookery book** *een kookboek*
Christmas, Xmas *Kerst(mis)*
a daughter *(gh wordt niet uitgesproken) een dochter*
a day *een dag*
a dishwasher *een vaatwasser*
a family *een familie (ook gezin)*
food *voeding, eten*
a fork *een vork*
a glass *een glas*
a knife *een mes*
a laptop *een laptop*
a meal *een maaltijd*
(in the) morning *('s) morgen(s)*
a plate *een bord*
a potato *een aardappel (vgl. met "patat")*
a present, a gift *een cadeau, een geschenk*
a (running) shoe *een (loop)schoen*
a spoon *een lepel*
a toy *een (stuk) speelgoed, speeltje*
a turkey *een kalkoen*
a vegetable *een groente*
the washing-up *de afwas, vaat*
a year *een jaar*

always *altijd*
a pair of ... *een paar ...*
bad *slecht, erg*
because *omdat*
carefully *voorzichtig*
everyone *elkeen, iedereen*
generally *meestal*
happy *gelukkig, blij*
heavy *zwaar*
huge *enorm, heel groot*
kind *aardig, vriendelijk, sympathiek*
many *veel*
more *meer*
noon, *noen, een van de manieren om middag te zeggen, naast* **twelve o'clock** *(12 uur) en* **midday**
now *nu*
plenty *ruimschoots voldoende*
quick/-ly *snel, vlug (bijv. nw./bijw.)*
usually *gewoonlijk*
tomorrow *morgen*

Have some more *Neem nog wat*
Of course (not) *Natuurlijk/ Uiteraard (niet)*
Thank you so much *Heel erg bedankt*

2. GEBRUIK IN DE ZIN DE JUISTE VORM VAN HET PERSOONLIJK VOORNAAMWOORD:

a. She cooks a huge meal for (we) ……………………… on Boxing Day.

b. We always invite (she) ……………………… at Christmas.

c. Here are the presents. You can open (they) ……………………… .

d. This sports bag is for (he) ……………………… .

e. Give (she) ……………………… some turkey and vegetables.

f. Hi, I recognise (you) ………… You're Jim.

3. VUL AAN MET HET PASSENDE VOORZETSEL:

a. Thank you ……………………… cooking ……………………… us, Mike.

b. This is a lot of work ……………………… us.

c. Please give this piece ……………………… pudding ……………………… her.

d. She starts work ……………………… seven in the morning and finishes ……………………… three.

e. We always give them lots ……………………… presents.

4. GEEF DE MEERVOUDSVORM VAN DE ZELFSTANDIGE NAAMWOORDEN:

a. a wife →

b. a meal →

c. a lady →

d. a boy →

e. a baby →

f. a kid →

🔊 5. VERTAAL DE ZINNEN EN BELUISTER DE OPNAME TER CONTROLE:

07

a. De kinderen hebben honger en dorst.

→

b. Je hebt gelijk. Ze willen hun cadeaus nu.

→

c. Hij kookt echt graag. Hij is heel aardig.

→

d. Er zijn zo veel borden en glazen, maar er is ruimschoots voldoende voor elkeen.

→

6.
BIJ DE DOKTER

AT THE DOCTOR'S

DOELSTELLINGEN

- LICHAAMSDELEN BENOEMEN
- DE DOKTER VERTELLEN WAT ER SCHEELT
- HET KLOKUUR AANDUIDEN

BEGRIPPEN

- *HERE/THERE*
- *SOMEWHERE*
- HET GEBRUIK VAN *ONE* OM HERHALING TE VERMIJDEN

GEZONDHEIDSPROBLEMEN

(Thuis bij [met] mr. en mw. Mayall)
– Hoe laat [Welke tijd] is het?

– Het is 1 uur. Wat is er [de materie], schat [liefde]?

– Ik heb een afspraak met dokter Clapton om 2 uur en ik ben al (te) laat. Waar is mijn (over)jas? Het is fris.

– Wil je de blauwe [ene]?

– Nee. Il wil mijn nieuwe regenjas.

– Hij [Het] is ergens in [het] huis, maar ik weet niet waar.

– Hij hangt [Het is] in de kast beneden, met je handschoenen. Heb je een sjaal nodig?

(In het gezondheidscentrum)
– Is dokter Clapton er? Ik wil [tegen] hem spreken.

– Ja, hij is (er). Hebt u een afspraak?

– Ja, hoor.

– Uw naam, alstublieft?

– Mijn voornaam ist Eric en mijn familienaam is Mayall.

– Gaat u zitten (Zit neer) alstublieft.

(Later)
– Komt u binnen, meneer Mayall. Hoe gaat het met u?

– Ik voel me [ben] niet zo goed, dokter. Eigenlijk [In feite] ben ik ziek.

– Wat is het probleem? Wat zijn uw symptomen?

– Mijn hoofd doet pijn, mijn mond is droog en ik heb een zere keel.

– Hebt u koorts [een hoge temperatuur]?

– Ja.

– Bent u allergisch voor bepaalde [enige] geneesmiddelen?

– Nee, alleen voor werk.

– Hier hebt u [zijn enige] pillen. Ga vroeg naar bed en blijf daar.

(Thuis)
– Daar je ziek bent, ga ik [ben ik weg] naar de bioscoop met mijn vrienden na (het) middageten.

– Welke bioscoop? Die (De ene) in het winkelcentrum op de hoofdweg?

– Nee, de grote, tegenover het politiebureau aan de linkerkant van (de) Noordstraat.

– Hoe laat begint de film?

– Om 3 uur. Mocht je honger hebben [In geval je bent hongerig], er is [wat] koud vlees in de koelkast en er zitten [zijn wat] fishsticks [vis vingers] in de vriezer.

– Is er [wat] roomijs als dessert?

– Er is geen [niet enig] roomijs, maar er liggen [zijn enige] lekkere appels in de keuken. Neem maar [Help jezelf]. Tot later.

HEALTH PROBLEMS

(At home with Mr and Mrs Mayall)
– What **time** is it?

– It's **one** o'**clock**. What's the **ma**tter, love?

– I have an ap**point**ment with **Doc**tor **Clap**ton at **two** o'**clock**, and I'm al**ready** late. **Where's** my **coat**? It's **chil**ly.

– Do you want the **blue** one?

– **No**, I don't. I want my **new rain**coat.

– It's **som**ewhere in the house, but I don't know **where**.

– It's in the **cup**board down**stairs**, with your **gloves**. Do you need a **scarf**?

(At the health centre)
– Is **Doc**tor **Clap**ton in? I **want** to **speak** to him.

– **Yes** he **is**. **Do** you **have** an ap**point**ment?

– **Yes**, I **do**.

– Your **name** please?

– My **first** name's **Eric** and my **last** name's **May**all.

– Please sit down.

(Later)
– **Come in**, Mr **May**all. **How** are **you**?

– I'm **not** very **well**, **doc**tor. In **fact**, I'm **ill**.

– What's the **prob**lem? **What** are your **symp**toms?

– My **head** hurts, my **mouth** is **dry** and I have a **sore throat**.

– **Do** you **have** a **high tem**perature?

– **Yes**, I **do**.

– **Are** you al**ler**gic to any **med**icines?

– **No**, **on**ly to **work**.

– **Here** are some **pills**. **Go** to **bed ear**ly and stay **there**.

(At home)
– **Since** you're **ill**, I'm **off** to the **ci**nema with my **friends** after **lunch**.

– **Which ci**nema? The **one** in the **shop**ping **cen**tre on the **main road**?

– No, the **big** one, **o**pposite the po**lice sta**tion on the **left** side of **North** Street.

– What **time** does the **mo**vie **start**?

– At **three** o'**clock**. In **case** you're **hung**ry, there's some **cold meat** in the **fridge** and there are some **fish fing**ers in the **free**zer.

– **Is** there some **ice** cream for de**ssert**?

– There **isn't any ice** cream, but there are some **nice ap**ples in the **kit**chen. **Help** your**self**. **See** you **la**ter.

DE DIALOOG BEGRIJPEN
FORMULES EN UITDRUKKINGEN

→ **What time is it?** lett. *"Welke tijd" is het?* Voor een precies klokuur maakt men gebruik van het telwoord **one, two,...** gevolgd door **o'clock**, een samentrekking van **of the clock**, *van de klok/horloge*. **O'clock** kan weggelaten worden. Voor de officiële dienstregelingen van bussen, vliegtuigen,... wordt het internationale 24urensysteem gebruikt, maar in de omgang zegt men het uur van 1 tot 12 gevolgd door **in the morning**, *'s morgens,* **in the afternoon**, *'s (na)middags* of **in the evening**, *'s avonds.*

→ **Ill/sick / sore / to hurt:** allemaal hebben ze betrekking op ziekte of pijn. Het bijvoeglijk naamwoord **ill** betekent *ziek* en wordt gebruikt met de werkwoorden **to be**, *zijn* of **to feel**, *(zich) voelen.* Het synoniem **sick** kan ook voor een zelfstandig naamwoord staan: **the child is ill/sick**, *het kind is ziek*, maar **a sick child**, *een ziek kind.* **Sore** is *pijnlijk, zeer doende:* **to have a sore throat/head**, *een zere keel / een zeer hoofd hebben.* Er is ook **to have a headache/backache**, *hoofd-/rugpijn hebben.* Met het werkwoord **to hurt** bedoelt men *pijn doen, bezeren:* **My head/leg hurts**, *Mijn hoofd/been doet pijn.*

→ Nog een paar lichaamsdelen: **a mouth**, *een mond;* **a nose**, *een neus;* **an ear**, *een oor;* **an eye**, *een oog;* **a foot**, *een voet;* **a hand**, *een hand;* **an arm**, *een arm*: **His hands are cold**, *Zijn handen zijn koud, Hij heeft kouden handen.*

→ **To be off (to)** komt overeen met *weg zijn / vertrekken / gaan naar:* **We're off to the shopping centre**, *We vertrekken naar het winkelcentrum.*

→ **Help yourself**, lett. *Help je-/uzelf*, nodigt uit tot "zelfbediening": *Neem maar/ gerust, Tast toe.*

→ Blijf letten op het typisch Engelse gebruik van "tags" (Module 1), waarbij in de repliek het hulpwerkwoord (**to have, to do**) uit de aanzet wordt verwerkt.

CULTURELE INFO

De publieke gezondheidszorg heet in Groot-Brittannië **National Health Service** of afgekort **NHS**. Hij wordt voor ongeveer 80 % gefinancierd door de staat, de rest komt voornamelijk uit bijdragen die ingehouden worden op lonen. Globaal gezien is het systeem gratis, maar sommige zorgverstrekkingen (onderzoeken bij de tandarts, geneesmiddelen enz.) moeten deels door de patiënt betaald worden. Elkeen dient zich in te schrijven bij een huisarts in de buurt. Het Engelse **doctor**, afgekort **Dr.**, staat zowel voor de titel "Doctor" als voor het beroep van dokter. In de stad is de huisarts **a General Practitioner** of **GP**, die samenwerkt met confraters binnen *een groepspraktijk*, **a group practice** of **a surgery**, *een "chirurgie"*. In grote agglomeraties zijn zulke kabinetten met andere spelers in de publieke gezondheidszorg (sociaal werkers, tandartsen, podologen enz.) samen gevestigd in **health centres**. Parallel hiermee is er een privésector waarin de medische zorg betalend is.

◆ GRAMMATICA
HERE/THERE

Net als de aanwijzende voornaamwoorden **this/these** en **that/those** (Module 2) hebben de bijwoorden van plaats **here** *hier* en **there** *daar* te maken met nabij en verwijderd zijn t.o.v. de spreker: **Here's my raincoat and there are my keys**, *Hier ligt/hangt mijn regenjas en daar liggen mijn sleutels*. Of aan de telefoon: **Hello, is Mr Mayall there?** – **Yes, he's here**, *Hallo, is mr. Mayall daar?* – *Ja, hij is hier*. ; **I'm at home.** – **Stay there**, *Ik ben thuis.* – *Blijf daar.*
There is ook het equivalent van *er* in de inleidende structuur **There is/are ...**, *Er is/zijn ...*

SOMEWHERE

Somewhere, samengesteld uit **some**, *een aantal, wat, enige,...* en **where**, *waar*, betekent *ergens*: **The bank is somewhere in North Street**, *De bank is ergens in de Noordstraat*. Dit bijwoord maakt deel uit van een reeks woorden met het element **some/any**, zoals ook **something/anything** dat in Module 12 aan bod komt.

HET GEBRUIK VAN *ONE* OM HERHALING TE VERMIJDEN

Om herhaling (van een zelfstandig naamwoord) te vermijden, kan men **one** gebruiken: **Which cinema?** – **The one near the police station**, *Welke bioscoop?* – *Die* (lett. *de ene*) *naast het politiebureau*.

OEFENINGEN

1. BELUISTER DE OPNAME EN VUL DE ZINNEN AAN:

a. What's the ………. ………… Helen? – She's ill.

b. ………. there ………………. cold meat in the fridge? – No there isn't ………….. meat but ………. ………… some fish fingers.

c. ………. ………… you? – I'm not very ………………. I ………………. a sore throat and my mouth is dry.

d. Where's my coat? – The blue ………………. or the grey one?

e. ………………. Doctor Clapton ……………….? – Yes, ………. ………… .

f. ………. ………… any ice cream for dessert? – Yes, help ……………….

2. VUL DE ZINNEN AAN MET HET VOORZETSEL *TO*, *IN* OF *ON*:

a. I'm allergic …………… work.

b. His raincoat is …………… the cupboard.

c. Go …………… bed and stay there.

d. The cinema …………… the shopping centre? – No, the one …………… the main road.

e. There is some meat ,,,,,,, ….. the freezer.

f. The bank …………… Tile Street is closed.

3. KIES UIT *HERE*, *THERE* OF *THERE IS/ARE* OM DE ZINNEN AAN TE VULLEN:

a. Where are my gloves? – ………………. they are, on that table.

b. ………………. some fish fingers in the freezer.

c. I'm at home. – Stay ……………………….

d. ………………. a raincoat in the cupboard.

e. ………………. are your pills. – Thank you.

WOORDENSCHAT

to be late *(te) laat zijn*
to help *helpen*
to need *nodig hebben*
to sit (down) *(gaan) (neer)zitten*
to speak *spreken*
to stay *blijven*

an appointment *een afspraak*
a bed *een bed*
a case *een geval*
a (rain)coat *een (regen)jas, -mantel*
a cupboard *een kast*
a dessert *een dessert*
a doctor *een dokter*
a finger *een vinger*
a fish *een vis* (onregelmatig meervoud: **fish**)
a fish finger *een fishstick* (lett. *vis vinger!*)
a foot *een voet* (onregelmatig meervoud: **feet**)
a freezer *een (diep)vriezer*
a fridge (gebruikelijke vorm van **refrigerator**) *een koelkast*
a friend *een vriend(in)*
a glove *een handschoen*
a head *een hoofd*
health *gezondheid*
ice cream *roomijs*
a kitchen *een keuken*
love *liefde; liefste, schat(je)*
lunch *middageten, -maal*
a medicine *een geneesmiddel*
meat *vlees*
a movie *een film*
a mouth *een mond*

a pill *een pil*
a police station *een politiebureau*
a scarf *een sjaal, sjerp*
a shopping centre *een winkelcentrum*
a side *een kant, zijde*
a throat *een keel*
work *werk*

after *na* (vgl. **afternoon** *namiddag*)
already *al, reeds*
big *groot*
chilly *fris, kil*
cold *koud*
downstairs *(naar) beneden* (bijwoord samengesteld uit **down** *neer, beneden* en **stairs** *trappen, treden* → *een verdieping lager;* het tegengestelde is **upstairs**)
dry *droog*
early *vroeg*
high *hoog*
ill *ziek*
in fact *in feite, eigenlijk*
main *hoofd-*
nice *leuk, fijn enz.*
only *alleen (maar), slechts*
oposite *tegenover*
since *aangezien, daar*
sore *pijnlijk, zeer*
which *welk(e)*

Help yourself *Neem gerust, Tast toe*
I'm off (to) *Ik ga/ben weg (naar)*
What's the matter? *Wat is er (aan de hand) / scheelt er?*
What time is it? *Hoe laat is het?*

4. BELUISTER DE OPNAME EN SCHRIJF HET KLOKUUR VOLUIT: *IT'S ...*

08
a. 10 h → ....
b. 02 h → ....
c. 23 h → ....
d. 09 h → ....
e. 19 h → ....
f. 8 h → ....
g. 12 h → ....

5. VERTAAL DE ZINNEN:

a. Zijn voeten en zijn hoofd doen pijn, en zijn mond is droog. – Ja, en zijn temperatuur is hoog.

→

b. De bioscoop is niet in het winkelcentrum. Het is tegenover het politiebureau op de hoofdweg.

→

c. Waar is mijn mantel? – De blauwe of de grijze? – De blauwe.

→

d. Ik ben al (te) laat voor mijn afspraak. Tot straks.

→

e. Mocht je honger hebben, er is roomijs als dessert.

→

f. Waar zijn Rod en Sue? Ze zijn al (te) laat.

→

7. ETEN EN DRINKEN BESTELLEN

ORDERING FOOD AND DRINK

DOELSTELLINGEN

- IETS BESTELLEN IN EEN CAFÉ/KOFFIEHUIS/PUB
- EEN VOORKEUR UITDRUKKEN
- TELBAAR EN NIET-TELBAAR VAN ELKAAR ONDERSCHEIDEN

BEGRIPPEN

- *MUCH/MANY*
- *TO HAVE* OM BEPAALDE HANDELINGEN UIT TE DRUKKEN
- DEEL ↔ GEHEEL
- *CAN*
- ONTKENNENDE VORM MET *TO DO*
- *TO GET*
- INLEIDING TOT DE TOEKOMENDE TIJD

MOEILIJKE KLANTEN

(In een café)
– Een tafel voor twee, alstublieft.

– Deze kant op [weg], heren.

– Bent u klaar om te bestellen?

– Ja. Ik neem [zal hebben] een volledig Engels ontbijt, met een mok [van] thee, alstublieft.

– Heel goed. En voor u, meneer?

– Gewoon een kop koffie met melk [van witte koffie] en [wat] brood en boter.

– Nog iets [anders]?

– Nee, bedankt. Ik heb niet [met *"doe"*] veel tijd.

– Eet smakelijk [Geniet van uw maaltijd].

– Kunnen we de rekening krijgen [hebben], alstublieft? Ik ben gehaast [in een haast].

– Zeker. Dat is (dan) 20 pond[en] en 16 pence. U kunt betalen aan de balie/kassa. Nog [Heb] een fijne dag.

– Bedankt. U ook.

(In een koffiehuis)
– Goeiedag. Wat kan/mag ik u brengen? We hebben een brede waaier aan [selectie van] warme en koude dranken, zoals espresso, deca en gewone koffie. En om te eten hebben we pannenkoeken, gebakjes en muffins. Probeer (misschien) deze chocoladekoekjes.

– Ik mag niet te veel suiker of te veel calorieën eten. Gewoon een glas [van] water, alstublieft. En het gratis wifi wachtwoord.

– O, oké. Klein, middelgroot of groot, (het) water?

(In de pub)
– Wie is (de) volgende?

– Ik [Mij]. Een pint [van] bitter, alstublieft.

– Iets te eten? Er staan [zijn] een heleboel dingen op het menu. Vandaag hebben we steak met [en] frietjes, worst met boontjes [en bonen] en gebakken kip. Ons vleesbrood is ook heel lekker [ocht smakelijk]. Alles is huisgemaakt

– Ik eet geen [met *"doe"*] vlees en er zijn niet veel veggiegerechten. Kan ik een broodje kaas zonder zout of peper krijgen?

– Ja, natuurlijk. Hierzo [Hier u bent]. Dat is dan [zal zijn] 9,60 alstublieft.

– Ik heb geen [met *"doe"*] cash. Mag ik u morgen betalen?

– Natuurlijk niet. U kunt nu betalen, per cheque of kaart.

09 DIFFICULT CUSTOMERS

(In a café)
– A **ta**ble for **two**, please.

– This **way**, **gen**tlemen.

– Are you **rea**dy to **or**der?

– Yes, we are. **I'll** have a **full Eng**lish **break**fast, with a **mug** of **tea**, **please**.

– **Ve**ry **good**. And for **you**, **sir**?

– **Just** a **cup** of white **coff**ee and some **bread** and **bu**tter.

– **Any**thing **else**?

– **No**, **thanks**. I don't have much **time**.

– En**joy** your **meal**.

– **Can** we **have** the **bill**, please? I'm **in** a **hurr**y.

– Sure. That's **twen**ty **pounds** and **six**teen **pence**. You can **pay** at the **coun**ter. **Have** a **nice day**.

– Thanks. You too.

(In a coffee shop)
– **Hi**. **What** can I **get** you? We have a **wide** se**lec**tion of **hot** and **cold drinks**, like es**pre**sso, **de**caf and regular **coff**ee. And to **eat** we have **pan**cakes, **pas**tries and **muff**ins. **Try** these **choc**olate **bis**cuits.

– I can't **eat** too much **su**gar **or** too **ma**ny **ca**lories. **Just** a **glass** of **wa**ter, **please**. And the free **wifi pass**word.

– Oh, okay. Small, **me**dium or large **wa**ter?

(In a pub)
– Who's next?

– Me. A **pint** of **bit**ter, **please**.

– **Any**thing to **eat**? There are **lots** of **things** on the **me**nu. To**day** we have **steak** and **chips**, **sau**sage and **beans** and **fried chick**en. Our **meat**loaf is **real**ly **tas**ty as **well**. **Ev**erything is **home-made**.

– I **don't** eat **meat**, and there **aren't m**any **veggie dish**es. **Can** I **have** a cheese **sand**wich with**out salt** or **pep**per?

– Yes of **cour**se. **Here** you **are**. That'll be **nine six**ty please.

– I don't have any cash. Can I **pay** you to**mo**rrow?

– Of **course** not. You can pay **now**, by **cheque** or **card**.

■ DE DIALOOG BEGRIJPEN
FORMULES EN UITDRUKKINGEN

→ **Gentlemen**, meervoud van **gentleman**, behoort zoals *heren* tot het vormelijk taalgebruik; de vrouwelijke tegenhanger is **lady** (meervoud: **ladies**): **ladies and gentlemen**, *dames en heren*. Deze twee woorden staan ook soms vermeld op een bordje op een toiletdeur (**gentlemen** of verkort **gents**).

→ De **pound** (£, de eerste letter van *libra*, het Latijnse woord voor *pond*) is de Britse munteenheid; een honderdste ervan is **a penny**, met als meervoud **pence** m.b.t. een bedrag of **pennies** m.b.t. de muntstukjes. Let op het consequent meervoudsgebruik in het Engels: **It costs 20 pounds**, *Het kost 20 pond*.

→ Als begroetingen kennen we nu **Good morning/afternoon/evening** en het minder formele **Hello** (soms **Hallo**) of **Hi** dat heel gebruikelijk is, vooral in de Verenigde Staten, om een klant te verwelkomen in een café, een winkel enz.

→ **Here you are** wordt gezegd wanneer men zijn gesprekspartner iets toont, aanbiedt of overhandigt: **Can I have a cup of tea?** – **Here you are**, *Mag ik een kopje thee? – Hierzo/Ziezo, Alsjeblieft/Alstublieft*.

→ **Enjoy your meal** (of kortweg **Enjoy**) is het Engelse equivalent voor ons *(Eet) Smakelijk*.

CULTURELE INFO

Het gebrek aan onderscheid tussen de 2e persoon *jij/je* en de beleefdheidsvorm *u* kan soms wat verbijstering teweegbrengen, temeer daar Britten – en vooral Amerikanen – graag iemand vrijwel meteen bij de voornaam aanspreken, ook al kennen ze hun gesprekspartner nauwelijks. Bovendien wordt meestal ook een vrij ongedwongen taalregister gebruikt, met samentrekkingen als **isn't**, korte en informele begroetingen als **hello** enz. Weet dus dat dit geenszins als uitdrukkelijk "jij-niveau" wordt bedoeld.

Nederlands en Engels zijn Germaanse talen, maar putten ook uit Latijnse bronnen, waardoor sommige woorden "dubbel" bestaan, bijvoorbeeld: **royal** naast **kingly** *(royaal/koninklijk/vorstelijk)*. Dat de woordenschat aan tafel en in de stal niet altijd dezelfde is, heeft ook te maken met de geschiedenis, bijvoorbeeld: de Angelsaksische boer hield een **ox**, *os* of een **sheep**, *schaap*, terwijl de Normandische indringer **beef**, *rund-* of **mutton**, *schapenvlees* at.

◆ GRAMMATICA
MUCH/MANY

Much en **many** betekenen allebei *veel*. Het eerste hoort bij een niet-telbare hoeveelheid (bijvoorbeeld **time**, *tijd*), het tweede bij een telbare (bijvoorbeeld **things**, *dingen*).

In courant Engels gebruikt men **much/many** in ontkennende of vragende structuren: **There isn't much choice in this café**, *Er is niet veel keuze in dit café*; **Are there many veggie restaurants in Hove?** *Zijn er veel veggierestaurants in Hove?*

Anders is **a lot of / lots of** (zie Module 5) gebruikelijk: **There's a lot of sugar in this coffee**, *Er zit/is veel suiker in deze koffie*; **There are lots of calories in pancakes**, *Er zitten veel calorieën in pannenkoeken*.

(Na **too** en een paar andere bijwoorden wordt in bevestigende zinnen **much/many** gebruikt: **There's too much sugar in this coffee**, *Er is te veel suiker in deze koffie*).

TO HAVE OM BEPAALDE HANDELINGEN UIT TE DRUKKEN

Het (hulp)werkwoord **to have**, *hebben* komt voor in een aantal uitdrukkingen m.b.t. handelingen en ervaringen die in het Nederlands met andere werkwoorden (zoals "nemen") uitgedrukt worden, bijvoorbeeld:

to have lunch	lunchen, het middagmaal gebruiken
to have dinner	dineren, 's avonds eten
to have a drink/coffee/tea/beer, etc.	een drankje / koffie(tje) / (kopje) thee / bier(tje) enz. nemen
to have a shower/bath	douchen / een bad nemen
to have a walk	wandelen
to have fun	zich amuseren

DEEL ↔ GEHEEL

Let erop in het Engels tussen deel/hoeveelheid/"houder" en geheel/"inhoud" altijd het woordje **of** (van) te zetten: **the end of the story**, *het einde van het verhaal* en dus ook **a pair of shoes**, *een paar schoenen*; **a cup of tea**, *een kopje thee*; **a glass of wine**, *een glas wijn*; **a box of matches**, *een doosje lucifers*.
Die "houder" wordt vaak in één woord geschreven: **teacup**, **wineglass**, **matchbox**.

▲ VERVOEGING
CAN

Het modaal hulpwerkwoord **can** drukt *kunnen* én *mogen* uit. Het is in die hoedanigheid een zgn. "defectief" werkwoord, wat betekent dat het niet alle grammaticale vormen heeft (bv. de infinitief is zonder **to** ervoor (**to can** = inblikken!), de 3e persoon enkelvoud krijgt geen eind-**s**).
– Als op **can** een werkwoord volgt, is dat een naakte infinitief: **You can go now**, *Je kan/mag nu gaan* (in vergelijkbare structuren is dat bij de meeste andere werkwoorden de volle infinitief: **I want to get some money**, *Ik wil geld opnemen*).
– Ontkennen gebeurt met **not** en in één woord: **cannot**, in de omgang verkort tot **can't**: **I cannot/can't eat too much**.
– De vragende vorm wordt verkregen door inversie: **I can → Can I?** Met deze constructie kan een verzoek geformuleerd worden of om toestemming gevraagd worden.

Bevestigend	Ontkennend	Vragend
I can	I cannot/can't	Can I...?
you can	you cannot/can't	Can you...?
he/she/it can	he/she/it cannot/can't	Can he/she/it...?
we can	we cannot/can't	Can we...?
they can	they cannot/can't	Can they...?

ONTKENNENDE VORM MET *TO DO*

Het "gewone" werkwoord **to do**, *doen* dook op in **to do the housework/washing up**, *het huishouden / de vaat doen*. **To do** fungeert ook als "hulpwerkwoord". Voor de ontkennende vorm van werkwoorden (behalve werkwoorden zoals **to be** (zie Module 1) of **can** (zie hierboven)) moet gebruik gemaakt worden van een vorm van **to do** + het bijwoord **not** (deze twee woorden kunnen samengetrokken worden):

● WOORDENSCHAT

to be in a hurry *gehaast zijn*
can *(modaal hulpwerkwoord) kunnen, mogen*
to order *bestellen*
to pay *betalen*

a bean *een boon(tje)*
a bill *een rekening*
a bitter *een bitter (lichtbruin bier)*
bread *brood*
a breakfast *een ontbijt*
butter *boter*
a card *een kaart*
cash *cash, contant geld*
cheese *kaas*
a cheque *een cheque* (in Amerikaans Engels: **a check**)
a chicken *een kip*
a chip *een frietje*
coffee / a coffee *koffie / een koffie(tje)*
a counter *een balie/kassa* (cf. het werkwoord **to count** *tellen*)
a cup *een kop(je)*
a decaf (a decaffeinated coffee) *een deca, cafeïnevrije koffie*
a dish *een gerecht, schotel*
an espresso *een espresso(koffie)*
a glass *een glas*
a meatloaf *een vleesbrood (**meat**, vlees; **a loaf (of bread)**, een brood)*
a pancake *een pannenkoek*
a password *een wachtwoord*
a pastry / pastries *een gebakje / gebakjes, patisserie*

pepper *peper*
a pint *een pint (0,56 l in het Verenigd Koninkrijk, 0,47 in de VS)*
a pound *een pond (sterling of 0,45 g)*
salt *zout*
a sandwich *een broodje, eig. twee sneetjes brood*
a sausage *een worst*
sugar *suiker*
thee *thee*
a thing *een ding*
water *water*

bitter *bitter (van smaak)*
free *vrij; gratis*
full *vol(ledig)*
home-made *huisgemaakt*
large *groot*
medium *middelgroot*
next *volgend(e)*
ready *klaar*
regular *gewoon*
tasty *lekker* (lett. *smakelijk*)
wide *breed, wijd*
without *zonder*

Anything else? *(Anders/Verder) nog iets?*
Enjoy your meal *Eet smakelijk*
Have a nice day *Nog een fijne dag (verder)*, waarop het antwoord is **You too** *Voor jou/u/jullie ook*
I'm in a hurry *Ik ben gehaast*
That'll be ... *Dat is dan ...* (bedrag)
What can I get you? *Wat mag ik u brengen / kan ik voor u halen?*
Who's next? *Wie is de volgende, wie is er aan de beurt?*

I do not	don't	
you do not	don't	
he/she/it does not	doesn't	eat meat
we do not	don't	
they do not	don't	

Merk op hoe de eind-**s** bij de 3e persoon enkelvoud van het hoofd- naar het hulpwerkwoord is verhuisd. Het is even wennen aan deze structuur, maar wees gerust, tegen dat de vragende vorm aan bod komt in de volgende module is het al gebeurd!

TO GET

Dit werkwoord lijkt voortdurend op te duiken als je Engels begint te leren (zie Module 3). De eerste betekenis van **to get** is *verkrijgen/verschaffen,* maar het drukt dus ook o.a. *halen, brengen* uit, zoals een ober/dienster die vraagt **What can I get you?** *Wat kan ik u brengen / voor u halen?* (hij/ze "verschaft" de klanten een drankje). Onderweg naar meer uitleg over **to get** in Module 15 zullen er nog een paar toepassingen aangeboden worden.

INLEIDING TOT DE TOEKOMENDE TIJD

Merk op hoe in de eerste dialoog de toekomende tijd wordt gebruikt om iets te bestellen. Noteer al dat hij gevormd wordt met **will** (afkorting: **'ll**) waar wij *zal/zullen* gebruiken + naakte infinitief:
I will of **I'll go/see**, *ik zal gaan/zien.*
Later meer hierover.

 **OEFENINGEN**

1. ZET DE ZINNEN MET *CAN* OM IN VRAGEN:

a. I can have a cheese sandwich. →

b. You can't pay by cheque. →

c. We can order a cup of tea. →

d. They can eat a lot of sugar. →

e. She can't have the bill. →

2. VUL DE ZINNEN AAN MET *MUCH, MANY* OF *A LOT OF*:

a. There aren't .... veggie dishes on the menu.

b. It's ten o'clock. We don't have .... time.

c. There are .... things to eat.

d. Don't order too .... food. I'm not very hungry.

e. And don't eat too .... muffins!

f. There's .... sugar in this pancake.

3. BELUISTER DE OPNAME OM DE ZINNEN TE KUNNEN VERVOLLEDIGEN:

09

a. Please pay .... the counter.

b. .... next? – Me.

c. .... you ready .... order? – Yes, ...

d. You .... espresso or decaf. – .... have a cup of tea?

e. Just a .... sandwich, please. – .... or .... butter?

f. Can I .... the bill? I'm in a .... I don't have .... time.

4. VERTAAL DE ZINNEN:

a. Ze genieten van mijn vleesbrood. Het is huisgemaakt.

→

b. Verder nog iets? – Nee, dank u. – Dat is dan 10 pond en 19 pence.

→

c. Wat mag ik u brengen? – Gewoon een kopje koffie met melk, alstublieft.

→

d. Nog een fijne dag verder. – Jullie ook.

→

e. We hebben geen contant geld. Kunnen we met de [per] kaart betalen ? – Ja, natuurlijk.

→

f. Ik mag niet te veel suiker of te veel calorieën eten. – Natuurlijk niet.

→

II
ZAKEN
REGELEN

8. WINKELEN

SHOPPING

DOELSTELLINGEN

- IN EEN WINKEL DUIDELIJK MAKEN WAT MEN ZOEKT
- KLEDING- EN SCHOENMAAT UITDRUKKEN
- EEN GESPREK VOEREN MET HET WINKELPERSONEEL
- ZEGGEN HOE LAAT HET PRECIES IS

BEGRIPPEN

- HET GEBRUIK VAN *ONES* OM HERHALING TE VERMIJDEN
- GENITIEF BIJ HANDELSZAKEN
- MEER OVER *CAN*
- SAMENGESTELDE WERKWOORDEN
- VRAAGVORM MET *TO DO*

WINKELEN

(In een schoenwinkel)
– Ik heb een paar schoenen nodig.

– Zeker. Wat is uw maat [Welke maat "neemt"* u]?

– Ik denk 44 [ik ben een 10].

– Welke kleur wilt u?

– Ik weet (het) niet echt.

– Hier, pas dit paar loafers aan.

– Ze passen niet ; ze zijn te groot. Hebt u een maat kleiner [de volgende maat neer]?

– Helaas niet. Waarom probeert u (het) niet (in) het warenhuis hiernaast [volgende deur]?

(In een klerenwinkel)
– Excuseer(t u) me, verkoopt u wollen truien met zakken?

– Ja [we doen]. Ze liggen [zijn] ginder bij de winterkleren. Ziet u ze [Kunt u ze zien]?

– Ja. Ik vind die donkerblauwe [enen] leuk. Kan ik deze [ene] (aan)passen? Hij is mooi.

– Natuurlijk. De paskamers bevinden zich [zijn] naast de roltrap.

– Ik neem er twee van [zal nemen twee van hen]. En een [paar van] broek[en].

– Dat komt op 88 pond[en]. Hoe wilt u betalen?

– Cash. Hier hebt u 90.

– Ziehier uw wisselgeld en uw ontvangstbewijs.

(In de kantoorboekhandel)
– Hoeveel kosten [zijn] deze printers?

– De laser [ene] kost 300 £ en de inkjet [ene] kost 200.

– En deze [Wat over deze ene]?

– Die [Het] is niet te koop [voor verkoop]. Maar deze oude [ene] is een koopje [op (uit)verkoop]: hij is met 30 % afgeprijsd.

– Ik zie zo [kan zien] waarom.

(In de supermarkt)
– Ik zoek [ben zoekende] zeep, shampoo en tandpasta.

– Probeer (in) de drogisterij-(gezondheid en schoonheid) afdeling, hierzo links.

– Wel bedankt! A propos, waar zijn de kassa's?

– Die [Ze] zijn bij de uitgang.

(In eender welke winkel)
– Wordt u al geholpen [Bent u zijnde geholpen]?

– Nee, ik kijk even rond [ben gewoon kijkend], dank u wel. Dit is mijn lievelingsmanier [-soort] van winkelen: windowshoppen!

* om verwarring te vermijden, laten we de do-constructies achterwege)

10   SHOPPING

(In a shoe shop)
– I need a **pair** of **shoes**.

– **Cer**tainly. **What size** do you **take**?

– I **think** I'm a **ten**.

– What **co**lour do you **want**?

– I **don't real**ly **know**.

– **Here**, try on this **pair** of **loaf**ers.

– They **don't fit**; they're **too big**. **Do** you **have** the **next** size down?

– Un**for**tunately **not**. **Why** don't you **try** the de**part**ment store **next door**?

(In a clothes shop)
– Ex**cuse** me, do you **sell wool sweat**ers with **pock**ets?

– **Yes**, we **do**. They're **o**ver **there** with the **win**ter **clothes**. Can you **see** them?

– Yes. I **like** those **dark blue** ones. **Can** I **try on this** one? It's **beau**tiful.

– Of **course**. The **fit**ting rooms are **next** to the **es**calator.

– I'll **take two** of them. And a **pair** of **trou**sers.

– That comes to eighty-eight pounds. How do you **want** to **pay**?

– **Cash**. Here's **nine**ty.

– **Here's** your **change** and your re**ceipt**.

(At the stationer's)
– **How much** are these **print**ers?

– The **la**ser one is three **hun**dred pounds and the **ink**-jet one costs **two hun**dred.

– What a**bout this** one?

– It's **not** for **sale**. But this **old** one is **on sale**: it's **marked down** by **thir**ty per cent.

– I can **see why**.

(At the supermarket)
– I'm **look**ing for some **soap**, some sham**poo** and some **tooth**paste.

– **Try** the **health** and **beau**ty **sec**tion, over **here** on the **left**.

– **Thanks** so **much**. **By** the **way**, **where** are the **check**out **coun**ters?

– They're by the exit.

(In any shop)
– **Are** you **be**ing **served**?

– No, I'm just **look**ing, **thank** you very **much**. This is my **fa**vourite **sort** of **shop**ping: **win**dow **shop**ping!

DE DIALOOG BEGRIJPEN
FORMULES EN UITDRUKKINGEN

→ **To fit**, *passen, goed zitten, de juiste maat hebben*: **Do the loafers fit?**, *Passen de loafers?*

→ **Are you being served?** Een ober of een verkoper stelt deze vraag om te weten of je al geholpen wordt; minder formeel is **Can I help you?**, *Kan ik u helpen?* (De constructie **being served** is een passieve vorm, Module 29.)

→ Let op: **a sweater** staat in het Engels voor *een trui* (van **sweat**, *zweet*, omdat hij aanvankelijk was gemaakt om in te zweten); wat wij in het Nederlands *een sweater* noemen heet **a sweatshirt** (lett. *een zweethemd*). Let ook op de uitspraak: [swet].

→ **A pair of trousers:** onthoud dat kledingstukken met "twee benen" in het meervoud staan (zie ook Module 4); bij één exemplaar moet er **a pair of** voor staan: **I want a pair of trousers/shorts**, *Ik wil een lange/korte broek*.

→ **That comes to**... wordt gebruikt aan het eind van een berekening enz.: *Dat komt (neer) op, bedraagt, maakt* ...

→ **What about**... (lett. *Wat over*) leidt een vraag in om informatie te verkrijgen of om iets voor te stellen: **What about a cup of tea?** *Zin in een kopje thee?*; **What about Jack?** *En Jack, dan? Hoe zit het met Jack?*

→ Verwar **for sale**, *te koop*, niet met **on sale** *afgeprijsd*, dus *"een koopje"*!

CULTURELE INFO

Soorten winkels in Groot-Brittannië: naast het algemene **a shop**, *een winkel* is er **a boutique**, *een winkel waar kleren of modeartikelen worden verkocht* en allerlei andere in meer of mindere mate gespecialiseerde zaken, waar **shopaholics**, *aan winkelen verslaafden* terechtkunnen: **a department store**, *een warenhuis*; **a chain store**, *een winkel van een grootwinkelbedrijf/winkelketen*; of, nog groter, **a superstore** of **a hypermarket**, *een super- of een hypermarkt*; en ook **a factory outlet store**, *een fabrieks(outlet)winkel*.

◆ GRAMMATICA
HET GEBRUIK VAN *ONES* OM HERHALING TE VERMIJDEN

We hebben in Module 6 gezien dat met **one** herhaling van een zelfstandig naamwoord in het enkelvoud kan vermeden worden: **I want a blue sweater. That one looks nice**, *Ik wil een blauwe trui. Die (daar) ziet er leuk uit.* Bij een meervoudsvorm volstaat het om een **-s** toe te voegen aan **one**: **I want some loafers. Those dark blue ones look nice**, *Ik wil loafers. Die donkerblauwe zien er leuk uit.*

GENITIEF BIJ HANDELSZAKEN

Sommige (kleinere) handelszaken kunnen met een genitiefvorm (zie Module 4) aangeduid worden: **-'s** vervangt dan het woord **shop**. Bijvoorbeeld: **I'm going to the bakery → I'm going to the baker's** (te verstaan **the baker's shop**, *"de bakker zijn winkel"*); **He works at a fishmonger's**, *Hij werkt in een viswinkel*; **Can you buy four pork chops at the butcher's, please?** *Kan je vier varkenskoteletten kopen bij de slager, alsjeblieft?* Deze structuur is niet mogelijk voor grotere handelszaken: **Can you buy four pork chops at the supermarket, please?**

Noteer ook: *een apotheker* heet **a chemist**, met dezelfde genitiefregel, **the chemist's**, hoewel dit woord in de omgang stilaan vervangen wordt door **a pharmacy**, zonder genitiefvorm.

▲ VERVOEGING
MEER OVER *CAN*

Dit modale hulpwerkwoord wordt vaak gebruikt met werkwoorden zoals **to see**, *zien*, **to hear**, *horen* en **to feel**, *(zich) voelen*, die "onvrijwillige" perceptie uitdrukken: **I can see the escalator**, *Ik zie de roltrap / kan de roltrap zien*; **He can't hear his phone**, *Hij hoort zijn telefoon niet / kan zijn telefoon niet horen.*

In een vraag staat **can** vooraan: **Can you see those gentlemen over there?**, *Ziet u die heren ginder?;* **Can you hear that noise?** *Hoor je dat lawaai?*

SAMENGESTELDE WERKWOORDEN

Net als in het Nederlands kan de basisbetekenis van een werkwoord beïnvloed worden door gebruik van een prefix, bv. **komen** → **terugkomen; to cover**, *dekken*→ **to recover**, *herstellen (genezen van)*. In het Engels staat zo een bepalend element ook vaak los achter het werkwoord, bv. **to come**, *komen* → **to come back**, *terugkomen*. Veel combinaties zijn vrij herkenbaar of makkelijk af te leiden, maar houd er rekening mee dat ze niet altijd letterlijk vertaald kunnen worden en dat sommige idiomatische wendingen gewoon uit het hoofd zullen moeten geleerd worden, bv. **to look**, *kijken* → **to look at**, *kijken naar, bekijken*, maar **to look for**, *zoeken*! We behandelen ze meestal in de rubriek Formules en uitdrukkingen of Grammatica.

De volgende verschenen in de dialoog van deze module:

– **to try**, *trachten, proberen* maar m.b.t. een kledingstuk (om te zien of het goed zit) wordt **on** toegevoegd: **I want to try on that sweater**, *Ik wil die trui (aan)passen;* de vragende vorm kan op twee manieren geformuleerd worden: **Can I try on this dress / Can I try this dress on?**, *Kan ik deze jurk (aan)passen?* waarbij de eerste, met beide elementen achter elkaar, gebruikelijker is

– **to mark**, *markeren, aanduiden* en **to mark down**, *afprijzen* (a.h.w. "aanduiden als verlaagd in prijs"): **These shoes are marked down (of marked down by) thirty per cent**, *Deze schoenen staan (met) 30 % afgeprijsd.*

– **to come**, *komen* wordt met het voorzetsel **to** erbij gebruikt om het eindbedrag aan te kondigen: **Two coffees and three teas. That comes to ten pounds**, *Twee koffie(s) en drie thee(s). Dat is dan / maakt / komt (neer) op 10 £.*

VRAAGVORM MET *TO DO*

Net zoals bij de ontkennende vorm (zie vorige module) moet bij de vragende vorm van de meeste werkwoorden gebruik gemaakt worden van een vorm van het hulpwerkwoord **to do**:

• **Do I/you/we/they want a new sweater?**
• **Does he/she/it want...?** (de **-s** van de 3e persoon enkelvoud verhuist dus van het hoofdwerkwoord naar het hulpwerkwoord: **He wants...** → **Does he want...?**; **Does she like that blue sweater?**, *Vindt ze die blauwe trui leuk?*; **Do you have a pair of blue loafers?**, *Hebt u een paar blauwe loafers?*; **What colour do they want?**, *Welke kleur willen ze?* Dus: vorm van **to do** voor het onderwerp en hoofdwerkwoord achter het onderwerp.

Blijf letten op de "tags", waarin het hulpwerkwoord van de aanzet verwerkt zit.

WOORDENSCHAT

to cost *kosten*
to fit *passen, goed zitten*
to mark down *afprijzen, de prijs verlagen*
to sell *verkopen*
to try on *(aan)passen*

beautiful *mooi*
dark *donker*
next door *(de deur) hiernaast*
sort/kind (of) *soort (van)*
unfortunately *helaas*

change *wisselgeld*
checkout counter *kassa (in een winkel)*
a department store *een warenhuis*
an escalator *een roltrap*
the exit *de uitgang*
a fitting room *een paskamer*
health and beauty section *drogisterij-afdeling*
loafers *loafers, instappers*
a pair of trousers/shorts, etc. *één lange/korte broek enz.*
per cent (GB), percent (US) *percent*
a pocket *een zak*
a printer *een printer*
a pullover *een pullover*
a receipt *een ontvangstbewijs, reçuutje*
a sale *een koopje*
shampoo *shampoo*
a size *een maat;* **the next size up/down** *een maat groter/kleiner*

soap *zeep*
a sweater *een trui*
toothpaste *tandpasta*
a window *een raam;* **window shopping** *windowshoppen, etalages kijken*
winter *winter*
wool *wol*

Are you being served? *Wordt u al geholpen?*
By the way *A propos, terloops*
Certainly *Zeker*
Excuse me... *Excuseer(t u) me...*

De lijsten met woorden die aan bod kwamen in de dialogen worden zo overweldigend dat we je uitnodigen om ze voortaan zelf aan te vullen aan de hand van de vertalingen en de uitleg. Een uitstekende oefening om je woordenschat uit te breiden, te herhalen en in te oefenen!

OEFENINGEN

1. VUL DE ZINNEN AAN:

a. This sweater is marked .... twenty per cent in the sales. *Deze trui is met 20 % afgeprijsd in de uitverkoop.*

b. The fitting room is next .... the escalator. *De paskamer is naast de roltrap.*

c. These printers are not .... sale. *Deze printers zijn niet te koop.*

d. Can I try .... that blue dress, please? *Kan ik die blauwe jurk passen, a.u.b.?*

e. The sweaters are .... there with the winter clothes. *De truien liggen ginder bij de winterkleren.*

2. NOTEER DE VRAGEN DIE PASSEN BIJ DE ANTWOORDEN DIE JE IN DE OPNAME HOORT:

a. ....

b. ....

c. ....

d. ....

e. ....

3. VERMIJD HERHALING EN VERVANG HET WOORD TUSSEN HAAKJES:

a. I want some loafers. Those (**loafers**) .... look nice.

b. The printer doesn't work. – This (**printer**) .... or that printer?

c. Sara needs a laptop. – She can use this (**laptop**) ....

d. You can use the fitting rooms; the (**fitting rooms**) .... near the escalator.

e. Do you like these shoes? – No, I prefer the (**shoes**) .... in the department store.

4. BEANTWOORD DE VRAGEN: *WHERE DO YOU BUY...*

a. a pork chop? → ....
d. fish? → ....

b. bread? → ....
e. vegetables? → ....

c. printer ink? → ....
f. all of these? → ....

5. VERTAAL DE ZINNEN:

a. Mijn zoon heeft een paar schoenen nodig. – Zeker. Wat is zijn maat?
→

b. Ze passen niet. Hebt u een maat groter?
→

c. Wordt ze al geholpen? – Nee, ze kijkt gewoon wat rond.
→

d. Deze printer staat afgeprijsd. – Ik zie waarom!
→

9. DE TREIN NEMEN

TAKING THE TRAIN

DOELSTELLINGEN

- **INLICHTINGEN VRAGEN/ VERSTREKKEN**
- **MET HOEVEELHEDEN OMGAAN**

BEGRIPPEN

- *IT*
- *HOW MUCH/MANY*
- **BIJVOEGLIJKE NAAMWOORDEN**
- *A LITTLE* EN *A FEW*
- **ENKELVOUD/MEERVOUD BIJ EEN MAATEENHEID, HOEVEELHEID ENZ.**
- **WEDERKERENDE/WEDERKERIGE WERKWOORDEN**

EEN DURE REIS

(In een reisbureau)
– Gaat u zitten, alstublieft. Waarmee [Hoe] kan ik u helpen?

– Ik wil van Londen naar Liverpool reizen [op] dinsdag. Ik heb een belangrijke vergadering om 1 uur en ik mag niet te laat komen [zijn]. Ik moet [heb te] ook een paar mensen zien voor ik vertrek. Ik heb niet veel tijd, maar we kunnen elkaar treffen in de ontmoetingsruimte voor zakenlui in het station.

– Goed. Er is een trein die vertrekt in [verlaat] Euston om 10 over 9.

– Komt hij [het] voor halftwaalf [half-over elf] aan?

– Ja. Dat geeft u een beetje tijd vòòr uw afspraak.

– Hoeveel kost een retourticket?

– Een ticket tweede klas op die trein kost [is] 90 pond[en]. De trein (van) 10 (uur) 30 kost 150.

– Dat is een pak geld. Is er een goedkope trein om 11 (uur)?

– Ja [er is], maar het is een stoptrein [trage ene]. Hij [Het] komt aan in Liverpool om 20 voor 3. Er is een nachttrein om middernacht [op] maandag, maar ik vrees dat die [het] ook duur is. Wilt u het vliegtuig nemen [vliegen]?

– Ik voel (me) een beetje zenuwachtig wanneer ik een vliegtuig neem, maar heb ik de [een] keuze? Hoeveel vluchten zijn er [op] dinsdag?

– Er zijn een paar ochtendvluchten en sommige ervan [van hen] zijn niet duur [onduur]. Er is, bijvoorbeeld, een SkyJet om [een] kwart voor 8. Hij [Het] komt aan om [een] kwart over 9 en hij kost slechts 10 pond[en].

– 10 £ is heel redelijk.

– O, maar dat is het enkel tarief. Heen en terug [Een retour] is 200 £.

– Dat is waanzinnig! Hebt u een ander idee?

– Ja. Zeg de vergadering af of neem een bus.

11 AN EXPENSIVE JOURNEY

(In a travel agency)
– **Please** sit **down**. **How** can I **help** you?

– I want to tra**vel** from **Lon**don to **Li**verpool on **Tues**day. I have an im**por**tant **meet**ing at **one** o'**clock** and I **can't** be **late**. I also have a few **peo**ple to see be**fore** I leave. I **don't** have much **time**, but we can **meet** at the **bus**iness lounge in the **sta**tion.

– **Right**. There's a **train** that leaves **Eus**ton at **ten** past **nine**.

– Does it a**rrive** before **half**-past e**le**ven?

– **Yes** it **does**. **That** gives you a little **time** before your **appoint**ment.

– How **much** does a re**turn ti**cket cost?

– A **se**cond class **ti**cket on **that** train is **nine**ty **pounds**. The **ten thir**ty train costs one **hun**dred and **fif**ty.

– That's a **lot** of **mo**ney. **Is** there a **cheap** train at e**le**ven?

– **Yes** there **is**, but it's a **slow** one. It **gets** to **Li**verpool at **twen**ty to **three**. There is a **night** train at **mid**night on **Mon**day, but I'm a**fraid** that it's ex**pen**sive **too**. **Do** you **want** to **fly**?

– I **feel** a little **ner**vous when I **take** a **plane**, but **do** I **have** a **choice**? **How ma**ny **flights** are there on **Tues**day?

– There are a few **mor**ning flights, and **some** of them are inex**pen**sive. For exa**mple**, there's a **Sky**Jet at a **quar**ter to **eight**. It arrives at a quarter past nine and it costs **on**ly **ten pounds**.

– **Ten pounds** is **ver**y **reas**onable.

– **Ah**, but that's the **sin**gle fare. A re**turn** is **two hun**dred pounds.

– That's **mad**! **Do** you **have** a**no**ther id**ea**?

– **Yes**, I do. **Can**cel the **meet**ing or **take** a **coach**.

DE DIALOOG BEGRIJPEN
FORMULES EN UITDRUKKINGEN

→ **What time is it?** In Module 6 zagen we dat met **o'clock** het exacte klokuur wordt aangeduid. Nu verder:
  • **past** en **to** worden gebruikt zoals *over/na* en *voor*: **twenty past three** (twintig over/na drie), **ten to four** (tien voor vier), **five past two** (5 over/na 2), **quarter past eight** (kwart over 8), **quarter to ten** (kwart voor 10)
  • voor het halfuur wordt in het Engels uitgegaan van het voorbije volle uur: **half past two** (halfdrie), **half past ten** (10u30)
  • mocht het uit de context niet blijken, dan kan verduidelijkt worden met **in the morning** *('s morgens)*, **at night** *('s nachts)* enz.
  • het woord **minute(s)** is facultatief bij vijf of een veelvoud ervan: **ten minutes past five** of **ten past five**, **twenty-five to six** (5u35), maar is anders gebruikelijk: **three minutes past five** (5u03).
  Oefen door af en toe naar je horloge te kijken en het uur hardop te lezen.

→ **Right** is het tegenovergestelde van **wrong** (Module 1 en 5): **You're right/ wrong**, *Je hebt het juist/fout, Je hebt gelijk/ongelijk*. **Right!** is een handige uitdrukking in de zin van *Juist! Goed! OK!* enz. Er is ook **right/left**, *rechts/links*.

→ **To fly** betekent *vliegen* en wordt ook gebruikt voor *het vliegtuig nemen*: **I want to fly from London to New York**, *Ik wil met het vliegtuig van Londen naar New York*. Een vlucht is **a flight** (**a fly** is... *een vlieg*).

→ **A fare** is de *prijs die betaald wordt voor een verplaatsing met een vliegtuig/bus/ trein* (**plane/bus/train fare**). Met **single** (zie ook Module 2) of **return** ervoor wijst het op het tarief voor een enkele of een heen-en-terugreis: **The return fare is sixty-five pounds**, *Een retourtje kost 65 £*.

→ **People** wordt gebruikt als meervoud van **a person**, *een persoon*: **The coach can take fifty people**, *De bus kan 50 mensen meenemen*. De eigenlijke meervoudsvorm **persons** bestaat, maar geldt eerder in formele context: **Persons under eighteen are not admitted**, *Personen onder de 18 jaar worden niet toegelaten*. Voor "bekende mensen" is er de term **celebrities**.

→ **To be afraid**, *bang zijn, vrezen, schrik hebben*: **She's afraid to fly**, *Ze is bang om het vliegtuig te nemen*. Met deze uitdrukking kan men zich ook excuseren of spijt betuigen: **I'm afraid it's very expensive**, *Ik vrees dat het heel duur is*.

CULTURELE INFO

De Britse spoorwegen werden in de jaren 1990 geprivatiseerd. Tegenwoordig staan meer dan twintig regionale bedrijven in voor het reizigers- en goederenvervoer op de **main**, **intercity** of **branch lines** (*hoofd-, intercity- of lokale lijnen*). Je doet er goed aan alvorens een kaartje (**a ticket**) te kopen de tarieven (**fares**) te vergelijken, want die variëren al naargelang je tijdens of buiten de piekuren (**peak** of **off-peak**) reist. Er zijn ook verschillende abonnementen verkrijgbaar in de vorm van **season** *("seizoen-")* **tickets** en **railcards** *("spoorkaarten")*. Om het goedkoopste ticket te vinden, kan je online de **cheap fare finder** raadplegen. Vanuit een tiental Londense **stations**, waaronder Euston, wordt heel Groot-Brittannië aangedaan. Het busvervoer kwam al in de jaren 1980 in privéhanden. Intussen is Groot-Brittannië voorzien van een heel uitgebreid en doeltreffend net voor verplaatsingen over korte afstanden met **buses** en over lange met **coaches**, *autocars*.

GRAMMATICA
IT

Blijf erop letten dat in het Engels **he** en **she** alleen wordt gebruikt m.b.t. een persoon en daarbuiten dus consequent **it** van toepassing is: **a pair of trousers, a train/ Skyjet/printer etc.** → **it costs**.

HOW MUCH/MANY

Zoals **much** en **many**, *veel* gebruikt wordt met betrekking tot een niet-telbare resp. telbare hoeveelheid, kan – volgens hetzelfde onderscheid – met **how much/many ...?** gevraagd worden *hoeveel ...?*: **How much sugar** (niet-telbaar) **do you want in your coffee?** *Hoeveel suiker wil je in je koffie?;* **How many trains** (telbaar) **are there today?** *Hoeveel treinen zijn er vandaag?*

BIJVOEGLIJKE NAAMWOORDEN

Onthoud dat ze in het Engels onveranderlijk zijn: **heavy**, *zwaar* → **two heavy bags**, *twee zware tassen*; **young**, *jong* → **our young sons**, *onze jonge zonen*; **slow**, *traag* → **a slow train**, *een stoptrein* (lett. *trage trein*).

Een zelfstandig naamwoord kan bijvoeglijk gebruikt worden: **a night train**, *een nachttrein*; **a morning flight**, *een ochtendvlucht*.

Adjectieven kunnen samengesteld worden: **a second class ticket**, *een ticket tweede klas*.

A LITTLE EN *A FEW*

Met deze twee constructies wordt "een kleine hoeveelheid" uitgedrukt, volgens dezelfde logica als bij **much** en **many**, dus met betrekking tot iets telbaars (**a few**) of niet-telbaars (**a little**): **I have a little time before my meeting**, *Ik heb wat tijd voor mijn vergadering*; **Do you have a few minutes? I want to talk to you**, *Heb je een paar minuten? Ik wil [tegen] je spreken*.

ENKELVOUD/MEERVOUD BIJ EEN MAATEENHEID, HOEVEELHEID ENZ.

Bij een maat, een hoeveelheid, een periode, enz. die bepaald wordt door een aantal en beschouwd wordt als een geheel (10 £, 200 km enz.) staat het werkwoord in het enkelvoud: **A hundred pounds is a lot of money**, *100 £ is veel geld*; **Three days is a long time**, *Drie dagen is (een) lange (tijd)*.

Let er daarnaast op in het Engels consequent de meervoudsvorm te gebruiken: **It's more than three miles to the museum**, *Het is meer dan 3 mijl[en] naar het museum*; **The visit takes about two hours**, *Het bezoek duurt ongeveer 2 uur [uren]*; **A ticket costs five pounds**, *Een ticket kost 5 pond[en]*.

WEDERKERENDE/WEDERKERIGE WERKWOORDEN

Sommige werkwoorden zijn wederkerend of wederkerig, maar niet noodzakelijk altijd in het Nederlands én in het Engels. Voorbeelden: **to meet**, *(elkaar) ontmoeten* — **We can meet after work**, *We kunnen elkaar ontmoeten na het werk*; **to wash/shave**, *(zich) wassen/scheren* — **Don't forget to wash/shave**, *Vergeet je niet te wassen/scheren*; **to feel**, *(zich) voelen* — **I feel nervous**, *Ik voel me zenuwachtig*.

WOORDENSCHAT

to cancel *annuleren, afzeggen*
to feel *(zich) voelen*
to fly *vliegen, het vliegtuig nemen*
to leave *verlaten, vertrekken*
to meet *(elkaar) ontmoeten*
to travel *reizen*

cheap *goedkoop*
dangerous *gevaarlijk*
expensive/inexpensive
   duur / niet duur
slow *traag, langzaam*

For example *Bijvoorbeeld*
Right *Juist, Goed*

a business lounge *een ontmoetingsruimte voor zakenlui*
a coach *een bus voor lange afstanden*
a fare *een (rit)prijs, tarief*
a flight *een vlucht*
an idea *(uitspraak in drie lettergrepen: aj-die-e) een idee*
a meeting *een bijeenkomst, vergadering, bespreking*
midnight *middernacht*
a night *een nacht*
people *mensen, personen* (meervoud van **a person**)
a single/return ticket *een enkeltje/retourtje, ticket voor enkele reis / heen-en-terugreis*
a slow train *een stoptrein*
a travel agency *een reisbureau*

Je woordenschat breidt zich hoofdstuk na hoofdstuk uit. Probeer de woorden en uitdrukkingen in groepjes te onthouden en houd altijd de context waarin je ze hebt leren kennen in het achterhoofd. Je zal merken dat je studie zo vrij vlot en snel zal verlopen!

a few *een paar, enkele* (met een telbaar iets)
a little *een beetje, wat* (met een niet-telbaar iets)
another *een ander(e), nog een*

OEFENINGEN

1. ZET DEZE BEVESTIGENDE ZINNEN OM IN VRAGEN:

a. They want to fly to Liverpool on Wednesday. →
b. Steve wants to take the ten fifteen train. →
c. There is a cheap train this afternoon. →
d. I have another idea. (I *wordt* you). →

2. BEGIN DE ZINNEN MET *HOW MUCH* OF *HOW MANY*:

a. .... does a return ticket cost?
b. .... time do we have before the meeting?
c. .... flights are there this afternoon?
d. .... money do you have?

3. ZEG HET UUR OP TWEE MANIEREN (ANALOOG EN DIGITAAL):

a. 9 h 15: ....
b. 5 h 25: ....
c. 16 h 10: ....
d. 9 h 30: ....
e. 19 h 50: ....
f. 8 h 45: ....
g. 12 h 30: ....

4. VERTAAL DE ZINNEN EN BELUISTER DE OPNAME TER CONTROLE:

11

a. Ik vrees dat het heen-en-terugtarief duur is. – Hoeveel?

→

b. Heeft hij een ander idee? – Ja. De vergadering afzeggen.

→

c. Hoeveel kost een enkeltje? – Tweehonderd pond.

→

d. Komt het vliegtuig voor middernacht aan? – Nee.

→

e. Gaat u altublieft zitten. – Dank u. Ik voel me wat nerveus.

→

f. Er zijn een paar treinen en sommige ervan zijn niet duur. – OK, maar ik mag niet te laat komen.

→

10. TELEFONEREN

USING THE PHONE

DOELSTELLINGEN

- **WOORDENSCHAT UIT DE TELEFONIE GEBRUIKEN**
- **DE MENING VAN ZIJN GESPREKSPARTNER DELEN**

BEGRIPPEN

- **VOORZETSELS**
- *STILL, ALWAYS* EN *AGAIN*
- *SO/NEITHER* + HULPWERKWOORD

COMMUNICATIE

– Ik maak me zorgen omdat ik geen nieuws heb van Jerry. Laten we hem een belletje geven. Waar is je mobiele (telefoon)? O, daar is ie, [boven]op de oplader. Wat is Jerry's nummer? Het is niet geprogrammeerd.

– Ik denk dat het 073 655 192 is. Of misschien is het 198: probeer ze allebei [beide van hen]. Lukt 't [Enig geluk]? Misschien is de lijn bezet? Probeer opnieuw.

– Het heeft geen zin [is geen gebruik]: het signaal is te zwak. Kijk hier, boven het "batterij"-icoon(tje): "Geen bereik [dienst]".

– We hebben altijd hetzelfde probleem. Ons huis staat tussen twee heuvels en een rivier. Er zijn niet veel masten hier [buiten] op het platteland. Wacht, ik heb een idee. Probeer (het) buiten. Loop door de hal, (via) de voordeur (naar) buiten, rond het huis en in de tuin. Wandel [neer] tot het einde van het pad langs de bomen en het gras en houd de telefoon boven je hoofd.

– Nee, het heeft geen zin. Er is niet veel verschil binnen of buiten het huis. Het signaal is nog altijd niet sterk genoeg en er is niet voldoende vermogen. Misschien kunnen we hem e-mailen?

– Ik ken zijn adres niet.

– Laten we dan proberen online met hem (te) chatten, hoewel ik niet veel tijd heb.

– Ik evenmin.

– En ik ben slecht in technologie.

– Ik eveneens [Zo ben ik].

– Welke soort [van] computer heb je?

– Een witte [ene] met zwarte toetsen.

– Ik [Mij] ook! (De) mijne is exact dezelfde.

COMMUNICATION

– I'm con**cerned** be**cause** I have **no news** from **Jer**ry. Let's give him a ring. **Where's** your **mo**bile? Ah, **there** it **is** on **top** of the **char**ger. What's **Jer**ry's **num**ber? It's **not pro**grammed.

– I **think** that it's 073 655 192. Or **may**be it's 198: try **both** of **them**. Any luck? Per**haps** the **line** is en**gaged**? Try **again**.

– It's **no use**: the **sig**nal is **too weak**. **Look here**, a**bove** the "**bat**tery" **i**con: "**No ser**vice".

– We **al**ways **have** the **same prob**lem. Our house is between two hills and a river. There **are**n't **ma**ny **masts** out **here** in the **count**ry. **Wait**, I've **got** an i**de**a. Try **out**side. Go through the hall, out the front door, a**round** the **house** and **in**to the **gar**den. Walk down to the end of the path by the trees and grass and **hold** the **phone** a**bove** your **head**.

– **No**, it's **no use**. There's **not much dif**ference **in**side or **out**side the house. The **sig**nal is **still not** strong e**nough** and there is **not** e**nough pow**er. **May**be we can **e**mail him?

– I don't **know** his a**ddress**.

– Then let's **try chat**ting on**line** with **him**, al**though** I **don**'t have a **lot** of **time**.

– **Nei**ther do **I**.

– And **I'm bad** at tech**no**logy.

– **So** am **I**.

– **What kind** of **com**puter have you **got**?

– A **white** one with **black but**tons.

– **Me too**! Mine is exa**ctly** the **same**.

DE DIALOOG BEGRIJPEN
FORMULES EN UITDRUKKINGEN

→ **Me too:** deze constructie, met het voornaamwoord in de voorwerpsvorm, drukt uit dat je het eens bent met wat net (in een bevestigende zin) gezegd werd: **I'm hungry. – Me too**, *Ik heb honger. – Ik ook.*

→ Telefoonnummers worden cijfer per cijfer, in groepjes van drie of vier gezegd (nul wordt uitgedrukt als de letter o): 073 655 192 klinkt dus als **oh seven three six five five one nine two**. Komt een cijfer twee maal na elkaar voor, zoals hier de 5, dan kan men ook zeggen **double five** (zelfs **triple** bij drie identieke cijfers). (Deze manier om cijfers te zeggen geldt ook voor nummers boven de 100 van een vlucht, een hotelkamer (zie Module 12) enz.

→ **The country(side)** is *het platteland*, maar let op de context, want het grondwoord betekent ook *het land*: **I love my country**, *Ik hou van mijn land,* maar **I love the countryside**, *Ik hou van het platteland.*

→ **Any luck?** is een idiomatische vraag om te weten te komen of de gesprekspartner geslaagd is in de ondernomen actie, bijvoorbeeld het zoeken naar een verloren voorwerp: *(Is het) gelukt?, Gevonden?* We zagen al het bijvoeglijk naamwoord **lucky**, *gelukkig* (zoals in Lucky Luke: "Gelukkige Luke (die Geluk heeft)").

→ **Engaged** is het voltooid deelwoord van het werkwoord **to engage** en wordt in twee gevallen idiomatisch aangewend: m.b.t. iemands burgerlijke stand betekent **to be engaged** (verkorting van **engaged to be married**) *verloofd zijn:* **Harry and Sally are engaged**, *Harry en Sally zijn verloofd*; m.b.t. tot een telefoonlijn betekent het *bezet*: **Harry's line/phone is engaged**, *Harry's lijn/telefoon is bezet* (**busy** in Amerikaans Engels).

→ **To chat** was aanvankelijk niet de elektronische activiteit "chatten", maar gewoon "babbelen, kletsen".

→ **Through**, *door(heen)*; **enough**, *genoeg*; **although**, *hoewel:* de uitspraak van **-ough** is niet evident, want ook onregelmatig. Het twintigtal woorden dat deze lettercombinatie bevat, is ondergebracht in drie homogene groepen. In dit boek vind je:

[ü]: u neigend naar doffe e	**tough** [tüf] *taai, lastig, hard, zwaar;* **enough** [ienüf] *genoeg;* **rough** [rüf] *ruw*
[o-o]: gerekte o in "bol"	**bought** [bo-ot] *kocht/gekocht,* van **to buy** *kopen;* **thought** [THo-ot] *gedachte* en *dacht/gedacht,* van **to think** *denken*
[oo^w]/[oe]	**(al)though** [(o-ol)DHoo^w] *(al)hoewel;* **through** [THroe] *door(heen)*

CULTURELE INFO

Mr Watson, come here, I want to see you, *Mr. Watson, kom(t u) hier, ik wil u zien...* De eerste zin die Alexander Graham Bell in 1876 aan de telefoon insprak. Sindsdien is het woord **telephone** bijna verdwenen en vervangen door **(mobile) phone** (in Amerikaans Engels: **cell phone / cellphone**), *mobiele telefoon*. Het toestel evolueerde tot **a smartphone** ("slimme telefoon"). De vaste telefoon noemt men nog **a fixed-line phone** of **a landline**, lett. *landlijn*. Een paar oude uitdrukkingen zijn gebleven: zo zegt men nog steeds **to give someone a ring** en **to dial**, *een telefoonnummer draaien* (van **a dial**, *een draai-, kiesschijf*) alsook **to hang up** *ophangen*.

◆ GRAMMATICA
VOORZETSELS

Je weet inmiddels dat voorzetsels niet altijd letterlijk vertaald kunnen worden...

above *boven*	**Hold it above your head.** *Houd hem/haar/het boven je hoofd.*
around *rond(om)*	**Go around the house.** *Ga het huis rond.*
at *op, te, bij, om,...*	**He's at the conference.** *Hij is op de conferentie.*
before *voor*	**The plane arrives before eleven.** *Het vliegtuig komt voor 11u aan.*
between *tussen*	**The mast is between the hills.** *De mast staat tussen de heuvels.*
by *bij, aan, langs,...*	**The path is by the trees.** *Het pad loopt langs de bomen.*
down *neer(waarts), af,...*	**Walk down the path.** *Wandel het pad af.*
for *voor*	**I've some questions for you.** *Ik heb een paar vragen voor u.*
from *van(af, -daan)*	**Where are you from?** *Waar komt u vandaan?*
in *in*	**The keys are in my pocket.** *De sleutels zitten is mijn zak.*
into *in, binnen (beweging)*	**Come into the room.** *Kom de kamer in.*
next to *naast*	**The shop is next to the bakery.** *De winkel is naast de bakkerij.*
of *van*	**That's a lot of work.** *Dat is veel werk.*
on *aan, op,...*	**The supermarket is on the high street.** *De supermarkt is op de grote baan.*
out of, *uit, buiten*	**Come out of the house.** *Kom het huis uit.*
through *door(heen)*	**Go through the garden.** *Ga de tuin door.*
to* *aan, naar, tegen,...*	**Give it to me.** *Geef het aan mij.*
under *onder*	**It's under the bed.** *Het ligt onder het bed.*
up *op(waarts)*	**Go up the road.** *Ga de straat op.*

* **to** kan ook het partikel bij de infinitief zijn

STILL, ALWAYS EN AGAIN

- *Altijd, steeds* is **always**, dat voor het werkwoord staat: **He always orders coffee**, *Hij bestelt altijd koffie;* **Do you always fly to Scotland?** *Neemt u altijd het vliegtuig om naar Schotland te gaan?*
- *Nog (altijd/steeds),* voor iets wat aan de gang is, wordt vertaald door **still**, dat voor het (hoofd)werkwoord staat (maar achter het (hulp)werkwoord **to be**): **His line is still engaged**, *Zijn lijn is nog altijd bezet;* **Does her fiancé still live in New York?** *Woont haar verloofde nog altijd in New York?*
- **Again**, *opnieuw, nogmaals* wordt gebruikt bij herhaling: **The phone doesn't work. − Try again**, *De telefoon doet het niet. − Probeer nog een keer;* **We have the same problem again**, *We hebben opnieuw hetzelfde probleem.*

SO/NEITHER + HULPWERKWOORD

Met deze constructies kan men te kennen geven of men de mening of ervaring van de gesprekspartner deelt.

- Op een bevestigende zin volgt het antwoord **so** + hulpwerkwoord + onderwerp: **We're ready to order. − So are we**, *We zijn klaar om te bestellen. − Wij eveneens/ook;* **I support Manchester United. − So do I**, *Ik ben fan van Manchester United. − Ik eveneens/ook.* Vergelijkbaar met **Me too**.
- Op een ontkennende zin volgt een antwoord met **neither**: **I don't like Peter's blog posts. − Neither does Jim**, *Ik vind Peters blogberichten niet leuk. − Jim evenmin;* **We aren't interested in their offer. − Neither are they**, *We zijn niet geïnteresseerd in hun aanbod. − Zij ook niet.*

(De vorm **either** komt later aan bod.)

WOORDENSCHAT

to be concerned *zich zorgen maken, bezorgd zijn*
to chat *chatten, rechtstreeks online tekstberichten uitwisselen*
to email (e-mail) *e-mailen, een e-mail versturen*
to give someone a ring/call *iemand even opbellen, een belletje geven*
to hold *houden*
to programme *programmeren*
to wait *wachten*

again *opnieuw*
around *rond(om)*
both *beide, alle twee*
engaged *bezet (telefoonlijn), verloofd*
enough *genoeg, voldoende*
maybe *misschien*
(the) same *(de-/het)zelfde*
still *nog altijd*
strong *sterk*
weak *zwak*

an address (met dubbele **d** en **s**!) *een adres*
a battery *een batterij*
a button *een toets*
the country(side) *het platteland*
the end *het einde*
a fiancé(e) *een verloofde (m./v.)*
a front door *een voordeur*
a garden *een tuin*
a hall *een hal*
a hill *een heuvel*
an icon *een icoon(tje)*
a mast *een mast*
a mobile (phone) / a cell (phone) *(Brits/Amerikaans Engels) een gsm, mobieltje*
news *nieuws*
a (phone) number *een (telefoon)nummer*
a path *een pad, weg*
power *vermogen, macht*
a tree *een boom*

Any luck? *Lukt 't?*
It's no use *Het heeft geen zin*
Neither do/am/have I *Ik ook niet / evenmin*
So do/am/have I *Ik ook*

● OEFENINGEN

1. VERTAAL DE VOORZETSELS OM DE ZINNEN AAN TE VULLEN:

a. Go (*rond*) .... the house, (*door*) .... the garden and (*neer*) .... to the end of the path.

b. Your phone is (*op*) .... the table (*naast*) .... the kitchen.

c. The phone mast is (*in*) .... the forest (bos) (*tussen*) .... the trees.

d. I want to talk (*"tegen"*) .... Harry. – He's in a meeting (*op*) .... the moment.

2. VUL AAN MET *STILL, ALWAYS* OF *AGAIN*:

a. The movie starts at three, but Harry's .... late!

b. The line is .... busy. – Try again.

c. Do you .... order coffee? – Yes, I don't like tea.

d. Ronnie .... lives in New York and I .... visit him when I go to America.

3. VERTAAL DE ZINNEN:

a. Geef Mary een belletje. Is 't gelukt? – Nee, de lijn is nog altijd bezet (*in Brits en Amerikaans Engels*).

→

b. Ik ben moe en ik heb nog honger. – Ik ook.

→

c. Ik houd niet van zijn accent. – Jim evenmin.

→

d. Wat voor een computer heeft hij? – Een witte. Sorry, ik ben slecht in technologie!

→

🔊 4. LEES DE NUMMERS HARDOP EN BELUISTER DE OPNAME TER CONTROLE:

a. 073 654 192

b. 189 402 7156

c. 4454 686 771

d. 33 142 604 066

e. 333 888 1144

f. 007 007 ("The name is Bond, James Bond")

11.
ZICH KLAARMAKEN OM UIT TE GAAN

GETTING READY TO GO OUT

DOELSTELLINGEN

- EEN KEUZE UITDRUKKEN
- EEN ZEKERHEID/ VERONDERSTELLING UITDRUKKEN
- VRAGEN STELLEN
- IEMAND BESCHRIJVEN

BEGRIPPEN

- VRAGENDE VOORNAAMWOORDEN
- BETREKKELIJKE VOORNAAMWOORDEN

UITGAAN

– Wat is dat in je hand?

– Het is een kaart. Er staat op [Het zegt]: "Je bent uitgenodigd op een concert volgende donderdag om een heel speciale gebeurtenis te vieren".

– Wanneer is het concert en wie speelt er [is spelend]?

– Ik heb geen enkel idee [aanwijzing]. Ik weet niet eens waar het is. Of waarom ik uitgenodigd ben. Het is allemaal vreselijk mysterieus.

– Van wie is de kaart? Herken je het handschrift?

– Nee… Wacht even [een minuut]. Ik wed (dat) het van Alex is.

– Hoe weet je (dat)?

– Omdat (het) donderdag Valentijnsdag is.

– Waarom kijk je zo teleurgesteld? Hij is de aardige kerel die [wie] een boekhandel heeft [bezit], niet?

– Dat klopt. Eigenlijk ziet hij er vrij knap uit: hij is groot en slank, met blauwe ogen. Zijn haar is lang en krullend, en hij lacht veel. (De) meeste mensen denken dat hij charmant is. Behalve ik: Ik vind hem saai.

– Arme Alex. Waarom beantwoord je zijn uitnodiging niet en zeg je niet ja?

– Je hebt gelijk. Waarom niet?

(De dag van het concert)
– Ik ga naar dat concert vanavond, maar ik weet niet wat aan te trekken [te dragen].

– Maar je kleerkast hangt [is] vol [van] kleren!

– Wat [Welke] verkies je: deze rode jurk of deze groene broek?

– Groen is mooi, maar rood staat je nog beter. Nou, het is bijna tijd om te gaan/vertrekken. Amuseer je [Heb een goede tijd].

– Bedankt. Wens me veel [goed] geluk!

13 GOING OUT

– What's that in your hand?

– It's a **card**. It says "You are in**vi**ted to a **con**cert next **Thurs**day to **cel**ebrate a **ve**ry **spe**cial **event**".

– **When**'s the **con**cert and who's **play**ing?

– I **have**n't a **clue**. I don't **ev**en **know where** it **is**.
Or **why** I'm in**vi**ted. It's **all terr**ibly mys**ter**ious.

– **Who's** the **card from**? Do you **rec**ognise the **writ**ing?

– No… W**ait** a **min**ute. I **bet** it's from **A**lex.

– **How** do you know?

– Be**cause Thurs**day is **Val**entine's Day.

– **Why** do you **look** so disa**ppoint**ed? **He's** the **nice guy** who owns a **book**shop, **is**n't **he**?

– That's **right**. **Ac**tually he's **quite** good-**look**ing: he's **tall** and **slim**, with blue eyes. His **hair** is **long** and **cur**ly and he **laughs** a **lot**. Most **peo**ple **think** that he's **charm**ing. Except me: **I** find him **bor**ing.

– **Poor A**lex. **Why** don't you **an**swer his invi**ta**tion and say **yes**?

– You're **right**. Why **not**?

(The day of the concert)
– I'm **go**ing to that **con**cert this **eve**ning but I **don't** know **what** to wear.

– But your **ward**robe is **full** of **clothes**!

– **Which** do you pre**fer**: this **red dress** or these **green trou**sers?

– **Green** is **pre**tty, but **red** suits you **ev**en **more**.
Now, it's **near**ly **time** to **go**. **Have** a **good time**.

– Thanks. Wish me good luck!

■ DE DIALOOG BEGRIJPEN
FORMULES EN UITDRUKKINGEN

→ **Even** geeft de notie *zelfs nog* of *niet eens* weer:**The dress is pretty but the trousers suit you even more**, *Het kleedje is mooi, maar de broek staat je nog beter*; **He doesn't even know my name**, *Hij kent niet eens mijn naam.*

→ **A clue** is *een aanwijzing* (kenners denken hierbij wellicht aan de naam van het gezelschapsspel Cluedo, dat in de Verenigde Staten Clue heet). Met **I don't have a clue** bedoelt men *Ik weet het echt niet*: **What does Sue want for her birthday? – She doesn't have a clue**, *Wat wil Sue voor haar verjaardag? – Ze heeft er geen flauw idee van.*

→ **To bet**, *wedden* wordt ook idiomatisch gebruikt om een veronderstelling uit te drukken: **I bet you can't answer that question**, *Ik wed dat je die vraag niet kan beantwoorden*. Of met toevoeging van **anything you like**, *wat je ook maar wil*: **I bet anything you like that you can't answer**. En enthousiast op een voorstel ingaan, kan met de uitdrukking **You bet!** *Daar mag je zeker van zijn!*

→ **Have a good time** hoort in de reeks uitdrukkingen zoals **Have a nice day** (Module 7). En veel gehoord is **Have fun**, lett. *Heb pret/plezier.*

→ **To suit** kan *schikken, passen* betekenen: **Let's make an appointment. Does Tuesday suit you?** *Laten we afspreken. Schikt dinsdag u?* maar drukt ook uit dat iets (een kledingstuk, een genre, enz.) iemand staat: **That green coat suits you**, *Die groene mantel staat u. Een (mantel)pak* heet **a suit**... omdat de onderdelen "bij elkaar passen".

CULTURELE INFO

Etymologie leert ons veel over een taal en haar oorsprong.

Zo is **a wardrobe** *een kleerkast* of *garderobe(kast)*... uit het Franse woord "garderobe", dat evolueerde uit het Oud-Franse "wardeureube", dat op zijn beurt eigenlijk afgeleid werd uit... Germaanse elementen. Een kast waarin kleren worden "bewaard" dus.

Het woord **guy**, *een kerel, jongeman,* komt dan weer van de eigennaam Guy Fawkes, de pyrotechnicus van een groep katholieken die in 1606 de moord op de protestantse koning James I beraamde door het Parlement op te blazen. Men kwam tijdig achter de samenzwering – **the Gunpowder Plot** *het Buskruitcomplot* – en Guy Fawkes werd geëxecuteerd. Nog altijd wordt in heel het land op 5 november een pop – **a guy** genoemd– verbrand bij vreugdevuren. In de 19e eeuw verwees

guy naar een "eigenaardige kerel", maar tegenwoordig is het gewoon *een kerel, (jonge)man* en wordt de meervoudsvorm gebruikt in de begroeting **Hi**, **guys**, *Hallo, mannen/iedereen*.

Je merkt het, veel woorden hebben een interessante of originele geschiedenis, en etymologie helpt je om snel en vlot je woordenschat uit te breiden.

◆ GRAMMATICA
VRAGENDE VOORNAAMWOORDEN

Laten we wat dieper ingaan op deze groep van woorden die beginnen met **wh-**.

Er zijn er zeven: **who, whose, what, which, where, when** en **why**, en een extraatje: **how**. Onthoud dat **who** en **whose** de enige vraagwoorden zijn waarvan de **wh-** uitgesproken wordt als [h]: [hoe] en [hoez] versus [witsj], [waaj], enz.

– **Who**, *wie* vraagt naar een persoon: **Who do you like?** *Wie vind je leuk?* Verwijst **who** naar het onderwerp van de vraag, dan volgt er meteen het werkwoord op en niet een vorm van het hulpwerkwoord **to do**: **Who wants a sandwich?** *Wie wil een sandwich?*

– **Whose**, *wiens/wier, van wie*: **Whose are these toys?** *Wiens speelgoed is dit / Van wie zijn deze speeltjes?*

– **What**, *wat*: **What do you want?** *Wat wil je?* Net als bij **who** volgt op **what** als onderwerp van de vraag meteen het werkwoord en niet een vorm van **to do**: **What happens after lunch?** *Wat gebeurt er na de lunch?* of meteen het naamwoord: **What sports do you like?** *Welke sporten vind je leuk?* Je merkt dat **What** hier de vertaling *welke* krijgt.

– **Which**, *(de-/het)welk(e)*, en niet **What...?**, is van toepassing bij een beperkte keuzemogelijkheid. Vergelijk even: **Which sport do you prefer: soccer or rugby?** *Welke sport verkies je: voetbal of rugby?* en **What sports do you like?** *Welke sporten vind je leuk?* Laat de context het toe (zoals in ons voorbeeld, een gesprek over sport), dan kan het naamwoord weggelaten worden: **Which do you prefer: soccer or rugby?** En nu werd **which** *wat*!

– **Where**, *waar*: **Where do you live?** *Waar woon je?*

– **When**, *wanneer*: **When is your birthday?** *Wanneer is je verjaardag?*

– **Why**, *waarom*: **Why does she buy this?** – **Why not?** *Waarom koopt ze dit? – Waarom niet?*

– En dan nog **how**, *hoe*: **How do you say "key" in Dutch?** *Hoe zeg je "key" in het Nederlands?* Onthoud dat om naar iemands gezondheid te informeren, het werkwoord **to be** gebruikt wordt (Module 1): **How are you?** *Hoe maak je het / Hoe gaat het met je?* Blader even terug naar Module 9 voor de vraag *hoeveel ... ?*

– Let op: bevat een vraag die ingezet wordt met een **wh-**vraagwoord (of **how**) een voorzetsel, dan sluit dit voorzetsel meestal de zin af: **Who are you going with?**, *Met wie ga je?*; **Who is the card from?**, *Van wie is de kaart?* We zullen het hier nog over hebben, want dit soort zinsconstructies komt veel voor in het Engels.

BETREKKELIJKE VOORNAAMWOORDEN

Who, **whose**, **what**, **which** en **where** worden ook gebruikt als betrekkelijk voornaamwoord:
Alex is a friend who owns a bookshop, *Alex is een vriend die eigenaar is van een boekhandel;* **Alex is the friend whose wife is a teacher**, *Alex is de vriend wiens vrouw lerares is;* **I don't know what book to buy**, *Ik weet niet welk boek te kopen;* **He has a blog which gives useful information on new writers**, *Hij heeft een blog welke/die nuttige informatie geeft over nieuwe schrijvers;* **This is the place where he lives**, *Dit is de plaats waar hij woont.*
Opmerkingen:
– In de omgang worden **who** en **which** vaak door **that** vervangen: **Alex is a friend that owns**, **He has a blog that gives**, etc. Dit kan echter niet met **what**.
– Als het betrekkelijk voornaamwoord **who, which** of **that** in de bijzin niet fungeert als onderwerp, kan het weggelaten worden: **The blog which/that he writes is called OnLine → The blog he writes is called Online**, *De blog die hij schrijft, heet OnLine;* **Alex is a guy who/that I like very much → Alex is a guy I like very much**, *Alex is een kerel die ik heel graag mag.* Dit is geen regel, maar wel gebruikelijk, vooral in de spreektaal. In dit boek zullen we de twee vormen gebruiken.

WOORDENSCHAT

to answer *(be)antwoorden*
to bet *wedden*
to celebrate *vieren*
to find *vinden*
to invite *uitnodigen*
to own *bezitten*
to play *spelen*
to prefer *verkiezen, liever hebben*
to recognise *herkennen*
to suit *schikken, staan, passen (bij)*
to wear *dragen, aanhebben*

a bookshop *een boekhandel*
a clue *een aanwijzing*
an event *een gebeurtenis, evenement*
a suit *een pak, kostuum*
a wardrobe *een kleerkast*
writing *handschrift*

Have a good time *Amuseer je*
I haven't a clue *Ik heb geen flauw idee*
Wait a minute *Wacht even*

boring *saai*
charming *charmant*
disappointed *teleurgesteld*
most *meest(e)*
mysterious *mysterieus*
nearly *bijna* (van **near** *dichtbij, nabij*)
slim *slank* (let op: *slim* = **smart**!)
terribly *vreselijk* (bijw.)

● OEFENINGEN

1. VUL AAN DE HAND VAN DE ANTWOORDEN DE BIJBEHORENDE VRAGEN AAN:

a. The card is from Alex. → .... is the card ....?

b. Her birthday is in February. → .... is her birthday?

c. I'm going to the concert with Sue. → .... are you going to the concert ....?

d. These cards are mine. → .... are .... cards?

2. VERVANG WAAR MOGELIJK HET VET GEDRUKTE VOORNAAMWOORD DOOR *THAT*:

a. The friend **who** .... owns a bookshop is called Alex.

b. We don't know **what** .... film to watch this evening.

c. This is the blog **which** .... I prefer: it's called OnLine.

d. **Which** .... do you prefer: cricket or hockey?

3. GEEF WAAR MOGELIJK DE ZIN WEER ZONDER HET VET GEDRUKTE VOORNAAMWOORD:

a. Sue is a woman **that** I like very much.

b. I have a friend **who** owns three cars.

c. The sports **which** he doesn't like are cricket and football.

d. It's a blog **that** gives information on writers.

4. VERTAAL DE ZINNEN EN BELUISTER DE OPNAME TER CONTROLE:

a. Ze zegt dat hij een aardige kerel is, maar ze kent niet eens zijn naam.

→

b. Van wie is de kaart? – Ik heb er geen flauw idee van. Ik herken niet eens het handschrift.

→

c. Ik wed dat je deze vraag kan beantwoorden: wanneer is Sint-Valentijnsdag?

→

d. Laten we een afspraak maken. Schikt donderdag u?

→

e. Wat verkies je: deze rode pantalon of die grijze jurk? – De jurk is te groot.

→

12.
EEN HOTELKAMER BOEKEN

BOOKING A HOTEL ROOM

DOELSTELLINGEN

- **GESLOTEN VRAGEN STELLEN EN BEANTWOORDEN**
- **ZICH ORIËNTEREN IN EEN GEBOUW**
- **KLAGEN EN ZICH EXCUSEREN**

BEGRIPPEN

- *MAY*
- *SOMETHING/ANYTHING*
- **ZELFSTANDIGE NAAMWOORDEN ZONDER MEERVOUDSVORM**
- **BIJWOORDEN VAN GRAAD**
- *HERE IS/ARE ...*

IN HET HOTEL

(Aan de receptiebalie)
– Welkom in het Forty Towers hotel. Wat kan ik voor u doen?

– Hebt u een kamer voor twee nachten?

– We zijn druk bezet. Hebt u een reservering?

– Nee.

– Wilt u een eenpersoonskamer of een tweepersoonskamer, mevrouw?

– Dat maakt me niet uit. Wat hebt u?

– We hebben niets voor vannacht. O, een ogenblikje. Ik heb iets op de derde verdieping. Het is een eenpersoons. De prijs is 200 £ per [een] nacht, ontbijt niet inbegrepen [en bevat niet ontbijt].

– Is internettoegang inbegrepen?

– Ja. En een dagblad. Mag ik een [enig] identiteitsbewijs van u [zien], alstublieft? En hebt u een kredietkaart?

– Hier zijn mijn rijbewijs en mijn kaart.

– Bedankt. Hier is uw sleutel. U verblijft [bent] in kamer 2019. Hebt u bagage?

– Nee. Alleen deze tas. Ze is niet zo zwaar [vrij licht]. Waar is de lift?

– Die is op het einde van de gang aan de rechter(kant). De trap is rechts.

– Ik ken Birmingham niet erg goed. Eigenlijk ken ik het helemaal niet. Hebt u een stadsplan?

– Natuurlijk. Geniet u van uw verblijf.

(Later)
– Hallo, (met de) receptie. Kan ik u helpen?

– Ik krijg geen internetverbinding [kan niet verbinden met het internet], de tv werkt niet, de ramen sluiten niet, de kussens zijn te hard, de vloer is nat en het meubilair is verschrikkelijk.

– Het spijt me, mevrouw, we hebben een paar problemen. Komt u volgende week terug.

🔊 14   AT THE HOTEL

(At the reception desk)
– **Wel**come to the **For**ty **Tow**ers ho**tel**. **What** can I **do** for you?

– **Do** you have a **room** for **two nights**?

– We're **very bu**sy. **Do** you have a reser**va**tion?

– No, I **don't**.

– **Do** you **want** a **sin**gle room or a **dou**ble room, **ma**dam?

– I don't **mind**. **What** do you **have**?

– We **don't** have **an**ything for to**night**. Oh, **just** a **mo**ment. I have **some**thing on the third **floor**. It's a **sin**gle. The **rate** is **two hun**dred pounds a night and does **not** in**clude break**fast.

– Does it in**clude in**ternet ac**cess**?

– **Yes** it **does**. And a **dai**ly **pa**per. **May** I **see** some **ID** please? And **do** you **have** a **cre**dit card?

– **Here** are my **dri**ving **lic**ence and my **card**.

– Thanks. **Here's** your **key**. You're in **room** 2019. **Do** you have **a**ny **lu**ggage?

– **No** I **don't**. Just this bag. It's **quite light**. **Where's** the **lift**?

– It's at the **end** of the **co**rridor on the **left**. The **staircase** is on the **right**.

– I **don't** know **Bir**mingham very **well**. In **fact**, I don't **know** it at **all**. **Do** you have a **map** of the **ci**ty?

– Of **course**. En**joy** your **stay**.

(Later)
– He**llo**. Re**cep**tion. **M**ay I **help** you?

– I **can't** co**nnect** to the **in**ternet, the **TV** doesn't **work**, the **win**dows don't **close**, the **pi**llows are too **hard**, the **floor** is **wet** and the **fur**niture is **ho**rrible!

– I'm **so**rry **mad**am, we're **hav**ing a few problems. **Come back** next **week**.

■ DE DIALOOG BEGRIJPEN
FORMULES EN UITDRUKKINGEN

→ **The mind**, *de geest, het verstand* komt vaak voor in uitdrukkingen zoals **Do you mind if…?** *Vindt u het erg/vervelend als…?* of **I don't mind**, *Dat maakt me niet uit.* Wanneer je in Londen de **Underground**, *metro* neemt, hoor je zonder twijfel de waarschuwing **Mind the gap!**, die je (geest) attent maakt op de ruimte (**gap**) tussen de opstap en het perron.

→ Men noemt Amerika en Groot-Brittannië wel eens twee broederlanden die van elkaar gescheiden worden door dezelfde taal… Een voorbeeld hiervan is het woord voor een *lift*: **a lift** in Brits Engels, maar **an elevator** in Amerikaans Engels. Er zullen nog zulke verschilpunten opduiken in dit boek.

→ Net als bij telefoonnummmers, worden cijfers die geen hoeveelheid uitdrukken (nummerplaat, hotelkamer, enz.) een voor een of in groepjes gelezen. Idem voor jaartallen, bijvoorbeeld 2020 als **twenty twenty** (20 en 20).

→ **The rate** slaat op *de prijs van een prestatie* of van *iets dat per eenheid/dag/uur enz. aangeboden wordt.*

CULTURELE INFO

Het Verenigd Koninkrijk, Ierland noch de Verenigde Staten kennen de nationale identiteitskaart, ook al wordt er vruchteloos naar gevraagd. Als een burger een officieel bewijs van *identiteit*, **identity** (meestal afgekort tot de initialen **ID** [aaj die]) moet voorleggen, dan toont hij zijn paspoort (als hij dat heeft) of zijn rijbewijs.

◆ GRAMMATICA
MAY

Met het modale hulpwerkwoord **may** wordt o.a. een mogelijkheid uitgedrukt, maar het komt vooral voor in een beleefde vraagstelling. Voor we hier verder op ingaan in Module 26, kan je al de vorm in de 1e persoon onthouden: **May I help you?** *Mag/Kan ik u (soms) helpen?;* **May I see some ID?** *Mag ik (even) een identiteitsbewijs van u?*
Let op: het substantief **May**, met hoofdletter, is de maand *mei*.

SOMETHING/ANYTHING

Even het gebruik van de voornaamwoorden **something** en **anything** (lett. "enig ding", dus *iets*, eender wat) samenvatten:
- **something** wordt gebruikt in een bevestigende zin: **We have something on the second floor**, *We hebben iets op de tweede verdieping.*
- **anything** wordt gebruikt in een vragende of ontkennende zin: **I'm hungry. Do you have anything to eat?** *Ik heb honger. Heb je (n)iets te eten?;* **We don't have anything in common**, *We hebben niets gemeenschappelijks.*

Merk in het tweede voorbeeld het gebruik op van **anything** en niet **nothing**, dit om een dubbele ontkenning in de zin te vermijden.

ZELFSTANDIGE NAAMWOORDEN ZONDER MEERVOUDSVORM

Sommige Engelse woorden hebben, net als sommige Nederlandse, geen meervoudsvorm. Bijvoorbeeld:
– **luggage**, *bagage*: **My luggage is heavy**, *Mijn bagage is zwaar.*
– **furniture**, *meubilair of meubels:* **The furniture is old in that hotel**, *Het meubilair is / De meubels zijn oud in dat hotel.*
– **business** (uitgesproken als [biznis] en met dezelfde stam als het adjectief **busy**), *business of zaken:* **Business is good and we're very busy**, *De zaken gaan goed en we hebben het heel druk.*

Om te "individualiseren", maakt men gebruik van structuren zoals **a piece of**: **a piece of luggage**, *een stuk bagage*; **a piece of furniture**, *een meubel.*
Je hebt het wellicht opgemerkt: **a toy - toys**, *een stuk speelgoed - speelgoed.*

BIJWOORDEN VAN GRAAD

Een werkwoord staat altijd bij zijn voorwerp. En een bijwoord van graad zoals **very well**, **a lot** en **at all** staat achter dat voorwerp (dus niet, zoals soms in het Nederlands, vlak achter het werkwoord): **We don't know the city very well**, *We kennen de stad niet zo goed*; **I like Birmingham a lot**, *Ik houd veel van Birmingham.*

HERE IS/ARE...

Met **Here is/are ...** kan men iets aanreiken: **Here is your key**, *Hier is uw sleutel*; **Here are my driving licence and credit card**, *Hier hebt u mijn rijbewijs en mijn kredietkaart.*

● OEFENINGEN

1. VORM DE BEVESTIGENDE ZINNEN OM TOT ONTKENNENDE OF VRAGENDE ZINNEN MET EEN VORM VAN *TO DO*:

a. He wants a city map. → (*vraag*)
b. We want a single room. → (*ontkenning met samengetrokken vorm*)
c. The rate includes internet access. → (*vraag*)
d. It includes breakfast. → (*ontkenning met volle vorm*)

2. VUL AAN MET DE PASSENDE *TAG*:

a. Do you have any bags? – No, ...
b. Do they have a room for two nights? – Yes, ...
c. Do you want internet access? – Yes, ...
d. Can I see some ID please? – Yes, ...

3. VORM NIEUWE ZINNEN WAARIN HET BIJWOORD ZIT VERVAT:

a. well – I know him. ....
b. always – I stay in the Towers Hotel. ....
c. a lot – We like London. ....
d. usually – I take a double room. ....

4. VERTAAL DE ZINNEN EN BELUISTER DE OPNAME TER CONTROLE:

14

a. Vindt u het vervelend als ik u een vraag stel?
→
b. Ik heb uw rijbewijs niet. – Hier is het.
→
c. Waar is de lift? – Hij is op het einde van de gang, rechts.
→
d. Hij kan geen internetverbinding maken en de tv werkt niet.
→
e. Wat wil je en waar wil je heen?
→
f. Een ogenblikje, alstublieft. We hebben het heel druk.
→

WOORDENSCHAT

to connect *verbinden*
to include *bevatten;* **included** *inbegrepen*
to work *werken, functioneren*

a corridor *een gang*
a driving licence *een rijbewijs* (in Amerikaans Engels: **driver's licence**)
luggage *bagage*
a pillow *een kussen*
a rate *een prijs, tarief*
a room *een kamer, vertrek*
a single room, **a double room** *een eenpersoonskamer, een tweepersoonskamer*
a staircase *een trap*
a stay *een verblijf*
a tower *een toren*
a TV (television) *een tv (televisie)*

double *dubbel*
hard *hard* (later zien we andere betekenissen)
light *licht*

left *links, aan de linkerkant*
right *rechts, aan de rechterkant*

I don't mind *Dat is me om het even, gelijk / maakt me niet uit*
I'm sorry *Het spijt me, Neem(t u) me niet kwalijk*
Just a moment *een ogenblikje (geduld)*
May I...? *Mag ik...?* (beleefde vraag)

13.
OP EEN CRUISE
ON A CRUISE

DOELSTELLINGEN

- OVERWEG KUNNEN MET VERSCHILLENDE WERKWOORDSVORMEN
- PRATEN OVER VRIJE TIJD

BEGRIPPEN

- WEDERKERENDE WERKWOORDEN
- *EVER/NEVER*
- *YOU* ALS ONPERSOONLIJK VOORNAAMWOORD
- *TO NEED (TO)*

HET LEVEN AAN BOORD

– Stan, met [dit is] Kelly. Hoe gaat het [is leven]? Amuseer je je op de cruise?

– 't Is fantastisch. Ik voel (me) zo ontspannen!

– Wat is je programma?

– Er is geen programma en er zijn geen regels. Ik kijk nooit op mijn horloge. Het hangt allemaal af van de dag. Meestal word ik wakker [om] rond 7 uur. Dan sta ik op, scheer (me), neem [heb] een douche en kleed me aan. Ik neem [heb] een vroeg ontbijt en beslis dan wat ik ga doen [te doen].
Overdag [Tijdens de dag] zijn er zo veel activiteiten dat je je nooit verveelt [bent verveeld]. Je kan trainen in de gym, golf spelen of gewoon het schip rond wandelen [gaan voor een wandeling rond het schip]. Het is mooi en warm weer [Het weer is ...]: geen wolk aan de hemel. Je kan in de zon liggen, in een van de zwembaden zwemmen, videospelletjes spelen, een boek lenen uit de bibliotheek of een taal leren. Men zegt [Ze zeggen] dat alles [eender wat] mogelijk is op zee. Je kan (er) zelfs trouwen [getrouwd geraken]!

– Maak je wel eens [ooit] ruzie met de andere passagiers?

– Nee, we ruziën nooit.

– Zijn het leuke mensen?

– Ja, ze zijn heel aangenaam. Iedereen schiet goed op (met iedereen). Je kan je tijd nemen en je hoeft (je) nooit te haasten.

– En hoe zit dat met je e-mails?

– Er is een internetcafé met breedband. Je komt binnen, gaat zitten en logt in. Het is zo simpel als dat. Ik rust in [tijdens] de namiddag en dan maak ik (me) klaar voor (het) diner
– het eten is eersteklas. Daarna [Na dat] kijk ik naar een laat(avond)show en drink wat [heb een drankje] voor ik terugkeer naar mijn kamer en naar bed ga. Ik val vlug in slaap omdat ik moe word als ik niets doe.

15 LIFE ON BOARD

– **Stan**, this is **Kel**ly. **How's life**? Are you **hav**ing **fun** on the **cruise**?

– It's **won**derful. I **feel** so re**laxed**!

– **What's** your **prog**ramme?

– There is **no prog**ramme and there are **no rules**. I **ne**ver **look** at my **watch**. It all **depends** on the **day**. I **gen**erally **wake up** at a**bout se**ven o'**clock**. Then I **get up**, **shave**, have a **show**er, and get **dressed**. I have an **ear**ly **break**fast and then de**cide what** to **do**.
During the **day** there are **so ma**ny ac**tiv**ities that you're **ne**ver **bored**. You can **train** in the **gym**, play **golf** or just **go** for a **walk around** the **ship**. The **wea**ther is **warm** and **beau**tiful: not a **cloud** in the **sky**. You can **lie** in the **sun**, **swim** in one of the **pools**, play **vid**eo **games**, **borrow** a **book** from the **li**brary or **learn** a **lang**uage. They **say** that **a**nything is possible at **sea**. You can **e**ven get **ma**rried!

– **Do** you **e**ver **argue** with the **o**ther **pas**sengers?

– No, we never argue.

– Are they **nice peo**ple?

– **Yes**, they're very **plea**sant. **E**veryone **gets on well**. You can **take** your **time** and you **ne**ver **need** to **hur**ry.

– **What** a**bout** your **e**-mails?

– There's an **in**ternet **ca**fé with **broad**band. You **come in**, **sit down** and **log on**. It's as **sim**ple as **that**. I **rest du**ring the after**noon** and then **get ready** for **din**ner – the food is first-rate. **Af**ter that, I **watch** a **late show** and **have** a **drink** be**fore go**ing **back** to my **room** and **go**ing to **bed**. I **fall** as**leep quick**ly be**cause** I get **tired** when I do **no**thing.

■ DE DIALOOG BEGRIJPEN
FORMULES EN UITDRUKKINGEN

→ **How's life?** (van **How is your life?** lett. *Hoe is je/uw/jullie leven?*) wordt gebruikt bij een informele begroeting onder vrienden of kennissen. Het naamwoord is **life** en heeft **lives** als meervoud; *leven* als werkwoord is **live**.

→ **Fun**, *plezier* komt in veel uitdrukkingen voor, bijvoorbeeld **to have fun**, *zich amuseren*: **I always have fun with you**, *Ik amuseer me altijd met jou*; **Have fun!** *Amuseer je!*

→ **O'clock** kennen we uit Module 6 bij een precies klokuur. Ook bijzonder in het Engels is het aanduiden van het onderscheid tussen "voor en na de middag" in eerder officieel taalgebruik (programma's e.d.) met **a.m.** (**ante meridiem**) resp. **p.m.** (**post meridiem**) na het getal, bv.: 10 **a.m.** = 10 u 's morgens, 10 **p.m.** = 10 u 's avonds, 22 u. Het wordt dus meer geschreven dan gezegd, vooral in de Verenigde Staten, waar het 24 urensysteem niet zo gebruikelijk is.

→ **Around**, gezien in Module 10 in de betekenis van een cirkelbeweging (**Walk around the house**, *rond het huis stappen*), kan ook *rond* voor *omstreeks, ongeveer* weergeven: **He gets up at around seven o'clock**, *Hij staat op omstreeks 7 uur*; **There are around a thousand people on the ship**, *Er zitten ongeveer duizend mensen op het schip*.

→ **A shower** kan zowel *een douche* als *een regenbui* zijn. **To have a shower** (lett. *een douche "hebben"*) of **to shower** (*douchen*): **In hot weather, it's important to shower every day**, *Bij warm weer is het belangrijk om alle dagen te douchen*.

→ **During**, *tijdens, gedurende*: **I always fall asleep during long films**, *Ik val altijd in slaap tijdens lange films*. Het voorzetsel **during** zal later opnieuw aan bod komen.

→ **E-mail** (of **email**), van **electronic mail**, kan een zelfstandig naamwoord of een werkwoord zijn: **E-mail is quick and reliable**, *E-mail is snel en betrouwbaar*; **I want to e-mail my office**, *Ik wil een e-mail versturen naar mijn kantoor*. Denk eraan dat **e-mail** telbaar is, in tegenstelling tot **mail**, *post* (ook wel **snail mail**, *"slakkenpost"* genoemd, vergeleken met de snelle elektronische post).

→ **Before going:** staat een werkwoord direct achter een voorzetsel, dan is dit meestal in de vorm van een onvoltooid deelwoord (infinitief + uitgang **-ing**). Later meer hierover.

→ **To look at** en **to watch** betekenen allebei *bekijken, kijken naar*, het eerste veeleer m.b.t. iets "statisch", het tweede gebeurt aandachtiger en eerder naar iets bewegends.

CULTURELE INFO

Het Verenigd Koninkrijk is een grote zeenatie, omgeven door de Atlantische Oceaan, de Ierse Zee, de Noordzee en het Kanaal. Langsheen de kustlijn liggen belangrijke commerciële havens – Liverpool, Hull en Barrow-in-Furness in het noorden, Cardiff en Bristol aan de westkust, Portsmouth en Southampton in het zuiden en, uiteraard, Londen – alsook vele vissers-of plezierhavens. Bijgevolg bevindt een Brit, waar hij ook woont, zich nooit meer dan 100 km verwijderd van de zee!

De lange maritieme geschiedenis weerspiegelt zich ook in de taal, namelijk in uitdrukkingen in het dagelijks leven – vaak kennen gebruikers er niet eens de oorsprong van. Voorbeelden: het bijvoeglijk naamwoord **first-rate**, *eersteklas, uitstekend* werd gebruikt in het oude classificatiesysteem voor oorlogsschepen, waar die uitgerust met meer dan 100 kanonnen tot deze eerste categorie behoorden; **to feel groggy** verwijst naar het effect van **grog**, een mengdrank van rum en water, in de 18e eeuw bij de Engelse marine geïntroduceerd door een officier die een mantel droeg van **grogram** (de naam van deze ruwe stof komt uit het Franse "gros grain", *dikke korrel*); **to be under the weather**, *zich beroerd voelen* heeft te maken met zeelui en passagiers die zich bij onstuimig weer zeeziek benedendeks – onder de weersomstandigheden – terugtrokken.

GRAMMATICA
WEDERKERENDE WERKWOORDEN

Voor sommige werkwoorden die wederkerend gebruikt (kunnen) worden in het Nederlands is het Engelse equivalent niet-wederkerend, vooral wanneer het wederkerende aspect afgeleid kan worden uit de context of vanzelfsprekend is. Er staat dus geen wederkerend voornaamwoord (**myself**, **himself**, etc.) bij die werkwoorden: **I don't shave when I'm on holiday**, *Ik scheer me niet als ik met vakantie ben.*

Een paar courante voorbeelden:

to be bored	zich vervelen	to relax	zich ontspannen
to feel	(zich) voelen	to remember	zich herinneren
to get dressed	zich aankleden	to shave	(zich) scheren
to have fun	zich amuseren	to wash	(zich) wassen
to hide	(zich) verstoppen	to wonder	zich afvragen
to hurry	zich haasten	to worry	zich zorgen maken

EVER/NEVER

Deze bijwoorden zijn het equivalent van *ooit* resp. *nooit* en worden gebruikt zoals in het Nederlands:
• **ever** wordt vooral in een vraag gebruikt en dan achter het onderwerp:
Have you ever been jealous? *Ben je ooit jaloers geweest?*
Do you ever get bored on holiday? *Verveel je je wel eens op vakantie?*
• **never** staat achter **to be** of een hulpwerkwoord:
I'm never late for work, *Ik ben nooit te laat voor het werk.*
I've never been jealous, *Ik ben nooit jaloers geweest.*

YOU ALS ONPERSOONLIJK VOORNAAMWOORD

Net als in het Nederlands kan **you**/*je* onpersoonlijk gebruikt worden:
There are so many activities that you are never bored, *Er zijn zo veel activiteiten dat je je nooit verveelt.*
You can even get married on the ship, *Je kan op het schip zelfs trouwen.*
Met betrekking tot een groep waarvan de spreker geen deel uitmaakt, kan **they**/*ze* gebruikt worden in de betekenis van *men*:
They say that anything is possible if a person believes, *Men zegt dat alles mogelijk is als iemand (erin) gelooft.*

TO NEED (TO)

• **To need** zagen we in Module 6 en 8 in de betekenis van *nodig hebben*.
• Als er een **to**-infinitief op volgt, betekent **to need** *moeten* ("het nodig hebben om te"): **You need to hurry**, *Je moet je haasten;* **You never need to hurry**, *Je hoeft je nooit te haasten.* Ontkennen kan met het gebruikelijke hulpwerkwoord **(You don't need to hurry)** of gewoon met **not** en een naakte infinitief **(You needn't hurry)**: *Je hoeft je niet te haasten.*

WOORDENSCHAT

to argue *ruzie maken, ruziën*
to depend (on) *afhangen (van)*
to decide *beslissen*
to fall asleep *in slaap vallen, inslapen, de slaap vatten*
to get on well (with) *goed kunnen opschieten, overeenkomen (met)*
to go for a walk/swim *gaan wandelen/zwemmen*
to learn *leren*
to lie *liggen*
to log on/in *inloggen* (noteer dat *login = username*)
to need to *moeten, niet hoeven* (**to need** *nodig hebben*, zie Module 6)
to rest *rusten*
to swim *zwemmen*
to train *trainen*
to watch *bekijken, kijken naar*

an activity *een activiteit*
broadband *breedband*
gym *gym, fitnesscentrum*
a language *een taal*
a sea *een zee*
a show *een show*
a shower *een douche, regenbui*
a watch *een horloge*

as *(zo)als;* **as ... as** *zo ... als*
bored *verveeld*
during *tijdens, gedurende*
first-rate *eersteklas* (zie Culturele info)
quick(ly) *snel, vlug*
wonderful *fantastisch, prachtig*

How's life? *Hoe gaat het (zoal in 't leven)?*

● OEFENINGEN

1. VUL WAAR NODIG HET VOORZETSEL AAN:

a. You can lie .... the sun, swim .... the pool or borrow a book .... the library.

b. Everyone is very friendly. They all get .... well.

c. The internet café is wonderful: you come .... , sit .... and log ....

d. On holiday, she rests .... the afternoon and then gets ready .... dinner.

2. LEID VAN DE VOLGENDE ZINNEN VRAGEN AF:

a. They rest in the afternoons. ....

b. The other passengers are very nice. ....

c. You can train in the gym. ....

d. There's an internet café with broadband. ....

3. ZET DE WOORDEN TUSSEN HAAKJES IN DE JUISTE VOLGORDE EN BELUISTER DE OPNAME TER CONTROLE:

a. You [can't your time take]. You [to hurry need].
→

b. Let's [to eat have something] and then [to do what decide].
→

c. I [want my office e-mail to]. →

d. She [asleep falls always long films during]. →

e. It's important [shower before to back going to] your room.
→

f. Stan [a walk doesn't for want go to] because [quickly bored gets he].
→

4. VERTAAL DE ZINNEN:

a. Hij staat op, scheert zich en neemt een douche voor het ontbijt.
→

b. Je kan rusten in de zon, zwemmen in het zwembad of gaan wandelen.
→

c. Hoe gaat 't zoal in 't leven? Amuseer je je? – Het hangt af van de dag!
→

d. Men zegt dat alles mogelijk is. Het is fantastisch.
→

14.
EEN VAKANTIE ORGANISEREN

ORGANISING A HOLIDAY

DOELSTELLINGEN

- EEN AAN DE GANG ZIJNDE HANDELING UITDRUKKEN IN DE TEGENWOORDIGE TIJD

- EEN AAN DE GANG ZIJNDE HANDELING ONDERSCHEIDEN VAN EEN GEWOONTEHANDELING IN DE TEGENWOORDIGE TIJD

- PLANNEN VOOR DE NABIJE TOEKOMST

- OVER HET WEER PRATEN

BEGRIPPEN

- *PRESENT CONTINUOUS* (DURATIEVE O.T.T.)

- *HOW ... ?*

- BIJWOORDEN VAN WIJZE

WAARHEEN GAAN?

– Wat doe je [ben je doende] met die reisboeken? Zoek je [Ben je zoekend voor] iets?

– Nee, ik ben een vakantie aan het plannen [ben plannend] voor mijn gezin. We nemen altijd veertien dagen in maart of april. We gaan gewoonlijk naar het buitenland, maar dit jaar gaan we [zijn gaande] naar Schotland.

– Echt? Hoe gaan jullie [zijn jullie gaande]? Met (het) vliegtuig of (de) trein?

– Nee, we nemen dikwijls het vliegtuig, maar deze keer gaan we met de auto [we zijn rijdend]. Ik wil ergens stoppen en het Lake District (Merengebied) bezoeken op de weg naar Glasgow.

– Hoelang duurt [neemt] de reis?

– Ongeveer vier uur: ik neem [ben nemend] de M6-snelweg.

– Gaan jullie [zijn jullie gaand] met jullie vrienden, Pete en Meg? Jullie gaan soms samen weg.

– Nee. Helaas gaan ze niet [ze zijn niet gaand] op vakantie dit jaar. Ze sparen [zijn sparend] hun geld omdat ze naar China willen gaan volgende zomer of herfst. Geef me nou even een ogenblikje: ik raadpleeg [ben raadplegend] online het weerbericht.

– Ik veronderstel (dat) het regent [is regenend] in Schotland. Gewoonlijk regent het hevig in (de) lente.

– Nee, het sneeuwt [is sneeuwend]! Er valt sneeuw [De sneeuw is vallend] boven [op] de Cairngorms en (de) mensen zijn aan het skiën. Normaal sneeuwt het niet [op] deze tijd van (het) jaar. Wat is er aan de hand [is gebeurend] met het weer?

– Wat bedoel je? Je maakt je te veel zorgen.

– Ik heb het [ben pratend] over de opwarming van de aarde [globale verwarming]. Je weet (dat de) temperaturen stijgen [zijn stijgend], (het) ijs smelt [is smeltend] en het klimaat verandert [is veranderend]. Ik ben een werkelijk interessant boek aan het lezen [lezend] over het probleem.

– Mag ik je een vraag stellen [vragen]? Als de wereld aan het opwarmen [warmend] is, waarom draag [ben dragend] ik (dan) een trui?

WHERE TO GO?

– **What** are you **do**ing with those **tra**vel **books**? **Are** you **loo**king for **some**thing?

– **No**, I'm **plan**ning a **ho**liday for my **fa**mily. We **al**ways take a **fort**night in **March** or **A**pril. We **u**sually go a**broad**, but **this** year we're **go**ing to **Sco**tland.

– **Re**ally? **How** are you **go**ing? By **plane** or train?

– **No**, we **of**ten **fly** but **this** time we're **dri**ving. I **want** to **stop some**where and **vi**sit the **Lake Dis**trict on the **way** to **Glas**gow.

– How **long** does the journey **take**?

– About **four hours**: I'm **tak**ing the M6 **mo**torway.

– Are you **go**ing with your **friends**, Pete and Meg? You **some**times go **away** together.

– **No** we're **not**. Un**for**tunately, they're not **go**ing on **ho**liday this year. They're **sa**ving their **mo**ney because they **want** to go to **Chi**na next **su**mmer or **au**tumn. Now **give** me a **mi**nute: I'm **check**ing the **wea**ther **fore**cast online.

– I su**ppose** it's **rain**ing in **Scot**land. It **u**sually rains **hea**vily in spring.

– **No**, it's **snow**ing! The **snow** is **fall**ing on the **Cairn**gorms and **pe**ople are **ski**ing. It **doesn't nor**mally snow **at this** time of **ye**ar. What's **happ**ening with the **wea**ther?

– **What** do you **mean**? You **wo**rry too **much**.

– I'm **talk**ing about **glo**bal **warm**ing. **You know**, **tem**peratures are **ri**sing, **ice** is **mel**ting and the **cli**mate is **chang**ing. I'm **rea**ding a **real**ly **in**teresting **book about** the **prob**lem.

– **May** I **ask** you a **ques**tion? If the **world** is **warm**ing, **why** am I wearing a **sweat**er?

DE DIALOOG BEGRIJPEN
FORMULES EN UITDRUKKINGEN

→ **A fortnight** (van **fourteen nights**, *14 nachten*) komt overeen met onze *veertien dagen* of *twee weken*, wat Amerikanen gebruiken: **two weeks**.

→ Het bijwoord **abroad** betekent zowel *naar het buitenland* als *in het buitenland*: **They go abroad next year**, *Ze gaan volgend jaar naar het buitenland*; **They live abroad**, *Ze wonen in het buitenland*. Niet verwarren met het bijvoeglijk naamwoord **foreign**, *buitenlands, vreemd*: **a foreign country**, *een vreemd land*; **the Foreign Office**, *het Britse ministerie voor Buitenlandse Zaken*.

→ **To drive** wordt gebruikt zoals **to fly**: **She's driving to Scotland tomorrow**, *Ze rijdt naar Schotland / gaat met de auto naar Schotland / neemt de auto om naar Schotland te gaan morgen*. (Even herhalen: *een rijbewijs* is **a driving licence**.)

→ **A way** is *een weg* en **to go away** is *weggaan*: **Go away!** *Ga weg!*

→ De seizoenen: **spring**, *herfst;* **summer**, *zomer;* **autumn**, *herfst;* **winter**, *winter* (Module 8). Let op het weglaten van het lidwoord in het Engels: **It rains in spring**, *Het regent in de lente*. In de Verenigde Staten heet de *herfst* **fall**, van het werkwoord **to fall**, *vallen*, zoals de blaadjes dan doen...

→ Net als de dagen van de week moeten de maanden van het jaar met een hoofdletter geschreven worden:

January	januari	July	juli
February	februari	August	augustus
March	maart	September	september
April	april	October	oktober
May	mei	November	november
June	juni	December	december

Opmerking: Britten schrijven de datum in dezelfde volgorde als wij, nl. dag/maand/jaar, terwijl Amerikanen met de maand beginnen: Kerstmis valt dus op 25/12/20XX in Groot-Brittannië, maar op 12/25/20XX in de Verenigde Staten. Soms kan dit tot verwarring leiden: 12/3/20XX is de twaalfde dag van maart voor Britten, maar de derde dag van december voor Amerikanen! Opletten dus...

CULTURELE INFO

Groot-Brittannië is uitgerust met een uitgebreid wegennet, dat vooral bestaat uit snelwegen (aangeduid met de letter **M** en tolvrij), hoofdwegen vanuit Londen (herkenbaar aan de letter **A** en één cijfer), belangrijke wegen (**A** plus twee of drie cijfers) en secundaire wegen (**B** plus drie of vier cijfers). De **M**- en **A**-wegen noemt men ook **trunk roads** (lett. "stronkwegen" of nationale wegen).
Let op als je aan de overkant van het Kanaal plaatsneemt achter het stuur: men rijdt er links!

GRAMMATICA
PRESENT CONTINUOUS (DURTIEVE O.T.T.)

Bij de meeste Engelse werkwoorden wordt een onderscheid gemaakt tussen een gewoontehandeling (waarbij de "enkelvoudige" tegenwoordige tijd, **present simple** wordt gebruikt) en een handeling/toestand die aan de gang is, die een tijd duurt en dus in progressie is, vandaar de term "duratieve tegenwoordige tijd" of **present continuous** of **present progressive**.
Vorming:
o.t.t. van **to be** + onvoltooid deelwoord (infinitief + uitgang -**ing**) van het hoofdwerkwoord

I am	
you are	
he/she/it is	reading
we are	
they are	

I'm reading a really interesting book, *Ik ben een heel interessant boek aan het lezen*.

De ontkennende en vragende vorm zijn zoals bij het werkoord **to be** + onvoltooid deelwoord: **We're not** (of **We aren't**) **staying at the Towers hotel**, *We verblijven niet in het Towers hotel*; **Are the temperatures rising?** *Zijn de temperaturen aan het stijgen?*
Deze duratieve vorm kan vertaald worden met een o.t.t. of met een structuur zoals *aan het ... zijn* om het actuele aspect te benadrukken.
Merk het verschil op tussen:
– **She drives slowly**, *Ze rijdt traag* → dat doet ze altijd
– **She's driving slowy because it's raining**, *Ze rijdt traag omdat het regent* → dat gebeurt allemaal nu.
De "tag" wordt gevormd met het hulpwerkwoord **to be**: **Is it raining? – Yes, it is.**

Met deze tijd kan men ook een handeling uitdrukken die met zekerheid in de vrij nabije toekomst zal plaatsvinden: **I'm driving to Glasgow tomorrow afternoon**, *Ik rijd naar Glasgow morgennamiddag*; **They're coming to see us next week**, *Ze komen ons volgende week bezoeken*.
De ontkennende en vragende vorm is uiteraard: **I'm not driving to Glasgow tomorrow afternoon**, *Ik rijd niet naar Glasgow morgennamiddag*; **Are they coming to see us next week?** *Komen ze ons volgende week bezoeken?*
In het Nederlands is hiervoor de o.t.t. gebruikelijk.

Let op! Sommige werkwoorden kunnen niet in de duratieve vorm staan: o.a. de modale hulpwerkwoorden **can** en **must** (dat in de volgende module aan bod komt), een aantal werkwoorden die een passieve handeling uitdrukken (bv. een wens) zoals **to want**, een reeks werkwoorden voor onvrijwillige zintuiglijke waarneming zoals **to see**, *zien* (om het "momenteel gaande zijn" weer te geven, kan voor zulke werkwoorden het modale hulpwerkwoord **can** geplaatst worden (zie bv. Module 8): **I hear a noise**, *Ik hoor een geluid* → **I can hear a noise**).

HOW...?

Met **how**, *hoe* kunnen tal van vragen gesteld worden, bijvoorbeeld:
how are you? *hoe gaat het (met je/u/jullie)?*
how old? *hoe oud?* (Module 2)
how much? *hoeveel?* + niet-telbaar en **how many?** *hoeveel ?* + telbaar (Module 9)
how long: How long is the M6? *Hoe lang is de M6*; **How long is the summer holiday?** *Hoelang duurt de zomervakantie?*

BIJWOORDEN VAN WIJZE

Bijwoorden van wijze worden meestal afgeleid van een bijvoeglijk naamwoord door er de uitgang **-ly** aan toe te voegen; is er al een eind-**y**, dan verandert deze in een **i**. Een paar voorbeelden:

heavy	heavily	zwaar, hevig
normal	normally	normaal → normaalgezien
probable	probably	waarschijnlijk
real	really	echt, werkelijk
unfortunate	unfortunately	ongelukkig → ongelukkigerwijs
usual	usually	gewoon → gewoonlijk

14. Een vakantie organiseren

● WOORDENSCHAT

to check *raadplegen, checken*
to drive *rijden, de auto nemen, met de auto gaan*
to fall *vallen*
to go away *weggaan*
to happen *gebeuren*
to increase *stijgen, toenemen*
to look for *zoeken (naar)*
(**to look** *kijken*)
to melt *smelten*
to plan *plannen*
to rain *regenen*
to read *lezen*
to rise *stijgen*
to save *(be)sparen*
to snow *sneeuwen*
to stop *stoppen*
to suppose *veronderstellen*
to talk *spreken, praten*
to warm *(op)warmen*
to worry *zich zorgen maken*

a country *een land*
a forecast *een verwachting, voorspelling;* **weather forecast** *weerbericht*
a friend *een vriend/-in*
global warming *opwarming van de aarde*
a holiday *een vakantie*
a journey *een reis, tocht, rit*
the world *de wereld*

abroad *in/naar het buitenland*
foreign *vreemd, buitenlands*
heavy/heavily *zwaar, hevig* (bijv. nw./bijw.)
often *dikwijls, vaak*
on the way to *op de weg / onderweg naar*
sometimes *soms*

● OEFENINGEN

1. GEBRUIK HET WERKWOORD IN DE *PRESENT CONTINUOUS*:

a. We (to plan) .... our spring holidays. (*volle vorm*)

b. They (to save) .... their money because they want to go away somewhere. (*samengetrokken vorm*)

c. It (to snow) .... on the Cairngorms at the moment. (*volle vorm*)

d. She (to read) .... an interesting book about global warming. (*samengetrokken vorm*)

2. VERVOEG HET WERKWOORD IN DE PASSENDE TIJD: *PRESENT SIMPLE* OF *CONTINUOUS*:

a. We often (to take) .... our holidays in March.

b. I sometimes (to take) .... the motorway, but not always.

c. Let's go shopping. Oh look, it (to rain) ....!

d. It doesn't normally (to snow) .... in Scotland in May. – But it (to snow) .... now!

3. VORM ONDERSTAANDE ZINNEN OM TOT VRAGENDE (V) OF ONTKENNENDE (N) ZINNEN:

a. You're driving to Glasgow tomorrow evening. (V) →

b. I'm planning a holiday in China this year. (N) →

c. They are coming to see us next week. (V) →

d. I think she's talking about climate change. (N) →

● 4. VERTAAL DE ZINNEN EN BELUISTER DE OPNAME TER CONTROLE:

a. Hij komt me volgende week bezoeken. Hij komt hier altijd in de herfst.
→

b. Hoelang duurt de rit? – Waarschijnlijk drie uur.
→

c. Welke stad verkies je, Glasgow of Edimburg?
→

d. Ga je op vakantie met je vrienden? – Nee. (*Vergeet de question-tag niet!*)
→

e. Geef me een ogenblikje, alsjeblieft, ik raadpleeg het weerbericht.
→

15.
VERHUIZEN

MOVING HOUSE

DOELSTELLINGEN

- PRATEN OVER DE NABIJE TOEKOMST
- IETS VOORSTELLEN
- EEN BEZWAAR UITEN / IETS TEGENSPREKEN
- DE IMPERATIEF GEBRUIKEN

BEGRIPPEN

- WERKWOORDEN WAAROP EEN ONVOLTOOID DEELWOORD VOLGT
- *TO GET (TO)* EN *TO HAVE GOT*
- *ELSE*
- *MUST*
- NABIJE TOEKOMST MET *GOING TO*
- MEER OVER DE IMPERATIEF

EEN NIEUW APPARTEMENT

(Steve en Gillian bezoeken een appartement (dat) te huur (staat) in Hounslow.)

– Het heeft een woonkamer, twee slaapkamers, een logeerkamer, een keuken, een badkamer en een toilet. We verhuizen volgende week als de plek ons bevalt, maar vandaag moeten we beslissen waar we onze meubels en spullen moeten [te] zetten. Ik ben opgewonden. Ik hou van inrichten, kleuren kiezen en dergelijke [spul zoals dat].

– Ik haat verhuizen. Het is vermoeiend en er is altijd zo veel te doen!

– Je hebt ongelijk [bent fout]. Het is leuk. Zwijg nu en help mol Laten we de oude sofa daar zetten, tegen de muur, onze twee armstoelen hier, bij het raam, en de salontafel in het midden van de (woon)kamer. Wat is er [op], Steve? Waarom bekijk je me zo[als dat]?

– We hebben te veel spullen. Waar gaan we alles zetten?

– Stop (met) klagen. Je gaat me boos maken!

– Wat gaan we doen met onze boeken? We hebben (er) honderden!

– We kunnen vier boekenkasten in de hoeken van de woonkamer zetten.

– Ik veronderstel het [zo]. Maar wat doen we met [over] de koelkast en het fornuis? Waar gaan we die [ze] zetten?

– In de keuken, mallerd. Waar anders? Welk vertrek wil je voor je kantoor?

– De logeerkamer. Mijn bureau en computer kunnen voor het venster staan [gaan]. En ik ga de printer achter de deur zetten.

– Wat kunnen we nog beslissen? Ik weet (het): (in) welke kleur gaan we het appartement schilderen? Wat denk je van [over] blauw?

– Wacht 's even… Wat is dat lawaai buiten? Het is heel heel luid!

– O nee, we zitten [zijn] naast de luchthaven van Heathrow! Er is alle vijf minuten een vliegtuig!

17 A NEW FLAT

(**Steve** and **Gil**lian are **vi**siting a **flat** to rent in **Houns**low.)
– It has a **li**ving room, two **bed**rooms, a **spare** room, a **kit**chen, a **bath**room and a **toil**et. We're **go**ing to **move** next **week** if we **like** the **place** but to**day** we must de**cide** where to **put** our **fur**niture and **things**. I'm ex**cit**ed. I **love** **dec**orating, **choo**sing **col**ours and **stuff** like **that**.

– I **hate mo**ving. It's **ti**ring and there's **al**ways so **much** to **do**.

– You're **wrong**. It's ex**cit**ing. Now **shut up** and **help** me! Let's **place** the old **so**fa there, against the wall, **our** two **arm**chairs here, by the **win**dow, and the **co**ffee **ta**ble in the **mid**dle of the **room**. What's **up** Steve? **Why** are you **look**ing at me like that?

– We've **got too** much **stuff**. **Where** are we **go**ing to **put** **ev**erything?

– **Stop** com**plain**ing. You're **go**ing to **make** me **ang**ry!

– **What** are we **go**ing to **do** with our **books**? We've got **hund**reds!

– We can **put** four **book**cases in the **cor**ners of the **li**ving room.

– I sup**pose** so. But **what** a**bout** the **fridge** and the **cook**er? **Where** are we **go**ing to put **them**?

– In the **kit**chen, **sill**y. Where **else**? **Which** room do you **want** for your **off**ice?

– The **spare** room. My **desk** and com**pu**ter can go in **front** of the **win**dow. And I'm **go**ing to put the **print**er be**hind** the **door**.

– What **else** can we **de**cide? I know: what **col**our are we **go**ing to **paint** the flat? **What** about **blue**?

– **Hang** on. **What's** that **noise** out**side**? It's **re**ally **re**ally **loud**!

– Oh **no**, we're **next** to **Heath**row **air**port! There's a **plane** every **five min**utes!

■ DE DIALOOG BEGRIJPEN
FORMULES EN UITDRUKKINGEN

→ **Flat**, *plat, vlak*. In Brits Engels is **a flat** *een appartement, flat* (want een woning op één vlak, zonder verdiepingen); Amerikanen gebruiken **an apartment** (met één **p**!).

→ In deze module zien we **bedroom** (*slaapkamer*), **bathroom** (*badkamer*) en **living room** (*woonkamer*). De regels voor het al dan niet aan elkaar schrijven van samenstellingen zijn vrij complex, maar in het algemeen wordt het één woord als het eerste element uit één lettergreep bestaat, dus **bed** en **room** wordt **bedroom**, maar **living room** blijft in twee woorden.

→ **Stuff** is het equivalent van *spul(len)*, vergelijkbaar met **things,** *dingen* of **a thing**, *een ding* (dat voorkomt in samenstellingen zoals **everything**, **something**). **Stuff** en **thing(s)** bieden hulp wanneer men het juiste woord voor iets niet kent. *... **and stuff/things like that**,... en meer van die dingen, dergelijke.*

→ **To shut** betekent op zich *sluiten*: **Shut the door please**, *Doe alsjeblieft de deur dicht*; met **up** erbij betekent het echter *zwijgen*: **Shut up!**, *Zwijg!, Hou je mond!*

→ **What's up?** peilt naar een probleem: *Wat is er (aan de hand), scheelt er?*

→ **Hundred**, *honderd*; **thousand**, *duizend*; **million**, *miljoen*. **Two hundred/ thousand/million**, in twee woorden, *tweehonderd* enz. **Hundreds/thousands/ millions**, *honderden* enz.: **hundreds of people**, *honderden mensen*; **thousands of pounds**, *duizenden ponden*.

→ **Silly** heeft geen kwetsende bijklank: *gekkerd, mallerd, domkop, stommerik*; **Don't be silly**, *Doe niet zo gek/mal/dom/idioot*.

→ **To hang** betekent *hangen*, maar de uitdrukking **Hang on**, in de imperatief (zie verderop), betekent *Wacht (u) /Wachten jullie even*, of bv. aan de telefoon *Blijf even aan de lijn (hangen)*...

CULTURELE INFO

Enerzijds is er het woord **house**, *huis* en anderzijds **home**, dat intiemer of persoonlijker is en eerder *thuis* uitdrukt. Wie een woonst koopt, moet in Groot-Brittannië rekening houden met de volgende bijzonderheid: sommige eigendomstitels zijn **freehold**, andere **leasehold**. In het eerste geval, het meest voorkomende, bezit men het huis en de grond waarop het gebouwd is, terwijl het in het tweede geval gaat om een huur voor 99 à 125 jaar, waarbij men het recht koopt om het huis te bewonen zonder er eigenaar van te zijn.

◆ GRAMMATICA
WERKWOORDEN WAAROP EEN ONVOLTOOID DEELWOORD VOLGT

Interesses, genoegens of wensen worden in het Engels veelal uitgedrukt met werkwoorden zoals **to like** (of, nadrukkelijker, **to love**) gevolgd door een onvoltooid deelwoord (waar in vergelijkbare Nederlandse structuren een infinitief volgt): **I love choosing colours**, *Ik hou van / ben dol op kleuren kiezen, vind het heel leuk om kleuren te kiezen.* **Do you like living in Hounslow?** *Wonen jullie graag in Hounslow?;* Ook met **to hate**, *haten* is deze structuur gebruikelijk.

Meer hierover in de volgende module.

TO GET (TO) EN *TO HAVE GOT*

To get en zijn voltooid deelwoord **got** lijken alomtegenwoordig als men Engels begint te leren. We bouwen verder op wat we in Module 3, 7 en 13 al zagen:
• Volgt er een voorwerp op, dan betekent **to get** *(ver)krijgen*, ter vervanging van een preciezer (maar minder idiomatisch) werkwoord zoals **to obtain** of **to receive**: **The kids get/receive lots of presents at Christmas**, *De kinderen krijgen veel cadeaus met Kerstmis*.
• Met een voorzetsel erachter drukt **to get** een beweging uit: **The train gets to (**of **into) Liverpool at 10 in the morning**, *De trein komt in Liverpool aan om 10 uur 's morgens*; **They got on a plane to Edinburgh**, *Ze zijn een vliegtuig naar Edimburg ingestapt.* Hier staat **to get** in de plaats van **to arrive**, *aankomen* en van **to board**, *instappen, aan boord gaan*.
• Aan een (samengetrokken) vorm van **to have** in de betekenis van *hebben, bezitten* (bv. **We've too much stuff**, *We hebben te veel spullen*) wordt vaak het voltooid deelwoord **got** toegevoegd: **We've got too much stuff**. Dit verandert geenszins de betekenis van de zin, maar geeft wel meteen het begrip "bezit" aan. Weet ook dat het voltooid deelwoord **got** in Amerikaans Engels **gotten** wordt.
We zullen het zeker nog over **to get** en **got** hebben.

ELSE

De vertaling van dit bijwoord hangt af van de context. We zagen **What else?** en **Where else?** *Wat/Waar anders/nog?* Zo is er ook **Who else?**, *Wie anders/nog?* en **Why else?** *Waarom dan wel?*

Nog twee nuttige uitdrukkingen: **Do you want anything else?** *Wenst u verder nog iets?* (soms verkort tot **Anything else?** – zie Module 7) en **Nothing else thank you**, *Verder niets meer, dank u.*

MUST

Het modale hulpwerkwoord **must** drukt een verplichting (*moeten*) uit. Net als bij **can** (Module 7) volgt er een naakte infinitief op, wordt een ontkenning gevormd met **not** en een vraag door inversie:

Bevestigend	Ontkennend	Vragend
I must	I must not / mustn't	Must I?
you must	you must not / mustn't	Must you?
he/she/it must	he/she/it must not / mustn't	Must he/she/it?
we must	we must not / mustn't	Must we?
they must	they must not / mustn't	Must they?

▲ VERVOEGING
NABIJE TOEKOMST MET *GOING TO*

Met de **present continuous** kan een handeling die zeker of binnenkort zal plaatsvinden, uitgedrukt worden. Dergelijk idee kan ook geformuleerd worden met de o.t.t. van **to be** + de duratieve vorm van **to go (going)** + een infinitief met **to** ervoor: **I'm going to paint the bedroom**, *Ik ga de slaapkamer schilderen.* De ontkennende en vragende vorm is regelmatig: **They aren't going to rent that flat in Hounslow** en **Are they going to rent that flat in Hounslow?**

MEER OVER DE IMPERATIEF

De imperatief wordt gevormd met de naakte infinitief: **Shut up!** *Zwijg!* Volgt er een werkwoord op de gebodsvorm, dan staat dat in de vorm van een onvoltooid deelwoord: **Stop complaining!** *Hou op met klagen!* De ontkennende vorm, dus een verbod uitdrukken, gebeurt met **don't** ervoor: **Don't look at me like that!** *Kijk me niet zo aan!*

WOORDENSCHAT

to complain *klagen*
to decorate *versieren, inrichten*
to hate *haten, een hekel hebben aan*
to move *bewegen, maar ook verhuizen*
must *(modaal werkwoord) moeten*
to paint *schilderen*
to place *plaatsen, zetten*
to suppose *veronderstellen, vermoeden,...*

an armchair *een armstoel, fauteuil, zetel*
a bathroom *een badkamer*
a bedroom *een slaapkamer* (lett. *bed-!*)
a bookcase *een boekenkast* (lett. *boek-!*)
a coffee table *een salontafel* (lett. *koffie-!*)
a cooker *een fornuis*
a desk *een bureau(meubel)*
a fridge *een koelkast*
furniture *meubilair, meubels*
a kitchen *een keuken*

a living room *een woonkamer*
a noise *een lawaai, geluid*
an office *een kantoor, bureau* (denk aan **post office** *postkantoor*)
a place *een plaats, plek*
a printer *een printer*
a sofa *een sofa*
a spare room *een logeerkamer* (**spare** = *reserve-, vrij, extra,...*)
stuff *spul(len)*
a wall *een muur, wand*

against *tegen*
angry *boos*
exciting *opwindend, leuk*
behind *achter*
in front of *voor*
loud *luid*

Hang on *Wacht even*
I suppose so *Ik veronderstel/ vermoed het, Dat neem ik aan, Ik denk het wel*
What's up? *Wat is/scheelt er?*

⬢ OEFENINGEN

1. ZET HET WERKWOORD IN DE GEVRAAGDE VORM:

a. He (to visit) .... his family in Hounslow. (*bevestigend, samengetr, present cont.*)

b. We (to put) .... the printer behind the door. (*ontkennend, samengetr., nabije toekomst*)

c. You (to rent) .... that flat on Parish Street? (*vragend, nabije toekomst*)

d. She (to paint) .... the bedroom. (*ontkennend, samengetr., nabije toekomst*)

2. VERTAAL HET VOORZETSEL DAT TUSSEN HAAKJES STAAT:

a. Put the fridge (*tegen*) .... the window.

b. The computer is (*voor*) .... the window and the printer is (*achter*) .... the door.

c. The armchair is (*dichtbij*) .... the sofa.

d. There are two bookcases (*in de hoek van*) .... the living room.

3. VUL DE VRAAG AAN MET HET PASSENDE VRAGEND VOORNAAMWOORD EN BELUISTER DE OPNAME TER CONTROLE:
17

a. .... are you going to put the printer? – By the desk.

b. .... colour are we going to paint the kitchen?

c. .... are you looking at me?

d. .... else can we decide today? – Nothing.

e. .... are you moving into the flat? – Next week.

f. .... is living in the flat at the moment? – My sister.

4. VERTAAL DE ZINNEN:

a. Wat scheelt er? – Ik haat verhuizen, inrichten, schilderen en dergelijke.
→

b. Welke kamer wil ze als (voor haar) bureau? – De logeerkamer, naast de slaapkamer.
→

c. Wat doen we met de zetels en de sofa? Waar gaan we die/ze zetten?
→

d. In welke kleur gaan we het schilderen? Wat denk je van blauw? – Ik denk van wel.
→

III

ZAKEN

ONDERNEMEN

16.
HET OPENBAAR VERVOER NEMEN

TAKING PUBLIC TRANSPORT

DOELSTELLINGEN

- BELEEFD IETS VRAGEN/ WEIGEREN

BEGRIPPEN

- MEER WERKWOORDEN WAAROP EEN ONVOLTOOID DEELWOORD VOLGT
- WEDERKERENDE VOORNAAMWOORDEN
- DE ONTKENNENDE PREFIXEN *DIS-* EN *UN-*

EEN VERVELENDE BUURMAN

(In de bus)

– Neemt u me niet kwalijk dat ik u lastigval, maar vindt u het goed als ik naast u ga zitten?

– Nee, helemaal niet. De (zit)plaats is vrij.

– Zou u er iets op tegen hebben om het raam open te zetten? Het is heel bedompt hierbinnen.

– Geen probleem. Is dat beter?

– Ja, wel bedankt. Het is heel aardig van u. Ik vermijd (het om) de metro (te) nemen [op de metro gaan] tijdens het [om] spitsuur. Het is te druk [bevolkt]... en ik luister niet graag naar vreemden. Ze zijn zo onvriendelijk.

– Ik weet wat u bedoelt...

– Ik heb een hekel aan stappen/lopen. Er is te veel pollutie. Ik neem heel graag taxi's, maar ze kosten een fortuin. En ik ben gestopt met [gaf op] fietsen toen ik naar Londen ben gekomen. Het is niet veilig en te veel fietsers raken gewond [verwonden zichzelf]. Eigenlijk vind ik het fijn om de bus te nemen. Ik praat graag met [tegen] mensen. Mooi weer, hé?

– Pardon? O ja, heel mooi.

– Zou u [mogelijkerwijs] uw benen kunnen intrekken [verplaatsen]?

– Zeker. Installeert u zich [Maak uzelf] comfortabel. Hebt u niets om te lezen of om naar te luisteren?

– Nee. Ik vroeg [vraag] me af of u me uw krant zou kunnen lenen? Ik heb geen zin om te [voel niet zoals] praten.

– Het spijt me, maar ik ben die zelf aan het lezen.

– Zou u er dan bezwaar tegen hebben als ik mijn ogen [voor] 5 minuten sluit [sloot]? Ik ben zo uitgeput dat ik niet kan spreken.

– Doe gerust [Met alle middelen]! Ik stap uit [af] aan/bij de volgende halte.

18 AN ANNOYING NEIGHBOUR

(In the bus)

– I'm **sor**ry to **bo**ther you, but do you **mind** if I **sit next** to **you**?

– **No**, not at **all**. The **seat** is **free**.

– Would you **mind open**ing the **win**dow? It's **ve**ry **stuf**fy in **here**.

– **No prob**lem. Is **that bet**ter?

– Yes, **thanks** a **lot**. It's very **kind** of **you**. I a**void get**ting on the **Tube** at **rush hour**. It's **too crowd**ed… and I dis**like lis**tening to **stran**gers. They're **so** un**friend**ly.

– I **know** what you **mean**…

– I hate **walk**ing. There's **too much** pollution. I **love ta**king **ta**xis but they **cost** a **for**tune. And I **gave up cyc**ling when I **came** to **Lon**don. It **isn't safe** and **too** many **cyc**lists in**jure** them**selves**. I **ac**tually en**joy tak**ing the **bus**. I **like talk**ing to people. **Nice wea**ther, **is**n't it?

– Pardon? Oh **yes**, **ve**ry ni**ce**.

– **Could** you **poss**ibly **move** your **legs**?

– **Sure**. **Make** your**self com**fortable. **Don't** you have **any**thing to **read** or **lis**ten to?

– No. I **won**der if you could **lend** me your **pa**per? I don't feel like **talk**ing.

– I'm **sor**ry but I'm **read**ing it my**self**.

– Then **would** you **mind** if I **closed** my **eyes** for **five mi**nutes? I'm so ex**haus**ted that I **can't speak**.

– By **all means**! I'm **get**ting off at the **next stop**.

DE DIALOOG BEGRIJPEN
FORMULES EN UITDRUKKINGEN

→ **To bother**, *lastigvallen, storen, hinderen* wordt vaak gebruikt in beleefde uitdrukkingen: **[I'm] sorry to bother you but…** *Het spijt me dat ik u stoor, maar …*; **Does it bother you if I open the window?** *Stoort het u als ik het raam open zet.* Een variant hierop is **I'm sorry to trouble you but…**

→ We zagen **to mind** al in Module 12 (**Do you mind…**), maar hier is de formulering wat formeler en gebruikelijk om iemand te vragen iets te doen: **Would you mind closing the door?** *Vindt u het niet erg om de deur te sluiten?, Zou u de deur willen sluiten, alstublieft?*

→ **Better** is de onregelmatige comparatief van **good**, *goed* (zie Module 22).

→ **Crowded** is afgeleid van **crowd**, *mensenmassa, menigte* en betekent dus *druk (bevolkt), vol mensen*: **It's crowded**, *Er is veel volk.*

→ **A stranger** is *een vreemde(ling)* als *onbekende* en **a foreigner** is *een vreemdeling* als *buitenlander* (zie ook Module 14).

→ Let op met **actually**! Het adjectief **actual** betekent *werkelijk, echt* enz. Vandaar dat **actually** vertaald wordt als *werkelijk, eigenlijk*: **Actually it rained for a whole week**, *Het heeft zowaar een hele week geregend*; **It was very tiring, actually**, *Eigenlijk was het heel vermoeiend.* Dit bijwoord staat doorgaans aan het begin of het einde van het gezegde.

→ Het adjectief **comfortable** ([kemftebel], in drie lettergrepen met doffe e) wordt gebruikt om iets dat bijdraagt tot iemands fysiek of moreel comfort te beschrijven: **Make yourself comfortable**, *Gaat u rustig zitten / Vlij je gezellig neer*; **This chair is very comfortable**, *Deze stoel zit/is heel comfortabel*; **She is not comfortable with that idea**, *Ze voelt zich niet echt goed bij die gedachte.*

→ **By all means** (lett. *met alle middelen*) klinkt beleefder dan **Go ahead** (uit Module 2) als antwoord op een verzoek: **Can I come in? – By all means**, *Mag ik binnenkomen? – Maar natuurlijk!* Noteer dat **means** altijd in het meervoud staat.

→ In het Engels zijn er twee werkwoorden om je affectie uit te drukken: **to like** en **to love**: **I like my job**, *Ik doe mijn werk graag* maar **I love my wife/husband**, *Ik hou van mijn vrouw/man*. In de omgang gebruikt men evenwel vaak **to love** ter versterking van het bedoelde: **I love your shoes!** *Ik vind je schoenen geweldig!*

CULTURELE INFO

Het aangeboden *openbaar vervoer* (**public transport**) in stedelijk en voorstedelijk gebied is consequent en kwaliteitsvol. Londenaars kunnen gebruikmaken van een *ondergrondse metro,* **the London Underground**, universeel bekend als **the Tube**. Om zich te kunnen verplaatsen, koopt men individuele **tickets**, een **Travelcard** (reiskaart) of een abonnement (**Oyster card,** lett. *Oesterkaart*). Er is ook een busnet (**a bus**, meervoud **buses**, waarvan sommige *dubbeldekkers*, **double-decker buses** zijn) en een **tramway** (**tram**).

◆ GRAMMATICA
MEER WERKWOORDEN WAAROP EEN ONVOLTOOID DEELWOORD VOLGT

Nog een paar veel gebruikte werkwoorden waarop een onvoltooid deelwoord (**-ing**-vorm) volgt (waar in het Nederlands vaak "om te + infinitief" gebruikt wordt):

I	like	listening to music.	*Ik luister graag naar muziek, vind het fijn om naar muziek te luisteren.*
	enjoy		*Ik geniet van muziek beluisteren*
	love		*Ik hou ervan om naar muziek te luisteren.*
	dislike		*Ik luister niet graag naar muziek, vind het niet fijn om...*
	hate		*Ik heb een hekel aan muziek beluisteren, haat het om....*
	avoid		*Ik vermijd het om naar muziek te luisteren.*
	feel like		*Ik heb zin om naar muziek te luisteren.*

Opmerking: soms, nl. met **to like** en **to hate**, kan i.p.v. de **-ing**-vorm een volle infinitief (met **to**) gebruikt worden, maar de constructie met een deelwoord is veruit de meest courante.

We noteren ook **to give up**, *opgeven, ophouden met*; **to mind**, *erop tegen zijn, bezwaar hebben*; **to finish**, *(be)eindigen;* **to suggest**, *voorstellen, suggereren;* **to stop** in afwachting van meer werkwoorden en uitdrukkingen waarop een **-ing**-vorm volgt.

WEDERKERENDE VOORNAAMWOORDEN

- We weten uit Module 13 dat sommige werkwoorden niet noodzakelijk wederkerend zijn in het Engels én in het Nederlands.

Om het "wederkerende" uit te drukken, maakt men in het Engels gebruik van voornaamwoorden die het element **-self** (**-selves** in het meervoud) bevatten. (Denk aan **a selfie**, een foto die je neemt van... jezelf.)

I	myself	me(zelf)
you¹	yourself	je(zelf)/u(zelf)
he/she/it ²	himself/herself/itself	zich(zelf)
we	ourselves	ons(zelf)
you¹	yourselves	j(ulli)e(zelf)/u(zelf)
they	themselves	zich(zelf)

Let op het onderscheid:
¹ **yourself** (enkelvoud) en **yourselves** (meervoud)
² aparte vormen per geslacht in de 3e pers. ev.: **himself/herself/itself**.

Nora is teaching herself to write computer code, *Nora leert zichzelf computertaal schrijven*; **Jack is reading that book himself**, *Jack is zelf dat boek aan het lezen;* **Watch out not to injure yourself!** *Kijk uit / Let op dat je je niet verwondt!*

DE ONTKENNENDE PREFIXEN *DIS-* EN *UN-*

Het antoniem van een werkwoord of bijvoeglijk naamwoord kan soms weergeven worden met een voorvoegsel, bijvoorbeeld **dis-**:

to agree	to disagree	akkoord gaan ↔ niet akkoord gaan
to appear	to disappear	verschijnen ↔ verdwijnen
to like	to dislike	graag ... ↔ niet graag ...
to allow	to disallow	toestaan ↔ niet toestaan
to believe	to disbelieve	geloven ↔ niet geloven
to regard	to disregard	rekening houden met ↔ negeren

of **un-** dat vaak overeenkomt met *on-*:

kind	unkind	(on)aardig
friendly	unfriendly	(on)vriendelijk
clear	unclear	(on)duidelijk
comfortable	uncomfortable	(on)comfortabel
original	unoriginal	origineel ↔ weinig/niet origineel

Denk ook aan **(un)tidy, (dis)organised** uit Module 4.

WOORDENSCHAT

to bother *lastigvallen, storen, hinderen*
to cycle *fietsen*
to dislike *niet graag ...*
to feel like *zin hebben in / om te*
to get on/off *in-/uitstappen (bus, metro enz.)*
to give up *opgeven, -houden met*
to injure *verwonden*
to lend *lenen*
to listen (de **t** wordt niet uitgesproken) *luisteren*

a crowd *een menigte, mensenmassa*
a cyclist *een fietser*
cycling *fietsen (activiteit)*
a (news)paper *een krant*
pollution *vervuiling*
rush hour *spits-, piekuur* (lett. *raas-*)
a seat *een zitje, (zit)plaats (openbaar vervoer enz.)*
a stranger *een vreemde(ling), onbekende, buitenlander*
the Tube/tube *de Londense metro* (lett. *de buis*)

annoying *vervelend*
better *beter*
comfortable *comfortabel, gemakkelijk zittend, naar iemands zin enz.*
crowded *druk (bevolkt)*
exhausted *uitgeput*
safe *veilig*
stuffy *bedompt, benauwend, muf*
(un)friendly *(on)vriendelijk, (on)aardig*

By all means *Doe(t u) gerust, Maar natuurlijk*
It costs /They cost a fortune *Het kost / Ze kosten een fortuin*

⬢ OEFENINGEN

1. ZET HET WERKWOORD IN DE JUISTE VORM:

a. She doesn't enjoy (cycle) .... in London. It's too dangerous.

b. Fred really wants (meet) .... you.

c. I avoid (talk) .... to strangers on the Tube.

d. We need (give up) .... smoking. It costs too much.

2. VUL HET PASSENDE WEDERKEREND VOORNAAMWOORD AAN:

a. We are really enjoying .... on holiday.

b. John is teaching .... to play the piano.

c. Hello Mrs Swan, please help .... to coffee or tea.

d. They aren't preparing .... for the future.

3. GEBRUIK EEN PREFIX OM HET TEGENGESTELDE TE VORMEN:

a. That is a really **kind** .... thing to say.

b. We **agree** .... that cyclists in London are dangerous.

c. I really feel **comfortable** .... when a stranger talks to me.

d. Roger doesn't **like** .... listening to music when he's in the Tube.

4. VERTAAL DE ZINNEN EN BELUISTER DE OPNAME TER CONTROLE:

🔊 18

a. Zou u het erg vinden om het raam te openen? – Helemaal niet.

→

b. Het spijt me dat ik u lastigval, maar mag ik naast u (gaan) zitten? – Doet u maar. Ik stap uit aan/bij de volgende halte.

→

c. Zit je goed in die stoel? – Ja, heel comfortabel.

→

d. Er is veel volk in de winkels met Kerstmis. – Ik weet wat je bedoelt!

→

e. Hij is vorige week gestopt met roken en hij voelt zich vreselijk.

→

17. KAMPEREN

CAMPING

DOELSTELLINGEN

- PRATEN OVER IETS IN HET VERLEDEN

BEGRIPPEN

- *SOMEBODY/ANYBODY/NOBODY*
- *EACH/EVERY/BOTH*
- *PAST SIMPLE* (O.V.T.) VAN REGELMATIGE WERKWOORDEN
- *PAST SIMPLE* VAN *TO BE*

VERSCHRIKKELIJKE VAKANTIES

– Vorig jaar besloten we naar Wales te gaan voor onze zomervakantie. Het was een ramp!

– Waarom? Wat is er gebeurd [gebeurde]?

– Alles begon goed. We boekten online op een kampeerterrein. We reisden met de [per] trein naar Cardiff en dan met de bus naar het (kampeer)terrein, 10 mijl[en -16 km] verderop. We kwamen op maandag aan tegen [om] theetijd, maar er was niemand in het kantoor. Ik belde en sms'te (naar) de manager, maar niemand antwoordde, dus wachtten we gedurende 2 uur. Uiteindelijk daagde iemand op. Ik denk (dat) het de assistente van de manager was. Ik klaagde tegen haar en ze verontschuldigde zich, maar ze was niet echt aardig. We begonnen onze spullen in de tent te zetten, maar het begon te regenen. Het regende alle dagen gedurende een hele week en stopte nooit. [Op] Vrijdag pakten we (in) en riepen een taxi om ons naar het station te brengen. Maar de chauffeur kwam niet op tijd en we misten de laatste trein. We probeerden een hotel of een gastenkamer te vinden in de stad. We hebben overal (uit)gekeken, maar alles was vol of gesloten. Dus belandden we in een café (dat de) hele nacht (openblijft) en bleven daar tot 's morgens.

– Wat vreselijk! Heb je om een terugbetaling gevraagd?

– Nee, omdat ik geen gedoe wilde [maken]. En bij jou? Hoe was jouw vakantie?

– Het was eigenlijk heel vermoeiend. Ik bracht een bezoek aan mijn schoonouders die in Plymouth wonen. Mijn vrouw wou wandelen of fietsen langs Drake's Trail. Ze fietste elke dag 20 mijl (32 km) en ik werkte in de tuin.

– Dus hebben we beiden nog een vakantie nodig om weer bij te komen [te herstellen] van onze vakantie!

19 HORRIBLE HOLIDAYS

– Last **year** we de**ci**ded to go to **Wales** for our **su**mmer holidays. It was a di**sas**ter!

– Why? What **happ**ened?

– **Ev**erything **start**ed well. We **booked** on**line** at a **camp**site. We **trav**elled by **train** to **Car**diff and **then** by **bus** to the **site**, ten **miles away**. We **arrived** on **Mon**day at **tea**time but there wasn't **a**nybody in the **off**ice. I **phoned** and **text**ed the **man**ager but **no**body **answ**ered, so we **wait**ed for **two hours**. **Fi**nally **some**body **turned** up. I **think** it was the a**ssis**tant manager. I com**plained** to her and she a**po**logised, but she **wasn't** very **nice**. We **start**ed to **put** our **things** into the **tent**, but it **start**ed to **rain**. It **rain**ed **ev**ery **day** for a **whole week** and **ne**ver stopped. On **Fri**day we **packed** and **called** a **taxi** to **take** us to the **sta**tion. But the **dri**ver didn't a**rrive** on **time** and we **missed** the last **train**. We **tried** to find a ho**tel** or a **B&B** in the **town**. We looked **ev**erywhere but **ev**erything was **full** or **closed**. So we **end**ed **up** in an **all-night ca**fé and **stayed** there un**til** the **mor**ning.

– How **aw**ful! **Did** you **ask** for a **re**fund?

– **No**, be**cause** I **did**n't want to **make** a **fuss**. What about you? **How** was **your ho**liday?

– It was **ve**ry **tir**ing, **ac**tually. I **vi**sited my **par**ents-in-**law**, who **live** in **Ply**mouth. My wife **want**ed to walk or **cy**cle a**long** Drake's Trail. She **cy**cled **twen**ty **miles each day** and I **worked** in the **gar**den.

– So we **both** need a**no**ther **ho**liday to re**co**ver from our **ho**liday!

DE DIALOOG BEGRIJPEN
FORMULES EN UITDRUKKINGEN

→ **A book** is *een boek* en **to book** is *boeken* ("in een (registratie)boek schrijven"), dus *reserveren, voorbehouden*: **I want to book a room**, *Ik wil een kamer boeken.*

→ Het voorzetsel **by** heeft verschillende betekenissen, denk maar aan **by the exit** *(aan/bij)*, **marked down by 30 %** *(met)*, **to pay by cheque** *(per, met (een))* en m.b.t. vervoermiddelen *per, met (de/het)*: **to go by train and by bus**, *met de trein en met de bus gaan.* (Let op het voorzetsel bij *te voet gaan:* **to go on foot**!)

→ **Away** is een handig bijwoord om het te hebben over afstand of verwijderd zijn: **The campsite is ten miles away**, *Het kampeerterrein is 10 miles / 16 km verderop.* Het betekent ook *weg*: **The manager is away today**, *De directeur is vandaag weg/afwezig.*

→ **How awful!** Hier wordt **how** niet vragend, maar uitroepend aangewend, ter versterking van het erop volgende adjectief: *Hoe/Wat verschrikkelijk (is dat)!*; **How nice!** *Wat/Hoe lief/leuk!*

→ **A fuss** slaat op *gedoe, heisa* enz., dus **to make a fuss** betekent *druk doen, heibel maken* om iets. Zo ook, bijvoorbeeld, wanneer men iemand iets te drinken aanbiedt: **What do you want to drink?** en het antwoord luidt **I'm not fussy**, dan blijkt de gesprekspartner niet *"moeilijk"* en zal hij drinken wat hem aangeboden wordt.

CULTURELE INFO

Het is soms opletten bij "leenwoorden" waar de oorspronkelijke Engelse betekenis afwijkt van wat er in het Nederlands onder verstaan wordt. In deze module zien we **camping** voor de activiteit afgeleid van het werkwoord **to camp**: **I hate camping**, *Ik heb een hekel aan kamperen*, terwijl het terrein waarop men z'n tent installeert **a campsite** (of **a camping site**) heet, maar in het Nederlands wel eens *een camping* wordt genoemd. Het Belgisch Nederlandse *droogkuis* leunt aan bij **a dry cleaner's**, maar heet in Nederland *een stomerij*. En in het Engels trek je geen *smoking* aan, maar **a dinner jacket** of **dinner suit**!

◆ GRAMMATICA
SOMEBODY/ANYBODY/NOBODY

- Het onbepaald voornaamwoord *iemand* wordt **somebody** in een bevestigende zin en **anybody** in een ontkennende/vragende zin, volgens dezelfde regels als voor **some** en **any** (zie Module 3): **Somebody was in the office**, *Iemand was in het kantoor;* **Was anybody in the office?** *Was er iemand in het kantoor?*
- Het voornaamwoord **nobody** betekent *niemand*: **Nobody answered my texts**, *Niemand beantwoordde mijn sms'en.* Let erop nooit twee ontkennende vormen bij elkaar te zetten en **nobody** altijd met een werkwoord in de bevestigende vorm te gebruiken.
- **Anybody** kan ook vertaald worden door *niemand*: **I don't know anybody in Cardiff**, *Ik ken niemand in Cardiff.*

Meer woorden met **some-/any-** waarbij hetzelfde mechanisme geldt: **something/anything, somewhere/anywhere.**

EACH/EVERY/BOTH

- **Each** vertaalt *elk(e), ieder(e)* en **every** betekent daarnaast ook *al(le)*. Soms worden ze echter door elkaar gebruikt. Het eerste is van toepassing wanneer elk element van een reeks apart wordt beschouwd (**each day**, *elke dag*), het tweede m.b.t. het geheel van al deze elementen (**every day**, *alle dagen*). Herinner je, in Module 5: **The family comes to us for Christmas every year**, *De familie komt alle jaren bij ons voor Kerstmis.* Waaraan we zouden kunnen toevoegen … **and each Christmas, we eat too much**… *en elke Kerst eten we te veel.*
- **Both**, *beide(n)* of *allebei, alle twee* wordt gebruikt zoals een voornaamwoord: **We both need a holiday**, *We zijn allebei aan vakantie toe.*

Later meer over **each, every** en **both**.

▲ VERVOEGING
PAST SIMPLE (O.V.T.) VAN REGELMATIGE WERKWOORDEN

• Vorming van de **past simple** (onvoltooid verleden tijd) van een regelmatig werkwoord: stam + uitgang **-ed** (of **-d** als de stam eindigt op **e**). Dit geldt voor alle personen:

to wait	wachten	I waited
to answer	(be)antwoorden	she answered
to pack	inpakken	we packed
to arrive	aankomen	he arrived
to close	sluiten	it closed
to decide	beslissen, besluiten	you decided

Eindigt de stam op **-y** voorafgegaan door een medeklinker, dan verandert de **y** in een **i** alvorens **-ed** toe te voegen, bv. **to try** → **tried; to worry** → **worried**. Dus als er voor de **-y** een klinker staat, volgt gewoon **-ed**: **to stay** → **stayed**.
Soms moet de eindmedeklinker verdubbeld worden, bv. **to stop** → **stopped, to travel** → **travelled** (**traveled** in Amerikaans Engels).
• Uitspraak van de uitgang **-ed**: [id] na een [d]- of [t]-klank (bv. in **ended, wanted**), [t] na een stemloze klank (bv. in **worked, washed**) en [d] in de andere gevallen (bv. **filled, saved**). Beluister aandachtig de opnamen!
• De **past simple** wordt gebruikt voor het uitdrukken van een handeling in een bepaalde periode die afgelopen is en geen verband heeft met het heden. Dit laatste is belangrijk in het kader van een andere verleden tijdsvorm, die later aan bod komt.
• In de dialoog bleek al dat de **past simple** in het Nederlands vertaald kan worden door een o.v.t. of v.t.t.: **he phoned**, *hij telefoneerde* of *heeft getelefoneerd*; **he answered**, *hij antwoordde / heeft geantwoord*; **she arrived**, *ze kwam aan / is aangekomen*.
In Module 20 behandelen we de ontkennende en de vragende vorm.

PAST SIMPLE VAN TO BE

Het werkwoord **to be** is onregelmatig in de **past simple** en volgt dus bovenstaande regel niet met zijn twee vormen: **was** en **were**.

WOORDENSCHAT

to apologise zich verontschuldigen
to ask for vragen om/naar
to book boeken, reserveren
to complain klagen
to cycle fietsen
to end up belanden, eindigen
to miss missen
to pack in-, koffers pakken
to phone telefoneren, bellen naar
to recover herstellen, weer bijkomen
to turn up (komen) opdagen (vlot synoniem van **to arrive**)

a B&B (bed and breakfast) een gastenkamer (waar "bed en ontbijt" aangeboden wordt)
a campsite een kampeerterrein
a disaster een ramp
a driver een bestuurder, chauffeur (je herinnert je **driver's licence**, Module 12)
a manager een leidinggevende
parents-in-law schoonouders
a refund een terugbetaling
teatime theetijd (± 4-5u 's middags)
a trail een spoor, pad, route (wandel-, fiets-)

both beide(n), allebei
each elk(e), ieder(e)
every elk(e), ieder(e), alle
last vorig, voorbij, afgelopen; laatste
until tot
whole heel, volledig

How awful! Wat vreselijk!
What about you? En jij/u/jullie (dan)?

Bevestigende vorm:

I was	
you were	
he/she/it was	in Cardiff last week.
we were	
they were	

Ontkennen gebeurt net als in de tegenwoordige tijd met **not**:

I was not	wasn't	
you were not	weren't	
he/she/it was not	wasn't	in Cardiff last week.
we were not	weren't	
they were not	weren't	

⬢ OEFENINGEN

1. VERVOEG DE WERKWOORDEN IN DE *PAST SIMPLE*:

a. I (to travel) .... by bus to Cardiff last week.

b. She (to complain) .... and he (to apologise) ....
but he (to be) .... not very nice.

c. We (to miss) .... the last train, which (to stop) .... at every station.

d. I (to ask) .... for a refund from the camping company.

2. VUL *-BODY* EN *-THING* PASSEND AAN EN BELUISTER DE OPNAME TER CONTROLE:

a. I don't know ....body in Plymouth.

b. I think Margaret has ....thing to tell you.

c. ....body called you but I don't know who.

d. I don't want ....thing to eat. I'm not hungry.

e. ....body answered the phone because the office was closed.

f. The shops were closed and there was ....thing to do.

3. VUL AAN MET HET PASSENDE VOORZETSEL:

a. We wanted to walk .... Drake's Trail.

b. They travelled .... train and then .... bus.

c. My wife and I worked .... the garden every day.

d. It rained every day .... two weeks.

4. VERTAAL DE ZINNEN:

a. Mijn vakantie was verschrikkelijk. En bij jullie, hoe was jullie vakantie?

→

b. Eigenlijk was het heel vermoeiend. Ik heb gedurende een week gewerkt!

→

c. Mijn vrouw heeft overal gekeken, maar alles was vol. – Wat vreselijk!

→

d. We zijn op bezoek gegaan bij mijn schoonouders. En jij?

→

18.
SOLLICITATIE-GESPREK

INTERVIEW

DOELSTELLINGEN

- PRATEN IN DE *PAST SIMPLE* MET GEBRUIK VAN ONREGELMATIGE WERKWOORDEN
- GEBEURTENISSEN CHRONOLOGISCH VOORSTELLEN
- ZINTUIGLIJK WAARNEMEN

BEGRIPPEN

- HET BETREKKELIJKE *WHICH/WHO/THAT*
- WERKWOORDEN VAN ZINTUIGLIJKE WAARNEMING
- *TO SAY* EN *TO TELL*
- HOOFDTIJDEN (*PAST SIMPLE* EN VOLTOOID DEELWOORD) VAN ONREGELMATIGE WERKWOORDEN

HET SOLLICITATIEGESPREK

– Zou u ons over uw leven kunnen vertellen, Dawn Patel. U bent een heel jonge miljonaire!

– Ik ben [was] geboren in Leicester. Mijn ouders kwamen naar het Verenigd Koninkrijk in 1972. Ik ging naar (de) middelbare school tot mijn [ik was] 16 [jaar oud]. Op mijn 17e verjaardag [geboortedag] ben ik gestopt [ik verliet] en [werd een] kapster geworden. Na een paar jaar [jaren] wist ik dat ik iets anders wilde doen. Ik sprak met mijn mama en papa en ze zegden me dat ze het eens waren met me. Dan gaven ze me goede raad. Ze zegden: "Werk hard, doe kennis op en boek [maak] vooruitgang". Ik schreef tientallen [dozijnen van] universiteiten aan om informatie te vragen over beroepskeuzes. (Op) een dag hoorde ik over een businessopleiding [graad] aan (de) universiteit (van) Bristol, dus legde ik het toelatingsexamen [ingangs-] af, waarvoor ik vrij gemakkelijk slaagde. Ik vond de cursus nogal moeilijk, maar ik studeerde hard. Ik was een goede studente en gelukkig had ik uitstekende lesgevers. Ik ontmoette ook heel wat coole mensen en maakte fantastische vrienden.

– Dat klinkt fascinerend. Gaat u alstublieft verder.

– Ik kreeg een baan als [een] manager bij een oliemaatschappij in Bath. Ze betaalden me heel goed, maar na een poos ging ik me vervelen [voelde verveeld] en wist ik (dat) het tijd was om iets anders te zoeken. Ik zag een advertentie voor een marketingdirecteur/-trice in een kleine start-up. Het zag (er) interessant (uit), dus ging ik op [voor een] sollicitatiegesprek en kreeg de baan. Het bedrijf groeide heel snel en ik werd [was] regelmatig gepromoveerd.

– Ik ben niet verrast. Is dat hoe u rijk en beroemd bent geworden?

– Nee, niet echt. Dat was helemaal niet de reden. Het is makkelijk uit te leggen: ik ben getrouwd (met) de man die [wie] het bedrijf kocht.

– Gefeliciteerd [Felicitaties]!

THE INTERVIEW

– **Could** you **tell*** us about your life, Dawn Pa**tel**? You're* a **ve**ry **young** millio**naire**!

– I was **born** in **Leic**ester. My **pa**rents **came*** to the **UK** in **1972**. I **went*** to **sec**ondary **school** until I was six**teen** years **old**. On my **sev**enteenth **birth**day I **left*** and be**came*** a **hair**dresser. **Af**ter a few **years**, I **knew*** that I **want**ed to **do*** **some**thing **diff**erent. I **spoke*** to my **mum** and **dad** and they **told*** me that they a**greed** with me. **Then** they **gave*** me some **good** ad**vice**. They **said***: "**Work hard**, gain **know**ledge and **make*** **pro**gress". I **wrote*** to **do**zens of uni**ver**sities to **ask** for infor**ma**tion about ca**reers**. **One day** I **heard*** a**bout** a **bus**iness de**gree** at **Bris**tol uni**ver**sity so I **took*** the **en**trance ex**am**, which I **passed** quite **ea**sily. I **found*** the course **fair**ly **diff**icult but I **stud**ied hard. I was* a **good stu**dent and **for**tunately I had* some **ex**cellent **teach**ers. I **al**so **met*** **loads** of cool **pe**ople and **made*** some fan**tas**tic **friends**.

– It sounds **fa**scinating. **Please** go* **on**.

– I **got*** a **job** as a **man**ager with an **oil com**pany in **Bath**. They **paid*** me **ve**ry **well**, but **af**ter a **while** I **felt*** **bored** and I **knew*** it was **time** to **look** for **some**thing **else**. I **saw*** an **ad**vert for a **mar**keting di**rec**tor at a small **start**-up. It **looked in**teresting so I **went*** for an **in**terview and **got*** the **job**. The **com**pany **grew*** very **fast** and I was* pro**mo**ted regularly.

– I'm **not** sur**prised**. Is **that** how you be**came*** **rich** and **fa**mous?

– **No**, not **re**ally. That **was**n't the **rea**son at **all**. It's **ea**sy to ex**plain**: I **marr**ied the **man** who **bought*** the **com**pany!

– Con**gra**tu**la**tions!

---

* Het sterretje wijst op een onregelmatig werkwoord.

DE DIALOOG BEGRIJPEN
FORMULES EN UITDRUKKINGEN

→ **Years old** is facultatief (zie Module 2): **I'm sixteen**, *Ik ben 16;* **She's ninety years old**, *Ze is 90 jaar oud.*

→ **Mum** en **dad** vervangen in de omgang **mother** en **father**, *moeder en vader*.

→ **Advice**, *advies, raad,* **knowledge**, *kennis,* **progress**, *vooruitgang* zijn niet-telbaar en worden dus dikwijls voorafgegaan door **some** (**any** in een ontkennende/vragende zin: **Do you have any advice for me?**, *Hebt u enig advies voor me?*).

→ **To pass an exam** is *slagen voor een examen; een examen afleggen* is **to take an exam** en *zakken voor een examen* is **to fail an exam**.

→ **A load** is *een lading*, maar de Engelse uitdrukking **loads of** betekent *heel wat, een heleboel* en is vergelijkbaar met **lots of** (Module 5).

→ **Hard** (zie Module 12) is zowel bijvoeglijk naamwoord als bijwoord en wijst hier op inspanning of doorzetting: **You must work hard and study hard**, *Je moet hard werken en flink studeren.* Het versterkt dus het werkwoord: **I tried hard but the exam was too difficult**, *Ik heb het echt geprobeerd, maar het examen was te moeilijk.*

→ **Quite** en **fairly** geven allebei *vrij, nogal* weer: **It's quite/fairly hard**, *Het is vrij hard/zwaar*/enz. Later zullen we ook een ander gebruik van **quite** zien.

→ **To go on** komt overeen met *verder-, voort-, doorgaan.*

→ De basisbetekenis van **to look** is *kijken* maar het geeft ook *eruitzien* weer (onthoud ook: **to look for** = *zoeken*).

CULTURELE INFO

Ongeveer 50 % van de Britse jongeren die het *middelbaar onderwijs* (**secondary school**) verlaten, schrijft zich in voor de eerste cyclus aan de *universiteit* (**university**, veelal verkort tot **uni**) om er een *diploma* (**a degree**) te behalen. Ze volgen doorgaans *een cursus* (**a course**) van drie jaar die **a bachelor's degree** oplevert: **a BA** (uitgesproken als [bie-eej]), voor kunsten in het algemeen, of **a BSc** [bie-ès-sie], voor wetenschappen. Sommigen studeren verder voor **a master's degree** of zelfs een doctoraat, **PhD** [pie-eejtsj-die], wat staat voor "philosophiae doctor", maar geldt voor alle doctoraatsdiploma's, in welke materie ook. Surf voor meer info naar www.studying-in-england.org/england-educational-system.

◆ GRAMMATICA
HET BETREKKELIJKE *WHICH/WHO/THAT*

Even herhalen en aanvullen wat we zagen in Module 11 over het weergeven van de betrekkelijke voornaamwoorden *die* of *dat*:
who bij personen: **She married the man who/that bought the company**, *Ze trouwde met de man die het bedrijf kocht.*
which bij zaken: **The job which/that I wanted was in Bath**, *De baan die ik wilde was in Bath.*
Which en **who** gelden in het enkelvoud en meervoud: **She called the men who/that bought the company**, *Ze belde de mannen die ...*; **The things which/that I wanted were in ...**, *De dingen die ...*
Merk op dat **who/which/that** weggelaten kan worden als er geen werkwoord op volgt.

WERKWOORDEN VAN ZINTUIGLIJKE WAARNEMING

Een groep werkwoorden drukt waarneming met een bepaald zintuig uit, bijvoorbeeld **to sound**, van **the sound**, *de klank*: **The course sounds very interesting**, *De les klinkt heel interessant.* Vanuit visueel standpunt wordt dit: **The course looks very interesting**, *De les ziet er heel interessant uit.*
Later zullen we nog een paar van die werkwoorden tegenkomen.

TO SAY EN *TO TELL*

Beide werkwoorden kunnen vertaald worden door *zeggen*, maar er is een belangrijk verschil:
• **to tell** wordt gebruikt m.b.t. vertellen, informatie verstrekken, iemand instructies geven en het woord voor degene tot wie men zich richt volgt erop: **They told her that they agreed**, *Ze zegden/vertelden haar dat ze akkoord gingen*; **Tell me what you want**, *Zeg/Vertel me wat je wil.*
• **to say** slaat op spreken en overbrengen van wat gezegd wordt, waarbij de gesprekspartner niet noodzakelijk vermeld wordt: **Alice said "Hello"**, *Alice zei "Hallo"*; **You said that you were rich and famous**, *Je zei dat je rijk en beroemd was.*

HOOFDTIJDEN (*PAST SIMPLE* EN VOLTOOID DEELWOORD) VAN ONREGELMATIGE WERKWOORDEN

Infinitief	Past simple	Voltooid deelwoord	Vertaling
to be	was/were	been	zijn
to become	became	become	worden
to buy	bought	bought	kopen
to feel	felt	felt	(zich) voelen
to find	found	found	vinden
to get	got	got*	halen, verkrijgen,...
to give	gave	given	geven
to go	went	gone	gaan
to grow	grew	grown	groeien
to have	had	had	hebben
to hear	heard	heard	horen
to know	knew	known	kennen, weten
to leave	left	left	(ver)laten, vertrekken
to make	made	made	maken
to meet	met	met	ontmoeten
to pay	paid	paid	betalen
to say	said	said	zeggen
to see	saw	seen	zien
to speak	spoke	spoken	spreken
to take	took	taken	nemen
to tell	told	told	zeggen, vertellen
to write	wrote	written	schrijven

* Onthoud: Amerikaans Engels gebruikt als voltooid deelwoord **gotten** i.p.v. **got**.

Sommige van deze voltooide deelwoorden eindigen op **-n**. Er zijn inderdaad een aantal groepen van onregelmatige werkwoorden (zie p. 286-290).

WOORDENSCHAT

to agree *het eens zijn, akkoord gaan*
to be born *geboren zijn*
to be promoted *gepromoveerd worden*
to explain *uitleggen*
to go on *verder-, voort-, doorgaan*
to look *eruitzien*
to marry *trouwen/huwen (met)*
to sound *klinken*

an advert (advertisement) *een advertentie*
a birthday *een verjaardag* (**birth** = *geboorte*)
a career *een carrière, loopbaan, beroepskeuze*
a degree *een (universitaire) opleiding, graad*
a dozen *een dozijn*
an exam (examination) *een examen*
a hairdresser *een kapper/-ster*

oil *olie*
an oil company *een olie-/petroleummaatschappij*
a reason *een reden*
a start-up (of **a start-up company**) *een start-up, beginnend bedrijf*
a student *een student/-e*
a university *een universiteit* (**a uni** *in de Engelse omgang*)
a while *een poos(je)*

bored *verveeld*
famous *beroemd*
fantastic *fantastisch*
fascinating *fascinerend*
fast *snel*
fortunately *gelukkig(erwijze)*
hard *hard, zwaar*
surprised *verrast/verbaasd*

Congratulations! *Gefeliciteerd!*
Not really *Niet echt*
Please go on *Ga(at u) a.u.b. verder*

Zoals in andere talen, volgen ook veel courante Engelse werkwoorden niet de regel bij het vormen van de verleden tijd (stam + **-ed** of **-d**). Onregelmatige werkwoorden dienen gememoriseerd te worden aan de hand van de infinitief, de onvoltooid verleden tijd en het voltooid deelwoord. Je kent de twee belangrijkste onregelmatige werkwoorden al: **to be**, *zijn* en **to have**, *hebben*. Leer het lijstje hiernaast uit het hoofd.

OEFENINGEN

1. VERVOEG DE ONREGELMATIGE WERKWOORDEN IN DE *PAST SIMPLE*:

a. She (to go) .... to school in Leicester and (to leave) .... when she (to be)............... sixteen.

b. He (to speak) .... to his parents and they (to give) .... him some good advice.

c. My brother (to hear) .... about an interesting job and (to write) .... to the company.

d. I (to meet) .... loads of people at university.

2. VUL WAAR NODIG HET PASSENDE VOORZETSEL IN:

a. I heard .... a business degree at Bath university.

b. We spoke .... her teachers and asked .... some information.

c. It's time to look .... a new job.

d. That job advertisement looks .... very interesting.

3. VUL HET PASSENDE BIJVOEGLIJK NAAMWOORD EN/OF BIJWOORD IN, BELUISTER DAN DE OPNAME TER CONTROLE:

a. I worked very .... at university.

b. She had some .... teachers and made some .... friends.

c. Alistair passed all his exams very ....

d. They gave me some .... advice.

e. The company was ....

f. It grew very ....: in two years, it was huge.

4. VERTAAL DE ZINNEN:

a. Mijn papa gaf me raad en ik boekte vooruitgang, maar ik zakte voor het examen.

→

b. Ik hoorde over een heel interessante baan.

→

c. Ze zegden haar dat ze het eens waren met haar.

→

d. De advertentie die ik zag, ziet er interessant uit, niet? – Nee, niet echt.

→

19.
NAAR EEN RESTAURANT GAAN

GOING TO A RESTAURANT

DOELSTELLINGEN

- VRAGEN STELLEN OVER IETS IN HET VERLEDEN
- VOORZETSELS GEBRUIKEN IN EEN VRAAG
- ZINTUIGLIJK WAARNEMEN (VERVOLG)

BEGRIPPEN

- WERKWOORDEN MET EEN (VAST) VOORZETSEL
- MEER WERKWOORDEN VAN ZINTUIGLIJKE WAARNEMING
- LANDEN EN NATIONALITEITEN
- ONREGELMATIGE WERKWOORDEN MET EEN (BIJNA) IDENTIEKE *PRESENT SIMPLE*, *PAST SIMPLE* EN VOLTOOID DEELWOORD

EEN NIEUWSGIERIGE VRIEND

– Waar was je naartoe [ging] gisteravond [vorige nacht], Paul? Je hebt mijn oproepen niet beantwoord.

– We zijn naar dat nieuw Italiaans restaurant in Charing Cross gegaan.

– Hoe was het? Ik heb gelezen dat het ongelofelijk populair was.

– Dat kan je gerust [opnieuw] zeggen! Het was bomvol en heel erg lawaaierig. Je kon tientallen obers zien, maar ze hadden het te druk om onze bestelling (op) te nemen.

– Wat jammer! Hoe was het eten?

– Het was niets speciaals en de porties waren piepklein!

– (De) meeste [van de] restaurants in de buurt zijn zo[als dat]. Wat heb je gegeten?

– Als [Voor een] voorgerecht heb ik een salade (van) tomaat en groene paprika besteld, die vrij goed smaakte, maar niet heel vers was. Als hoofdgerecht heb ik een lendenbiefstuk gekozen, maar hij was taai en rook slecht. Ik heb geen dessert [pudding] genomen [gehad] omdat ik genoeg had [vol voelde] en niets anders (meer) kon eten.

– Hemeltje [Goedheid], dat klinkt verschrikkelijk! Sukkel [Arme jij]! Met wie ben je gegaan?

– Ik was [ging] met een meisje dat je niet kent.

– Waar komt ze vandaan?

– Dat zijn [is geen enkele van] jouw zaken niet. Waarom [Aan wat] glimlach je?

– Ik weet met wie je gegaan bent. Jullie foto stond [was] op Facebook.

– Met jou kan men niet [Je bent onmogelijk om tegen te] praten. Ik ga (naar) huis.

– Oké. Tot ziens.

A NOSY FRIEND

– **Where** did you **go** last **night**, **Paul**? You **did**n't **an**swer my **calls**.

– We **went** to that **new I**t**al**ian **res**taurant in **Cha**ring **Cross**.

– How **was** it? I **read** that it was in**cred**ibly **pop**ular.

– You can **say that** a**gain**! It was **packed** and **ve**ry **ve**ry **noi**sy. You could **see do**zens of **ser**vers, but they were **too bu**sy to **take** our **or**der.

– **What** a **pi**ty! **What** was the **food** like?

– It was **no**thing **spe**cial, and the **por**tions were **ti**ny!

– **Most** of the **rest**aurants in the **a**rea are **like that**. **What** did you **eat**?

– For a **star**ter I **or**dered a to**ma**to and **green pep**per sa**lad**, which **tas**ted quite **nice** but **was**n't **ve**ry **fresh**. For the **main** course, I chose a **fill**et steak, but it was **tough** and **smelled bad**. I **did**n't have a **pud**ding because I **felt full** and I **could**n't **eat a**nything else.

– **Good**ness, it sounds **ter**rible! **Poor you**! **Who** did you **go** with?

– I went with a **girl** who you **don't know**.

– **Where** does she **come** from?

– That's **none** of your **bus**iness. **What** are you **sm**iling **at**?

– I **know** who you **went** with. Your **pho**to was on **Face**book.

– You're im**poss**ible to **talk to**. I'm **go**ing **home**.

– O**kay**. **See** you.

DE DIALOOG BEGRIJPEN
FORMULES EN UITDRUKKINGEN

- → **Last night**, lett. *laatste/vorige nacht*, slaat op *gisteravond/-nacht* en *vorige avond/nacht*: **I saw them last night**, *Ik zag hen gisteravond / de voorbije nacht*. *Vanavond/vannacht* is **tonight** (zie Module 12).
- → Met de uitdrukking **You can say that again!** kan men wat net gezegd werd bevestigen of onderstrepen: **That new Italian restaurant is really expensive.** – **You can say that again!** *Dat nieuw Italiaans restaurant is echt duur.* – *Daar zeg je me wat!* De klemtoon valt dan op **that** om verwarring te vermijden met de vraag **Can you say that again?** *Kan je dat herhalen (opnieuw zeggen)?*
- → In Module 7 zagen we **full,** *vol(ledig)*; in de uitdrukking **I'm full / I feel full** betekent het dat men verzadigd is.
- → **Noisy/nosy:** verwar deze twee adjectieven niet met elkaar! Het eerste, *lawaaierig* komt van **noise**, *lawaai, geluid* (Module 8 en 15), het tweede van **nose**, *neus* en betekent dus *nieuwsgierig* – zoals een "curieuzeneus"!
- → **What is ... like?** vraagt naar hoe iemand of iets eruitziet, zowel fysiek als virtueel: **What's Paul like?** – **He's tall**, *Hij is groot* of **He's very nice**, *Hij is heel sympathiek*. Let op het werkwoord **to be** in deze uitdrukking, want er is een belangrijk verschil tussen **What is Paul like?** *Hoe is Paul?* en **What does Paul like?** *Wat vindt Paul leuk/lekker?*
- → **Most** (zie Module 11) **/ most of**: **Most people like Italian food**, *De meeste mensen lusten Italiaans eten*; **Most of the people that I know like Italian food**, *De meeste (van de) mensen die ik ken lusten Italiaans eten*. Let erop in het Engels geen lidwoord voor **most** te zetten, maar er wel **of the** op te laten volgen!
- → **Goodness** betekent lett. *goedheid*, maar duikt op in bepaalde uitdrukkingen, soms op zich, zoals in onze dialoog, soms in een structuur: **Goodness me!** of **My goodness!** *Nee maar/toch!, Hemeltje!* enz. Zo kan verbazing op een niet vulgaire manier uitgedrukt worden. Er is ook **Thank goodness!**, *Gelukkig maar! God(zij)dank!*
- → **It's/That's none of your business**, vergelijkbaar met het Nederlandse *Dat zijn uw zaken niet, Het gaat je niet aan.* Het wordt vaak verkort tot **None of your business.**
- → **See you** is een verkorte versie van **See you later** dat we in Module 1 leerden kennen: *Tot later/straks, Tot ziens.*

CULTURELE INFO

Lekkerbekken kunnen in Groot-Brittannië op veel plaatsen terecht: naast een **café** (soms **cafe**, zonder accent) en een **coffee shop** ("koffiehuis"!) is er **a fine dining restaurant** (*een gastronomisch restaurant*), **a casual dining restaurant** (*een restaurant met gemoedelijke, familiale sfeer*), **a steak house** (*restaurant met gegrild vlees als specialiteit*), **a gastropub** (*een pub waar gastronomische gerechten geserveerd worden*) en ook **bistrots** en **brasseries**. Frans blijft de referentietaal in die sector, denk maar aan **a chef, an aperitif, a dessert** of **cuisine**, *keuken*! En nu wat basiswoordenschat om vlot een **lunch**, *middagmaal* of **dinner**, *avondmaal* te kunnen bestellen. Eerst vraagt men *de kaart*, **the menu**. De maaltijd bestaat uit **courses**, *gerechten*: **the first course**, ook **the starter** genoemd of zelfs... **the entrée**, gevolgd door **the main course** en dan **the dessert** (soms **the sweet**, *het zoete* of **the pudding**). Wens je achteraf de restjes mee te nemen, vraag dan **a doggie bag**, lett. *een "hondjeszakje"*, tenzij in een klassezaak... Afsluiten gebeurt sowieso met **the bill**, *de rekening*. Ga na of de dienst al dan niet inbegrepen is – **service charge** (of **gratuity**) **included** of **not included** – en geef **a tip**, *een fooi*, wat door het personeel zeker gewaardeerd zal worden.

◆ GRAMMATICA

WERKWOORDEN MET EEN (VAST) VOORZETSEL

Dat voorzetsels belangrijk zijn en niet altijd zomaar vertaald kunnen worden is al gebleken. Een werkwoord van zijn voorzetsel scheiden is te vermijden, vooral in gewoon taalgebruik. In een vraag sluit zo'n voorzetsel de zin af. Voorbeelden met **to look at**, *kijken naar, bekijken* en **to talk to**, *praten, spreken met* in een vraag: **What are you looking at?** *Waar kijk je naar?;* **Who are you talking to?** *Met wie praat je?* en in een bevestigende zin, meer bepaald na een bijvoeglijk naamwoord: **Her photos are beautiful to look at**, *Haar foto's zijn mooi om naar te kijken;* **You're impossible to talk to**, *Met jou valt niet te praten*. Deze formuleringen kunnen verbazen en puristen die vinden dat een Engelse zin niet mag afgesloten worden met een voorzetsel op stang jagen. Onthoud een werkwoord alleszins samen met zijn (vast) voorzetsel!

MEER WERKWOORDEN VAN ZINTUIGLIJKE WAARNEMING

In Module 18 zagen we **to look** en **to sound**, *eruitzien* en *klinken*. Hierbij nog twee regelmatige werkwoorden die zintuiglijk waarnemen uitdrukken, nl. **to smell**, *ruiken* en **to taste**, *smaken, proeven*: **The steak smelled delicious**, *De steak rook heerlijk...* **but it tasted terrible**... *maar hij smaakte afschuwelijk.* **Would you like to taste it?** *Wilt u hem/ervan proeven?*

LANDEN EN NATIONALITEITEN

- Het bepaald lidwoord **the** staat voor een landsnaam die als een meervoud beschouwd wordt, bv.: **Holland**, *Holland* maar **the Netherlands**, *Nederland* (cf. de Lage Landen); **Britain**, maar **the British Isles**, *de Britse Eilanden*.
- Voor de inwoners van een land gebruikt men meestal de meervoudsvorm van het adjectief met het bepaald lidwoord ervoor: **a Belgian - the Belgians**, *een Belg(ische) - de Belgen*; **a Swede - the Swedes**, *een Zweed(se) - de Zweden*. Bij een naamwoord op **-sh** of **-ch** wordt **-man** of **-woman** toegevoegd: **an Englishman/Englishwoman - the English**, *een Engelsman/Engelse - de Engelsen;* **a Dutchman/Dutchwoman - the Dutch**, *Nederlander/Nederlandse - Nederlanders*. Gebruik en gevoeligheden verschillen (**person** i.p.v. **-man/-woman**).
- Opmerking: **an Englishman** of **Englishwoman** is iemand die geboren is in Engeland; zeg nooit tegen een Schot of iemand uit Wales dat ie Engels is! **A Briton** wordt gebruikt in officiële context, maar zelden daarbuiten. Misschien zal je de term **a Brit** tegenkomen, maar dat klinkt eerder familiair. M.b.t. de Verenigde Staten is **the US** gebruikelijker dan **America**. Let er ook op dat **the United States** als enkelvoud beschouwd wordt: **The United States is a big country**, *De Verenigde Staten zijn een groot land*.
- Het adjectief wordt ook gebruikt om de taal van een land aan te duiden: **You speak good English**, *Je/U spreekt / Jullie spreken goed Engels*.

▲ VERVOEGING

ONREGELMATIGE WERKWOORDEN MET EEN (BIJNA) IDENTIEKE *PRESENT SIMPLE, PAST SIMPLE* EN VOLTOOID DEELWOORD

Een aantal onregelmatige werkwoorden neemt precies dezelfde vorm aan in de **present simple** (met uitzondering van de 3e persoon enkelvoud, uiteraard), de **past simple** en het voltooid deelwoord. Zo kan een zin zoals **I read a book every week** betekenen *Ik lees elke week een boek* OF *Ik las / heb gelezen ...*, waarbij de context uitsluitsel biedt! Hierna een lijstje met de meest gebruikte werkwoorden die dit schema (in de 3e persoon enkelvoud om het verschil aan te tonen!) volgen.

Nog een aantal onregelmatige werkwoorden heeft een identieke **past simple** en voltooid deelwoord. Die zien we later.

WOORDENSCHAT

to forget, forgot, forgotten *vergeten*
to hope *hopen*
to know, knew, known *kennen, weten* (zie Module 4)
to smell, smelt (BE)/**smelled** (AE), **smelt** (BE)/**smelled** (AE) *ruiken*
to smile *glimlachen*
to take, took, taken *nemen*
to taste *smaken, proeven*

fresh *vers*
incredible/incredibly *ongelooflijk*
Italian *Italiaan(s)(e)*
noisy *lawaaierig*
nosy *nieuwsgierig*
packed *bomvol*
popular *populair, geliefd*
tiny *piepklein*
tough *taai* (zie ook Module 10)

an area *een buurt*
a fillet *een filet*
an order *een bestelling, bevel*
a pepper *een paprika* (**pepper** is *peper*)
a photo *een foto*
a pudding *een pudding, dessert*
a salad *een salade*
a server *een ober/dienster, een server (netwerkcomputer)*

What a pity *Wat jammer*

Onregelmatig werkwoord	Vertaling	Present simple	Past simple / Voltooid deelwoord
to bet	wedden	he bets	bet
to cost	kosten	it costs	cost
to cut	snijden	she cuts	cut
to forecast	voorspellen, -zien	he forecasts	forecast
to hit	slaan, raken	she hits	hit
to hurt	pijn doen, bezeren	it hurts	hurt
to let	laten	he lets	let
to put	zetten	she puts	put
to set	stellen	he sets	set
to shut	sluiten	it shuts	shut
to spread	(ver)spreiden	it spreads	spread
to upset	van streek brengen	he upsets	upset

OEFENINGEN

1. STEL DE VRAAG DIE BIJ HET ANTWOORD PAST:

a. She is talking to her husband. Who is ....?
b. Michael is looking at the menu. What is ....?
c. Sally is smiling at her daughter. Who is ....?
d. Piotr and Sasha come from Russia. Where do ....?

2. VUL AAN MET HET PASSENDE WERKWOORD IN DE JUISTE VORM, BELUISTER DAN DE OPNAME TER CONTROLE:

a. The salad that I had yesterday (*geur*) .... very fresh.
b. Your steak (*uitzicht*) .... huge! Can you finish it?
c. The menu (*klank*) .... very complicated. I'll just have a sandwich.
d. Yuk! That fish pie (*smaak*) .... terrible!
e. I don't want anything else to eat. I (*gevoel*) .... full.

3. VERTAAL DE ZINNEN:

a. De obers hebben het heel druk. Kunnen we de kaart hebben, alstublieft?

→

b. Ik heb het (vast)gestelde menu genomen: een voorgerecht[1], een hoofdgerecht en een dessert[2]. Het was niets speciaals.

→

c. Hoe is het restaurant? – Het is heel leuk maar drukbezocht.

→

d. De meeste mensen die we kennen lusten geen Engels eten.

→

[1] Gebruik geen Frans woord.
[2] Als je *a dessert* invult, is dat ook correct; onthoud hierbij dat de **ss** uitgesproken wordt als [z].

20.
BOODSCHAPPEN DOEN

FOOD SHOPPING

DOELSTELLINGEN

- **VRAGEN STELLEN MET GEBRUIK VAN DE *PAST SIMPLE***
- **ONTKENNEND ANTWOORDEN MET GEBRUIK VAN DE *PAST SIMPLE***
- **VRAGEN STELLEN MET *HOW***

BEGRIPPEN

- *EITHER ... OR*
- **MEER BETEKENISSEN VAN *TO GET***
- **VRAGEN MET *HOW***
- **VRAGENDE EN ONTKENNENDE VORM IN DE *PAST SIMPLE***

ETEN KOPEN

– Eindelijk ben je terug. Ben je naar de supermarkt gegaan?

– Ja, maar ik ben niet naar die om [de ene rond] de hoek gegaan. Ik ben naar Good Price naast het busstation gegaan.

– Hoe ver is het van je kantoor?

– Niet te ver. Ik ben stom geweest omdat ik de boodschappenlijst vergat. Maar ik heb niet te veel uitgegeven.

– Niet [Nooit] mee inzitten. Heb je wortelen gekocht? Ik wil er voor een salade vanavond.

– Nee [ik deed niet]. Maar ik heb spinazie, aardappelen en rijct gekocht.

– Hoeveel spinazie heb je gekocht? Ik heb ten minste twee pond[en] nodig.

– Ik heb drie grote pakken mee. Ik hoop (dat) dat genoeg is. En ik heb koffie, thee en vruchtensap meegenomen.

– Heb je boter meegebracht? We hebben er geen meer [over].

– Wat 'n idioot! Het is me ontslipt [gleed uit mijn geest].

– Eerlijk, je hebt een geheugen als en zeef! Heb je prei[en] genomen?

– Ja [ik deed]. Ze hadden biologische [enen], dus heb ik ze genomen. Maar ik heb geen paddenstoelen gekocht, omdat ze veel [ver] te duur waren.

– Heb je fruit gevonden? Ik wou ofwel sinaasappelen of(wel) peren.

– O jee, ik heb mango's, aardbeien en druiven in de plaats.

– Maar daar is het niet het seizoen voor [ze zijn niet in seizoen]! Je hebt geen ons [van] gezond [gewoon] verstand! Je weet niets over eten kopen en je weet niets over gezonde voeding [een gezond dieet].

– Dat is niet waar. Doe [Wees] niet onnozel.

– Hoe dikwijls koop je het juiste eten?

– Ik koop altijd de vier belangrijke (voedings)groepen: diepvrieskip [bevroren kip], witte bonen in tomatensaus, (ham)burgers en roomijs.

FOOD SHOPPING

– You're **back** at **last**.
Did you **go** to the **su**perstore?

– **Yes**, but I **did**n't **go** to the **one round** the **cor**ner. I **went** to **Good** Price be**side** the **bus sta**tion.

– How **far** is it from your **o**ffice?

– Not **too far**. I was **stu**pid be**cause** I for**got** the **sho**pping list. But I **did**n't **spend** too much.

– Never **mind**. Did you **buy** any **ca**rrots? I **want** some for a **sa**lad this **eve**ning.

– **No**, I **did**n't. But I **bought** some **spi**nach, some po**ta**toes and some rice.

– How much **spi**nach did you **buy**? I need at **least two pounds**.

– I got **three** big **pa**ckets. I **hope** that's e**nough**. And I **got** some **co**ffee, some **tea** and some **fruit juice**.

– Did you **get a**ny **bu**tter? We **don't** have **any left**.

– **What** an idiot! It **slipped** my **mind**.

– **Ho**nestly, you've **got** a **me**mory like a **sieve**! Did you **get** any **leeks**?

– **Yes** I **did**. They **had** some or**ga**nic ones, so I **took** them. But I **did**n't buy any **mush**rooms because they were **far** too ex**pen**sive.

– Did you **find** any **fruit**? I **wan**ted either some **o**ranges or some **pears**.

– Oh **dear**, I got some **man**goes, **straw**berries and **grapes** in**stead**.

– But they're **not** in **seas**on! You **don't** have an **ounce** of **co**mmon **sense**! You don't know **any**thing about **food sho**pping and you know **no**thing a**bout** a **heal**thy **di**et.

– That's **not true**. **Don't** be **si**lly.

– How **of**ten do you **buy** the right **food**?

– I **al**ways buy the **four** main **groups**: **froz**en **chick**en, baked beans, **bur**gers and **ice cream**.

■ DE DIALOOG BEGRIJPEN
FORMULES EN UITDRUKKINGEN

→ **To be back** betekent *terug zijn*: **He's back**, *Hij is terug*.

→ **Round** (of **around**) **the corner** kan letterlijk *om de hoek* betekenen en figuurlijk de notie "in de omtrek, buurt, vlakbij" uitdrukken, bv. **a corner shop**, *een buurtwinkel*; **A change is just around the corner**, *Verandering is in het verschiet*.

→ In Module 12 zagen we **the mind**, *de geest, het verstand*, **to mind** en de uitdrukking **I don't mind**, *Dat maakt me niet uit*. Even handig is de uitdrukking **Never mind,** een imperatiefvorm die, afhankelijk van de context, betekent *Trek het je niet aan, Laat zitten, Maak je geen zorgen*. En dan is er nog de uitdrukking **It slipped my mind**, *Het is me ontslipt/ontgaan*, lett. *uit mijn geest gegleden*.

→ Verwar **at last** niet met **at least**. **Last** in de betekenis van *laatste* levert **at last** *eindelijk* op, wat inleidend of afsluitend kan gebruikt worden: **At last they arrived**, *Eindelijk zijn ze aangekomen;* **The train is here at last**, *Hier is de trein eindelijk*. **Least** is een comparatief en de uitdrukking **at least** betekent *ten minste, op z'n minst, minstens*: **I need at least fifty pounds**, *Ik heb minstens 50 £ nodig*.

→ **What**, *wat, welk(e)* kan, net als in het Nederlands, een uitroep inleiden: **What an idiot!** *Wat 'n idioot!* Is wat erop volgt een meervoud of niet-telbaar, dan valt **a/an** weg: **What nice people!** *Zulke sympathieke mensen!*

→ **Left** betekent hier *over(blijvend), nog*: **Is there any fruit juice left?** *Is er fruitsap over / Is er nog vruchtensap?;* **We don't have any butter left**, *We hebben geen boter meer*; **There were no mangoes left in the superstore**, *Er waren geen mango's meer in de hypermarkt*.

CULTURELE INFO

In Groot-Brittannië werd in de jaren 1970 officieel het metrieke stelsel ingevoerd, maar de werkelijkheid ziet er complexer uit. Terwijl de groothandel zijn producten per kilo of gram verkoopt, blijven sommige klanten in **ounces**, *ons(en)* en **pounds**, *pond(en)* bestellen, en staan de gewichtseenheden naast elkaar op de verpakking vermeld. En al wordt brandstof per liter verrekend, borden wijzen afstanden en snelheidslimieten aan in **miles**. Krijg je dorst van dit alles, dan kan je naar een pub, waar het bierverbruik niet in (centi)liter, maar in **pints** wordt uitgedrukt! Houd in het dagelijks taalgebruik rekening met dit dubbel aspect, vooral in de VS, waar het metrieke stelsel heel weinig gevolgd wordt.

◆ GRAMMATICA
EITHER ... OR

Met deze voegwoordconstructie kan een keuze voorgesteld worden: **You can have either apples or pears**, *Je kan of(wel) appels of(wel) peren nemen*; **They want either to fly or to take the train**, *Ze willen hetzij met het vliegtuig hetzij met de trein reizen*. **Either** klinkt bij Britten meestal als [**aaj**DHe] terwijl Amerikanen [**ie**DHe] verkiezen.

MEER BETEKENISSEN VAN *TO GET*

We gaan verder met **to get**, hier als "synoniem" van **to buy** of **to take**: **Did you get any leeks?** *Heb je prei gekocht/mee?*; **I got some coffee**, *Ik heb koffie (mee)-genomen/(mee)gebracht*. In Module 15 zagen we **got** na een samentrekking van **to have**: **You've got a memory like a sieve**, *Je hebt een geheugen als een zeef*.

VRAGEN MET *HOW*

In Module 14 hadden we **How long...** waarmee naar een lengte of een tijdsduur kan gevraagd worden. Meer mogelijkheden met **How...** : **How far is the store from his office?**, *Hoe ver is de winkel van zijn bureau?*; **How wide is this carpet?**, *Hoe breed is dit tapijt?*; **How high is the Shard?**, *Hoe hoog is de Shard (wolkenkrabber in Londen)?*; **How often do you do the shopping?**, *Hoe vaak doe je de boodschappen?*

▲ VERVOEGING
VRAGENDE EN ONTKENNENDE VORM IN DE *PAST SIMPLE*

Deze vormen in de **past simple** doken al op in de dialoog van Module 17. Laten we nu de vorming toelichten: **did** (verleden tijd van **to do**) + naakte infinitief, voor alle personen.

Present simple	Past simple, bevestigend	Past simple, vragend
I go	I went	Did I go?
You get	You got	Did you get?
He/She/It buys	He/She/It bought	Did he/she/it buy?
We want	We wanted	Did we want?
They hope	They hoped	Did they hope?

Niet moeilijk, dus!

Ook de structuur van de ontkennende vorm is vergelijkbaar met die in de **present simple**, maar dus met **did** i.p.v. **do/does**:

Present simple	Past simple, ontkennend, volle vorm	Past simple, ontkennend, samengetrokken vorm
I go	I did not go	I didn't go
You get	You did not get	You didn't get
He/She/It buys	He/She/It did not buy	He/She/It didn't buy
We want	We did not want	We didn't want
They hope	They did not hope	They didn't hope

En alweer met de logica van de "tags":
Did you buy any carrots? – No I didn't, *Heb je wortelen gekocht? – Nee.*
Did she get any mushrooms? – Yes she did, *Heeft ze paddenstoelen meegenomen? – Ja.*

WOORDENSCHAT

to find, found, found *vinden*
to forget, forgot, forgotten *vergeten*
to know, knew, known *weten, kennen*
to slip, slipped, slipped *(uit)glijden*
to spend, spent, spent *(geld) uitgeven*
to take, took, taken *nemen*

(at) least *(ten) minste*
expensive *duur*
frozen *be-, ingevroren*
healthy *gezond (van* **health** *gezondheid)*
organic *biologisch (groenten, enz.)*

baked beans, *lett. gebakken bonen*
a bus station *een busstation*
butter *boter*
a carrot *een wortel*
a chicken *een kip*
common sense *gezond verstand*
a diet *een dieet, voeding*
fruit *fruit*
grapes *druiven*
ice cream *roomijs*
juice *sap*
a mango (meervoud: **mangoes**) *een mango*
a mushroom *een paddenstoel*
an ounce *een ons*
a packet *een pak(je)*
a pear *een peer*
a potato (meervoud: **potatoes**) *een aardappel*
a pound *een pond (gewicht en munt)*
a shopping list *een boodschappenlijst*
a sieve *een zeef*
spinach *spinazie*
a strawberry *een aardbei*
a superstore *een (grote) supermarkt*

At last! *Eindelijk!*
Don't be silly *Wees niet dwaas/stom/... Doe niet mal/onnozel/...*
Never mind *Niet mee inzitten, Trek het je niet aan, Laat zitten*
Oh dear *O jee*

● OEFENINGEN

1. ZET DE ZINNEN IN DE VRAGENDE VORM IN DE *PAST SIMPLE*:

a. He went to that new place in the city centre. →
b. She got some mushrooms. →
c. I found some fruit in the superstore. →
d. They bought three bags of potatoes. →

2. ZET BOVENSTAANDE ZINNEN NU IN DE ONTKENNENDE VORM:

a.
b.
c.
d.

3. STEL VRAGEN MET *HOW* OM DE VOLGENDE ANTWOORDEN TE VERKRIJGEN:

a. The superstore is ten miles from his office: .... the superstore from his office?
b. The carpet is six feet wide: .... the carpet?
c. Those nails are nine inches in length: .... those nails?
d. The building is a thousand feet high: .... the Shard?
e. He does the shopping three times a week: .... he do the shopping?

● 4. VERTAAL DE ZINNEN EN BELUISTER DE OPNAME TER CONTROLE:

22
a. Heb je de boodschappenlijst? – Wat 'n idioot! Ik ben ze vergeten.
→

b. Ze is naar de hypermarkt in de buurt geweest, maar hij was gesloten. – Laat zitten.
→

c. Ik ben de aardbeien, de druiven en de peren vergeten! – Je hebt een geheugen als een zeef.
→

d. Heb je wortelen gekocht? Ik wil er voor een salade. – Nee, ik ben (ze) vergeten.
→

e. Hoeveel tijd hebben we? – Minstens twee uur.
→

21.
NAAR DE BIOSCOOP GAAN

GOING TO THE CINEMA

DOELSTELLINGEN

- VERGELIJKEN
- TOEPASSEN VAN DE *PAST SIMPLE*
- ZICH SITUEREN IN HET VERLEDEN (HOELANG GELEDEN?)
- *QUESTION-TAGS* GEBRUIKEN ALS REPLIEK

BEGRIPPEN

- VERGROTENDE COMPARATIEF EN SUPERLATIEF
- *AGO*
- *QUESTION-TAGS* ALS REPLIEK
- ZELFSTANDIGE NAAMWOORDEN MET EEN ONREGELMATIG MEERVOUD

EEN FILMSTER

– Weet je [Raad] wat? Ik heb Matt Madon gezien eergisteren!

– Nee, maar ["Deed" je]? Jij gelukzak [gelukkig ding]! Hoe zag hij eruit?

– Als je (het) wil [moet] weten, hij was een beetje teleurstellend.

– Komaan, vertel je me de waarheid?

– Natuurlijk [ik ben]. Hij was kleiner [korter] dan ik (me) inbeeldde. Ik dacht dat hij groter was dan ik [mij], maar (dat) was hij niet. Hij was ook ouder en dikker [vetter]. In feite was hij lelijk, met afschuwelijke tanden!

– Echt [Was hij]? Wat jammer! Ik vond hem leuk toen hij jonger en slanker was, in die film *Droevige lunchtijd*.

– Jaah, dat was schitterend. Hij was een grote ster, groter dan Billy Bell. Hij was getrouwd met Jade Jones en ik denk (dat) hij gelukkiger was. Maar ze stierf in een auto-ongeval. Veel later speelde hij een hoofdrol [sterde hij] in een ramp(en)film met zijn zesde vrouw, maar die flopte.

– Is dat zo [juist]? Ik herinner me die [ene] niet.

– Nee?! ["Doe" niet jij] Die was verschrikkelijk – of rampzalig! Hoe dan ook, zijn films werden duurder [meer duur] en de budgetten werden groter.

– Ja, ze waren commerciëler [meer commercieel] – en veel langer ook. Heb je de laatste [ene] gezien, *De langste en donkerste nacht*?

– Nee [ik "deed" niet]. Wanneer kwam hij uit?

– Hij kwam een paar jaar [van jaren] geleden uit, maar ik bekeek hem op video. Hij was niet slecht. Hij was specialer [meer ongewoon] en interessanter [meer interessant] dan *Droevige lunchtijd*. Maar hij was veel minder onderhoudend en minder grappig. Hij had evenwel een blije afloop: het publiek juichte toen hij afgelopen was.

🔊 23 A MOVIE STAR

– Guess **what**? I saw Matt **Ma**don the **day** before **yes**terday!

– **Did** you? You **lu**cky **thing**! **What** was he **like**?

– If you **must** know, he was a **bit** disap**poin**ting.

– **Come on**, are you **tell**ing me the **truth**?

– Of **course** I **am**. He was **shor**ter than I **imag**ined. I **thought** he was **tall**er than **me**, but he **was**n't. He was **al**so **ol**der and **fa**tter. In **fact** he was **ug**ly, with **horr**ible **teeth**!

– **Was** he? What a **shame**! I **liked** him when he was **young**er and **slimm**er, in that **mo**vie *Sad **Lunch**time*.

– Yeah, that was **bri**lliant. He was a **big star**, **bigg**er than **Bi**lly **Bell**. He was **ma**rried to J**ade Jones** and I think he was **ha**ppier. But she **died** in a **car crash**. Much **la**ter, he **starred** in a di**sas**ter **mo**vie with his **sixth** wife, but it **flopped**.

– Is **that right**? I don't re**mem**ber **that** one.

– **Don't** you? It was **aw**ful – or di**sas**trous! **A**nyway, his films got more ex**pen**sive and the **bud**gets became **bigg**er.

– **Yes**, they were more co**mmer**cial – and much **long**er, too. Did you **see** the **last** one, *The **Long**est and **Dark**est Night*?

– **No** I **did**n't. **When** did it come **out**?

– It came **out** a **cou**ple of **years** a**go** but I **watched** it on **vi**deo. It **was**n't **bad**. It was more un**us**ual and more **int**eresting than *Sad **Lunch**time*. But it was **much less** enter**tai**ning and less **funn**y. It had a **ha**ppy **end**ing, though: the **au**dience **cheered** when it **fin**ished.

■ DE DIALOOG BEGRIJPEN
FORMULES EN UITDRUKKINGEN

→ **Guess what?** *Dit raad je nooit...* **To guess**, *raden:* **Can you guess my age?** *Kan je mijn leeftijd raden?* De uitspraak van **gu-** is een "harde g", zoals in "goal, girl".

→ **You lucky thing!** *(Jij,) Gelukzak!* Een alternatief hiervoor wordt gevormd met het persoonlijk voornaamwoord in de voorwerpsvorm: **Lucky me/you/her/him/...!**

→ **Lunchtime, teatime** waarin het element **time**, *tijd* een "periode" aanduidt: **playtime**, *speeltijd;* **in summertime**, *in de zomer(periode);* **at nighttime**, *'s nachts.*

→ **Star: a star** is *een ster*; **star** kan bijvoeglijk gebruikt worden in bv. **a star part**, *een steraandeel, sterrenrol* of als werkwoord in bv. **Tom Hanks is starring in the new Spielberg movie**, *Tom Hanks speelt de hoofdrol / schittert in de nieuwe film van Spielberg.*

→ **Flop:** als werkwoord betekent het *neerploffen:* **She flopped into the big armchair next to the kitchen**, *Ze plofte neer in de grote zetel naast de keuken*, of m.b.t. een film, show,... *floppen, mislukken.* Als zelfstandig naamwoord is het een *flop, mislukking*: **His last film was a flop**, *Zijn vorige film was een flop.*

→ **To come out** is *uitkomen, verschijnen* m.b.t. een film of boek en *naar buiten komen* als het om een persoon gaat: **He came out of the kitchen**, *Hij kwam de keuken uit.*

→ **A couple** is *een koppel, een paar* en **a couple of** (let op het woordje **of**!) voor een naamwoord komt overeen met *een paar, enkele*: **We had a couple of drinks after work**, *We zijn een paar glaasjes gaan drinken na het werk.* Doorgaans is de Engelse taal precies, maar voor ons *tiental* of *vijftiental*, dat een hoeveelheid bij benadering uitdrukt, is er geen tegenhanger (behalve **dozens**, Modules 18 en 19).

→ **To cheer** is *(toe)juichen.* **Cheers!** is de gebruikelijke formule bij het toasten (*Gezondheid! Proost!*). In informeel Engels kan **Cheers!** gezegd worden bij het afscheid nemen (*Salut! Ciao!*).

CULTURELE INFO

Film is een van de beste en aangenaamste manieren om Engels te leren of te onderhouden, met... of zonder ondertitels! Keuze te over om een film te bekijken: bioscopen (**cinemas**), DVD, streaming (van het werkwoord **to stream**, *stromen*) etc. **A film**, *een film* heet **a movie** (van **moving picture**, *bewegend beeld*) aan de andere kant van de Atlantische Oceaan, maar ook de Britten lijken de Amerikaanse term steeds meer te gebruiken. Je kan naar **a cinema** in Groot-Brittannië of **a movie theater** in de Verenigde Staten, of ook naar **a multiplex**, *een complex met een groot aantal bioscoopzalen* of een van de **drive-ins** die weer in de mode geraken. Bij het uitkiezen van een film helpt het lezen van **a review**, *een recensie*, geschreven door **a critic**, *een recensent/-e*. Tegenwoordig heeft men het over **an actor** voor zowel een *acteur, speler* als *actrice, speelster* (i.p.v. **an actress**). Voor meer informatie en woordenschat kan je terecht op sites zoals www.oscar.go.com. **That's all, folks!** *Dat is het dan, vrienden!*

GRAMMATICA
VERGROTENDE COMPARATIEF EN SUPERLATIEF

Bijvoeglijke naamwoorden worden doorgaans in twee categorieën opgesplitst: eenlettergrepige (ook tweelettergrepige, eindigend op **-y**) en langere.

De eerste groep vormt de comparatief (vergelijkende trap) met de uitgang **-er** en de superlatief (overtreffende trap) met **the** + de uitgang **-est**. Let echter op bij:
- uitgang op **-e** → **-r** resp. **-st** toevoegen
- uitgang op **-y** → **y** wordt **i** + de uitgang **-er** resp. **-est**
- uitgang op één medeklinker voorafgegaan door één klinker → medeklinker verdubbelen + de uitgang **-er** resp. **-est**.

Adjectief		Comparatief	Superlatief
old	*oud*	old**er**	**the** old**est**
tall	*groot, hoog*	tall**er**	**the** tall**est**
blue	*blauw*	blue**r**	**the** blue**st**
funny	*grappig*	funn**ier**	**the** funn**iest**
ugly	*lelijk*	ugl**ier**	**the** ugl**iest**
fat	*vet, dik*	fatt**er**	**the** fatt**est**

Bijvoeglijke naamwoorden met twee of meer lettergrepen krijgen geen uitgang, maar **more** (*meer*) resp. **the most** (*de/het meest*) ervoor geplaatst:

expensive	*duur*	**more** expensive	**the most** expensive
entertaining	*onderhoudend*	**more** entertaining	**the most** entertaining
unusual	*ongewoon*	**more** unusual	**the most** unusual

This is the most interesting film of the year, *Dit is de interessantste film van het jaar.*

Bij het vergelijken van twee elementen komt *dan* overeen met **than**: **The movie was more interesting than the book**, *De film was interessanter dan het boek.*

Let op: als het tweede element een persoonlijk voornaamwoord is, dan staat dat in de voorwerpsvorm (**me**, **you**, **him/her**, **us**, **them**): **The actor was taller than me**, *De acteur was groter dan ik* (lett. *mij*).

De verkleinende varianten en een paar onregelmatige vormen zijn voor de volgende module.

AGO

Met dit bijwoord (dat eigenlijk van het werkwoord **to go** komt) kan men uitdrukken hoelang *geleden* een handeling plaatsvond. Het wordt meestal gebruikt met de **past simple** en staat altijd achter de tijdsaanduiding: **We saw him in Leeds two months ago**, *We zagen hem twee maanden geleden in Leeds.*

QUESTION-TAGS ALS REPLIEK

De fameuze korte vraagconstructies kunnen in een gesprek aangewend worden als reactie op wat de gesprekspartner net heeft gezegd en zijn inhoudelijk vergelijkbaar met *O, ja?, Ach, nee... Is dat zo?, Toch?* enz. Ze bevatten het hulpwerkwoord uit de aanzet en een voornaamwoord: **He's actually smaller than his wife. – Is he?** *Hij is eigenlijk kleiner dan zijn vrouw – O, ja?;* **Jade Jones made that film twenty years ago. – Did she?** *Jade Jones maakte die film 20 jaar geleden. – Is dat zo?* Op een bevestigende zin volgt een bevestigende **tag**, op een ontkennende een ontkennende: **I don't remember that book. – Don't you?** *Ik herinner me dat boek niet. – Nee?!*

ZELFSTANDIGE NAAMWOORDEN MET EEN ONREGELMATIG MEERVOUD

Laten we een paar onregelmatige meervoudsvormen herhalen:

a man	men	een man / mannen
a woman	women	een vrouw / vrouwen
a child	children	een kind / kinderen
a foot	feet	een voet / voeten
a penny	pence	een penny (1/100 van een £) / penny's, pence
a tooth	teeth	een tand / tanden

Er zijn natuurlijk nog meer onregelmatige meervoudsvormen!

WOORDENSCHAT

to cheer *juichen*
to come out, came out, come out *naar buiten komen, uitkomen, verschijnen*
to flop *floppen, mislukken*
to guess *raden*
to imagine *zich inbeelden*
to remember *zich herinneren, onthouden*
to star *een ster zijn, een hoofdrol spelen in een film, toneelstuk,...*
to tell, told, told *vertellen, zeggen*
to think, thought, thought *denken*

big *groot (omvangrijk, belangrijk)*
brilliant *schitterend*
disappointing *teleurstellend*
disastrous *rampzalig*
entertaining *onderhoudend*
fat *vet, dik*
funny *grappig (van* **fun***)*

less *minder*
sad *droevig*
short *kort, kleiner/minder dan verwacht*
tall *groot, hoog*
ugly *lelijk*
unusual *ongewoon*
the day before yesterday *(lett. de dag voor gisteren!) eergisteren*
a movie *een film*
shame *schaamte, schande*
a star *een ster*
truth *waarheid*

Come on *Komaan*
Guess what? *Weet je wat? Moet je 's horen...*
Of course I am *Natuurlijk (ben/doe/... ik dat)*
What a shame *Wat jammer/zonde/...*
You lucky thing! *Gelukzak!*

OEFENINGEN

1. ZET DE ADJECTIEVEN IN DE COMPARATIEF EN VUL DE ZINNEN AAN:

a. Michael is three years (old) .... me.

b. His last film was (entertaining) .... this one.

c. But his new one is (funny) ....

d. My brother is (fat) .... me because he eats a lot.

2. ZET DE ADJECTIEVEN IN DE SUPERLATIEF EN VUL DE ZINNEN AAN:

a. Cardiff is a (big) .... city in Wales, isn't it?

b. What is (expensive) .... food you can buy?

c. Brown's is (old) .... hotel in London.

d. This really is (funny) .... programme on television.

3. REAGEER OP JE GESPREKSPARTNER MET DE PASSENDE *QUESTION-TAG*, BELUISTER DE OPNAME TER CONTROLE:

a. Steve is ten years older than me. →

b. I worked in her company ten years ago. →

c. We aren't interested in his new movie. →

d. My friends are arriving from Leeds this evening. →

e. She didn't buy any carrots at the supermarket. →

f. His new movie is funnier than the last one. →

4. VERTAAL DE ZINNEN:

a. Weet je wat? Ik zag de film een paar weken geleden. – Hoe was hij?

→

b. Ik dronk een paar glaasjes met haar na het werk. – Gelukzak!

→

c. Hun laatste film is eergisteren uitgekomen, maar het was een flop. – Wat jammer.

→

22.
EEN ZAKELIJKE BESPREKING

A BUSINESS MEETING

DOELSTELLINGEN

- GEBRUIK VAN ONREGELMATIGE EN VERKLEINENDE TRAPPEN VAN VERGELIJKING
- FORMEEL TAALGEBRUIK
- GEBRUIK VAN BEZITTELIJKE VOORNAAMWOORDEN OM HERHALING VAN NAAMWOORDEN TE VERMIJDEN

BEGRIPPEN

- VERKLEINENDE COMPARATIEF EN SUPERLATIEF
- ONREGELMATIGE COMPARATIEF EN SUPERLATIEF
- BEZITTELIJKE VOORNAAMWOORDEN OM HERHALING TE VERMIJDEN

EEN VERKOOPVERGADERING

– Mr. Hall? Aangenaam. Ik ben Valerie Hague, de verkoopdirectrice.

– Aangenaam, mw. Hague. Blij u te ontmoeten.

– Sorry dat ik u liet wachten [houden u wachtend]. Wenst u [Zou u graag hebben] iets te drinken? [Een] Thee of [een] koffie?

– Nee bedankt, dat hoeft niet [ik ben fijn]. Ik heb niet veel tijd. Laten we ter zake komen, als u het goed vindt.

– Zeker. Ik ben (een en) al oor [oren].

– Ik denk [voel] dat onze stofzuiger het beste product op de markt is. Hij is stil, nuttig en perfect [totaal] betrouwbaar.
Wat meer is, hij biedt [geeft] de beste waar(de) voor (uw) geld.

– U weet dat ik een vergadering heb gehad met CleanCo, uw concurrent. Hij toonde me zijn product, (de) Stofduivel, en ik moet zeggen dat ik onder de indruk was. Hij is kleiner en minder zwaar dan de uwe en hij is minder duur. Eigenlijk is het het minst dure apparaat in de winkels.

– Maar het is niet het beste. Ons product is beter dan dat van hen. En hun reclame is slechter dan de onze.

– Misschien, maar uw product is ook veel prijziger.

– We rekenen meer aan omdat onze klanten meer kunnen betalen.

– Dat is het slechtste verkoopargument in de wereld! Gelieve me te excuseren, ik heb een vergadering over tien minuten.

– Bedankt voor uw tijd, mw. Hague.

24 A SALES MEETING

– Mr **Hall**? **How** do you **do**? I'm **Va**lerie **Hague**, the **sales** di**rec**tor.

– **How** do you **do**, Ms **Hague**? **Glad** to **meet** you.

– **So**rry to keep you **wait**ing. Would you **like some**thing to **drink**? A tea or a **co**ffee?

– **No thanks**, I'm **fine**. I **don't** have much **time**. **Let's** get **down** to **bus**iness, if you **don't mind**.

– **Not** at **all**. I'm **all ears**.

– I **feel** that our **vac**uum **clean**er is the **best pro**duct on the **mar**ket. It's **qui**et, **use**ful and **to**tally re**li**able.
What's **more**, it **gives** the **best val**ue for **mo**ney.

– You **know** that I had a **meet**ing with **Clean**Co, your com**pe**titor. He **showed** me **his pro**duct, **Dust Devil**, and I **must say** that I was im**pressed**. It's **small**er and less **heav**y than **yours**, and it's less ex**pen**sive. It's **ac**tually the **least** ex**pen**sive ma**chine** in the **shops**.

– But it's **not** the **best**. Our **pro**duct is **bet**ter than **theirs**. And their **ad**vertising is **worse** than **ours**.

– Per**haps**, but **your pro**duct's also much **pri**cier.

– **We** charge **more** be**cause** our **cus**tomers can **pay** more.

– **That's** the **worst** sales **ar**gument in the **world**! Please ex**cuse** me, I have a **meet**ing in **ten mi**nutes.

– **Thanks** for your **time**, Ms **Hague**.

DE DIALOOG BEGRIJPEN
FORMULES EN UITDRUKKINGEN

→ **How do you do?**, eigenlijk *"Hoe doet u (het)?",* wordt gebruikt in formele of professionele context voor *Aangenaam, Aangename kennismaking* (zie volgende pagina).

→ **Glad**, *blij* wordt gebruikt in beleefde wendingen zoals **Glad to meet you**, *Blij u te ontmoeten*; **Glad to see you**, *Blij u te zien*; **Glad to hear it**, *Het doet plezier om dat te horen*.

→ **Would** is het hulpwerkwoord voor de voorwaardelijke wijs (zie Module 26). Het wordt vaak gebruikt in een beleefde vraag: **Would you like a coffee?** *Zou u een koffie(tje) willen?, Wenst u koffie?*

→ **Fine**, *fijn*: **fine wines**, *fijne wijnen*. Dit adjectief wordt niet alleen in zijn letterlijke betekenis gebruikt, maar ook in beleefde uitwisselingen ter bevestiging: **How are you today? – Fine, thanks**, *Hoe gaat het met u vandaag? – Prima, bedankt.* Opmerking: **a fine** is *een boete, bekeuring* en dat is niet… prima!

→ **Let's get down to business**, met **business**, *zaken* en **to get down to** in de betekenis van *van start gaan met;* figuurlijk: *ter zake komen*.

→ **If you don't mind:** alweer een uitdrukking met het werkwoord **to mind**, gebruikt aan het begin of einde van een zin die de gesprekspartner zou kunnen storen of vervelen: **If you don't mind, can I ask you something?** *Als u het niet erg vindt, mag ik u iets vragen?*

→ **I'm all ears**, *Ik ben een en al oor*: merk het verschil maar toch ook de gelijkenis op tussen de Engelse en de Nederlandse uitdrukking.

→ **Value for money,** vaak gebruikt met **to get,** komt overeen met ons *waar voor zijn geld krijgen, met een goede prijs-kwaliteitverhouding*: **She got good value for money when she bought that vacuum cleaner**, *Ze kreeg echt waar voor haar geld toen ze die stofzuiger kocht.*

→ **To charge** heeft verschillende betekenissen, maar m.b.t. prijs of geld komt het overeen met *aanrekenen*: **The hotel charges four pounds a night for internet service**, *Het hotel rekent 4 £ per nacht aan voor een internetverbinding;* **How much do you charge for breakfast?** *Hoeveel vraagt u voor het ontbijt?* **There is no charge for this service**, *Deze dienst wordt niet aangerekend,* met **a charge** als *een aanrekening, dus een prijs.*

CULTURELE INFO

Blijf er rekening mee houden dat **you** zowel *jij, u* als *jullie* uitdrukt (zie Module 1). Sociale verhouding, vooral in professionele situaties, valt hierdoor niet altijd duidelijk weer te geven. Moet een vraag zoals **Can I help you?** vertaald worden door *Kan ik u helpen?* of *Kan ik je helpen?* Temeer daar op de werkvloer een gesprekspartner al gauw met de voornaam wordt aangesproken, wat de indruk wekt van een zekere vertrouwelijkheid, die er eigenlijk niet is: het is niet meteen jijen/jouen, maar een manier om een band te creëren. Er moet bijgevolg tussen de regels gelezen (of geluisterd) worden om in te schatten hoe formeel het gesprek verloopt: **How do you do?** is sowieso formeel, **How are you?** eerder neutraal. Het eerste wordt in Brits Engels gebruikt bij een eerste ontmoeting in een formele of professionele situatie; het standaard antwoord erop is herhaling van **How do you do?** Verder komt **Hi** gemeenzamer over dan **Hello**, wat ook het geval is voor **Excuse me** i.p.v. **If you'll excuse me**.

◆
GRAMMATICA
VERKLEINENDE COMPARATIEF EN SUPERLATIEF

In de vorige module zagen we de vergrotende comparatief en superlatief (**more** en **the most**). Ziehier de verkleinende comparatief en superlatief, gevormd met **less** en **the least**, uit hoeveel lettergrepen het bijvoeglijk naamwoord ook bestaat. Een paar voorbeelden met woorden uit Module 21:

Bijvoeglijk naamwoord	Comparatief	Superlatief
heavy	less heavy	the least heavy
funny	less funny	the least funny
ugly	less ugly	the least ugly
unusual	less unusual	the least unusual
expensive	less expensive	the least expensive
entertaining	less entertaining	the least entertaining

ONREGELMATIGE COMPARATIEF EN SUPERLATIEF

Een vijftal bijvoeglijke naamwoorden heeft een onregelmatige vorm. Voorlopig onthouden we de twee meest gebruikte:

good	goed	better	the best
bad	slecht	worse	the worst

The X25 is better than the X30. In fact it's the best product on the market, *De X25 is beter dan de X30. Eigenlijk is het het beste product op de markt.*

That spaghetti western was the worst film he made, worse than his last one, *Die spaghettiwestern was de slechtste film die hij heeft gemaakt, slechter dan zijn vorige.*

BEZITTELIJKE VOORNAAMWOORDEN OM HERHALING TE VERMIJDEN

We weten dat met **one(s)** herhaling kan vermeden worden. Dit kan ook met zelfstandige bezittelijke voornaamwoorden (zie Module 4):

Our product is better than their product → Our product is better than theirs.
Dunham's advertising was worse than our advertising → Dunham's advertising was worse than ours.

WOORDENSCHAT

to charge *aanrekenen*
to get down to *van start gaan met*
to keep, **kept**, **kept** *houden*
to show *tonen*

bad *slecht*
glad *blij*
heavy *zwaar*
impressed *onder de indruk*
pricy *prijzig*
quiet *stil, rustig*
reliable *betrouwbaar*
useful *nuttig*

advertising *reclame, publiciteit* (zie **advert**, Module 18)
an argument *een argument,* ook *woordenwisseling*
a customer *een klant*
a devil *een duivel*
dust *stof*
an ear *een oor*
a market *een markt*
a vacuum cleaner *een stofzuiger* (**clean**, *proper, schoon*)
value *waarde*

How do you do? *Aangenaam, Aangename kennismaking*
what's more *wat meer is, bovendien*

● OEFENINGEN

1. VUL DE ZINNEN ZOALS GEVRAAGD AAN:

a. Their new video game is *(vergr. comparatief*, reliable) ……… ……… than the old one.
b. What is *(vergr. superlatief*, expensive) ……… ……… ……… machine on the market?
c. The tea that they serve in that café is *(comparatief*, bad) ……… ……… their coffee!
d. *Devil* was *(superlatief*, bad) ……… ……… film he made.

2. VERVANG DE WOORDEN IN VET DOOR EEN ZELFSTANDIG BEZITTELIJK VOORNAAMWOORD:

a. I loved his last book, but I didn't like **her book** ……………
b. Sally's new flat is much bigger than **our flat** …………… , isn't it?
c. His favourite city is London, but **my favourite city** …………… is Glasgow.
d. Our product is like **their product** ……………: convenient and reliable.

🔊 3. VUL DE UITDRUKKINGEN AAN, BELUISTER DE OPNAME TER CONTROLE:
24

a. How do you do? – How ……………… ……………… ………………? ……………… to meet you.
b. Let's ……………… ……………… to business ……………… you ……………… a coffee?
c. Sorry ……………… ……………… you waiting.
d. Thanks ……………… ……………… time. – Not at ……………… .
e. Can I ……………… you ……………… to drink? – No thanks, ……………… ……………… .
f. How ……………… do you ……………… for breakfast?

4. VERTAAL DE ZINNEN:

a. De CleanCo is slechter dan de Dust Devil. Het is het slechtste product op de markt.
→

b. Ze kregen de beste waar voor hun geld toen ze die stofzuiger kochten.
→

c. Het hotel rekende me 25 £ aan voor het ontbijt!
→

23.
OP KANTOOR
AT THE OFFICE

DOELSTELLINGEN

- **COMPUTER-WOORDENSCHAT**
- **GEBRUIK VAN DE *PAST CONTINUOUS***

BEGRIPPEN

- ***WHILE***
- **VERGELIJKINGEN VERSTERKEN MET *FAR, EVER* ENZ.**
- **GENITIEF OM "BIJ IEMAND (THUIS)" UIT TE DRUKKEN**
- ***PAST CONTINUOUS* (DURATIEVE O.V.T.)**

EEN INFORMATICAPROBLEEM

(Op kantoor)

– Met [Dit is] Rana op de IT-afdeling. Wat gaat er [is] mis?

– Ik heb geen idee. Daarom [Dat is waarom] bel ik u op. We lieten [waren lopend] een antivirusprogramma draaien toen mijn computer stopte (met) werken en ik hem niet kon opstarten [openen].

– Wat was u aan het doen toen hij vastliep/crashte?

– Ik was een kruiswoord(raadsel) aan het invullen [doen] en ik was een bericht aan het sturen naar mijn vriendin over een feestje bij een vriend.

– Ik snap het. Wat gebeurde (er) dan?

– Het scherm volgde niet [bevroor] terwijl ik typte. Ik probeerde opnieuw op te starten, maar niets veranderde, dus belde ik een collega. Maar ze was e-mails aan het versturen naar haar flatgenote en antwoordde niet. Ik ben wat ongerust omdat we het drukker dan ooit hebben op dit [het] ogenblik.

– Wat was u aan het doen voor het probleem zich voordeed [gebeurde]? Was u spelletjes aan het spelen of een zoekmachine aan het gebruiken, bijvoorbeeld? Ik wed dat u een video aan het bekijken was terwijl u aan het werk was!

– Om eerlijk te zijn, ik was reistips aan het zoeken op het web.

– Voor u startte, hebt u het werk dat u aan het doen was opgeslagen?

– Ja, ik heb mijn bestanden in mijn map gezet en de tekstverwerker afgesloten [verlaten].

– Hebt u iets gewist of een app geïnstalleerd?

– Waarom stelt u me al deze vragen?

– Ik vroeg me af of u iets stoms had gedaan.

– Ik was een spelletje aan het binnenhalen toen de computer plots uitviel [stierf].

– Dat verklaart alles [het]. De situatie is veel eenvoudiger dan ik dacht en ver(uit) gemakkelijker op te lossen. Het is wat we een "picnic" noemen: "het probleem zit in de stoel, niet in de computer"!

AN I.T. PROBLEM

(At the office)

– This is **Ra**na in the **IT** de**part**ment. **What's wrong**?

– I've **no** i**de**a. **That's** why I'm **phon**ing you. We were **runn**ing an **an**ti-**vi**rus **pro**gram when my com**pu**ter stopped **wor**king and I **could**n't **o**pen it.

– What were you **do**ing when it **crashed**?

– I was **do**ing a **cross**word and I was **text**ing my **girl**friend a**bou**t a **par**ty at a **friend's**.

– **I** get **it**. What **happ**ened **then**?

– The **screen froze** while I was **typ**ing. I **tried** to re**boot** but **noth**ing **changed**, so I **rang** a **coll**eague. But **she** was **send**ing **e**mails to her **flat**mate and **did**n't **ans**wer. I'm a bit **wo**rried because we're **bu**sier than **ev**er at the **mo**ment.

– **What** were you **do**ing before the **prob**lem **happ**ened? Were you **play**ing **games** or **u**sing a **search en**gine, for **in**stance? I **bet** you were **watch**ing a **vid**eo while you were **work**ing!

– To be **ho**nest, I was **look**ing for **tra**vel tips on the web.

– Be**fore** you **start**ed, did you **save** the **work** you were **do**ing?

– **Yes**, I put my **files** in my di**rec**tory and **quit** the **word pro**cessor.

– **Did** you de**lete any**thing or in**stall** an **app**?

– **Why** are you **ask**ing me **all** these **ques**tions?

– I was **wond**ering if you **did some**thing **stu**pid.

– I was **down**loading a **game** when the com**pu**ter **sudd**enly **died**.

– That ex**plains** it. The situation is a lot **simp**ler than I **thought** and **far eas**ier to **solve**. It's **what** we **call** a **pic**nic: **Pro**blem in **Chair**, **not** in Com**pu**ter!

DE DIALOOG BEGRIJPEN
FORMULES EN UITDRUKKINGEN

→ **What's wrong?** *Wat gaat er mis / loopt er fout? Wat scheelt er?* enz. (vergelijkbaar met **What's the matter?** uit Module 6). Bijvoorbeeld bij de dokter: **What's wrong with your hand?** *Wat scheelt er aan uw hand?*; of i.v.m. een toestel: **Something is wrong with my computer**, *Er is iets aan de hand met mijn computer*.

→ **Kind** zagen we als het adjectief voor *aardig, vriendelijk* in Module 5. Het kan ook een substantief zijn in de betekenis van *soort, type*: **the humankind**, *de mensheid (menselijke soort)*; **This kind of problem is very unusual**, *Dit soort probleem/problemen is heel ongewoon* (let op het woordje **of** in **a kind of ...**, *een soort ...*).

→ **I get it**: nog een uitdrukking onder de hoofding **get**! In de omgang wordt **to get it** gebruikt voor *snappen:* **I don't get it: why's he coming?** *Ik snap het niet: waarom komt hij?*

→ **To type**, *typen, tikken* deed men vroeger op *een type-, tik-, schrijfmachine* (**a typewriter**), tegenwoordig op *een toetsenbord* (**a keyboard**).

→ **A flatmate**: **a mate**, *een maat, makker* zit in meer samenstellingen voor iemand met wie men iets deelt: **a workmate**, *een werkmakker*; **a teammate**, *een teamgenoot*, **a soulmate**, *een zielsverwant*.

→ **A bit** is een vlottere variant van **a little**, *een beetje* (Module 4): **I'm a little worried** of **I'm a bit worried**, *Ik ben wat ongerust/bezorgd, maak me wat zorgen*. **A bit** is ook *een stuk*: **a bit of bread**, *een stuk brood* (vergeet **of** niet om een niet-telbare hoeveelheid in te leiden!).

→ **Honest**, *eerlijk* en het bijwoord **honestly**, *(op een) eerlijk(e manier)*: **To be honest / Honestly, I don't understand you!** *Om eerlijk te zijn / Eerlijk (gezegd), ik begrijp je niet!*

CULTURELE INFO

Leven zonder computer is ondenkbaar, vooral voor **digital natives**, kinderen die opgegroeid zijn in een digitale wereld en wel eens *chatten*, van **to chat**, *online communiceren via tekstberichten*. Veel van die termen werden ontleend aan of afgeleid van het Engels, zoals blijkt in deze module (**a computer**, **a directory**, **a search engine**, **a wordprocessor** of soms **a word processor**, **to reboot**, **to crash**, **to download** enz.). De term *informatica* heeft verschillende vertalingen, afhankelijk van de context: **computer science, data processing, information technology** of **IT** of **informatics**.

GRAMMATICA
WHILE

Het voegwoord **while**, *terwijl* wordt vaak gebruikt met de **past continuous** (zie verderop) om uit te drukken dat een handeling aan de gang was toen een andere aanving of gebeurde: **The phone rang while I was typing a letter**, *De telefoon rinkelde terwijl ik een brief aan het typen was.* Zo staat **while** ook soms vermeld op reclameborden: **Repairs While You Wait**, *Hersteld (Herstellingen) terwijl u wacht.* Even herhalen: **a while** is *een poos(je)* (Module 18) en de **h** wordt niet uitgesproken [waajl].

VERGELIJKINGEN VERSTERKEN MET *FAR, EVER* ENZ.

De trappen van vergelijking (comparatief/superlatief, vergrotend/verkleinend) hebben we onder de knie. We kunnen die wendingen nu versterken of benadrukken. We kennen al **much** (**much pricier**, *veel prijziger/duurder*; **much bigger**, *veel groter*), dat vervangbaar is door **a lot** (**The film is a lot longer than I thought**, *De film is veel langer dan ik dacht*). Er is ook **far**, *ver(uit)*: **This problem is far easier to solve than that one**, *Dit probleem is veruit/veel gemakkelijker op te lossen dan dat.* (**Far** kan ook buiten een vergelijking gebruikt worden: **That sweater is far too expensive**, *Die trui is veel te duur.*) En **by far**, gebruikt met de superlatief: **Jaffa Tower is by far the tallest building in the world**, *De Jaffatoren is veruit het hoogste gebouw ter wereld.* Een andere mogelijke constructie is die met **than ever** die op het bijvoeglijk naamwoord volgt: **We're busier than ever at this time of year**, *We hebben het drukker dan ooit in deze periode van het jaar.*

GENITIEF OM "BIJ IEMAND (THUIS)" UIT TE DRUKKEN

Uit Module 4 en 8 weten we dat herhaling van het zelfstandig naamwoord, het "bezit", overbodig is wanneer de context al de nodige informatie verschaft en dat dan de genietiefvorm **-'s** volstaat. Het is typisch m.b.t. handelszaken, bv. **I bought this cake at the baker's on West Street**, *Ik heb deze cake gekocht bij de bakker in de Weststraat* (i.p.v. **the baker's shop**) en ook in wendingen die *bij iemand (thuis)* uitdrukken, bv. **I was working at Simon's last night**, *Ik was bij Simon aan het werk gisteravond* (i.p.v. **Simon's house**) of zoals in de titel in Modue 6 **At the doctor's**, *Bij de dokter* (in zijn (thuis)praktijk).

▲ VERVOEGING
PAST CONTINUOUS (DURATIEVE O.V.T.)

De regels voor de vorming van de **present continuous** (Module 14) zijn vergelijkbaar met die van de **past continuous/progressive**, de duratieve o.v.t.:

Bevestigend (geen samengetrokken vorm)

I	was	
you	were	
he/she/it	was	looking.
we	were	
they	were	

Ontkennend

I was *		
you were **		
he/she/it was *	not	looking.
we were **		
they were **		

* **was not** of samengetrokken tot **wasn't**
** **were not** of samengetrokken tot **weren't**

Vragend

Was I	
Were you	
Was he/she/it	looking...?
Were we	
Were they	

- drukt een in het verleden aan de gang zijnde handeling uit: **I was watching videos all evening**, *Ik heb de hele avond video's bekeken.*
- wordt vaak gebruikt voor het beschrijven van een toestand "op de achtergrond" die onderbroken wordt door een in de **past simple** uitgedrukte handeling: **I was watching a video when the computer crashed**, *Ik was een video aan het bekijken toen de computer platging / is gecrasht;* dergelijke constructies zijn gebruikelijk in de literatuur bij het schetsen van het decor
- staan er in eenzelfde zin twee werkwoorden in deze tijd, dan lopen beide handelingen parallel: **I was making dinner and he was doing a crossword**, *Ik was het avondeten aan het klaarmaken en hij vulde een kruiswoordraadsel in.*

WOORDENSCHAT

to crash *crashen, uitvallen, vastlopen (naast andere betekenissen buiten IT)*
to delete *deleten, wissen*
to die *sterven*
to download *downloaden, binnen-, ophalen*
to freeze, froze, frozen *(be)vriezen; hier niet meer bewegen/volgen*
to put, **put**, **put** *zetten (Module 5)*
to quit, **quit**, **quit** *een computerapplicatie verlaten (in slang ophouden met, weggaan)*
to reboot *rebooten, opnieuw opstarten*
to ring, **rang**, **rung** *(op)bellen*
to run, **ran**, **run** *rennen, (hard)lopen; hier (laten) draaien*
to save *redden; hier saven, opslaan*
to send, **sent**, **sent** *verzenden, opsturen*
to solve *oplossen*
to type *typen, tikken*
to wonder *zich afvragen*

far *ver(uit)*
while *terwijl*

an app(lication) *een app(licatie), toepassing*
a colleague *een collega*
a crossword *een kruiswoordraadsel*
a department *een afdeling*
a directory *directory, (computer)map*
a file *een file, bestand*
a girlfriend *een vriendin(netje)*
a party *een feestje*
a picnic *een picknick*
a program *een programma (Amerikaanse spelling, Britse zie Module 13)*
a screen *een scherm*
a tip *hier een tip, advies*
a word processor *een wordprocessor, tekstverwerker*

Benut elke kans om in het Engels te lezen, om van de taal te genieten door je te verdiepen in een of andere roman, er voldoende tekst van te begrijpen om het verhaal te kunnen volgen. Uiteraard is je woordenschat op dit ogenblik nog niet uitgebreid genoeg, maar het is een uitstekende manier om die te verwerven!

● OEFENINGEN

1. VERVOEG DE WERKWOORDEN IN DE PASSENDE VERLEDEN TIJD:

a. I (to play) .... a game on my computer when the phone (to ring) ....

b. She (to put) .... her files in her directory and then (to quit) .... the program.

c. What (to happen) ....? – The screen (to freeze) .... while I (to type) ....

d. She (not to send) .... emails; she (to work) .... very hard all evening.

2. GEBRUIK DE BIJVOEGLIJKE NAAMWOORDEN IN DE COMPARATIEF OF SUPERLATIEF EN VERSTERK MET EEN ALTERNATIEF VOOR *MUCH* (EEN REEKS PUNTJES = EEN WOORD):

a. The movie is .... (long) than we thought.

b. His problem is .... (serious) than I thought. – Good, I'm glad to hear it.

c. The shops are .... (busy) ever at Christmas.

d. Russia is .... (big) country in the world.

e. That fridge is .... (expensive) than the one they bought last year. It cost £500!

🔊 3. VUL DE UITDRUKKINGEN AAN, BELUISTER DE OPNAME TER CONTROLE:

25

a. What's the .... with your computer? – I've no idea.

b. .... of tea do you prefer? – I don't mind.

c. She's a .... worried about Joe. He looks tired.

d. To be .... , I don't understand the problem.

e. I don't .... it: why are you leaving?

f. That .... it. The situation is a lot simpler than we thought.

4. VERTAAL DE ZINNEN:

a. Waar woonde uw man toen hij u ontmoette? – In Wales.

→

b. Wat was je aan het doen toen je computer crashte? – Ik was een spelletje aan het downloaden.

→

c. Ik heb een e-mail naar mijn teamgenoot gestuurd, maar hij heeft niet geantwoord.

→

d. Wat is er mis met je collega's? – Eerlijk gezegd, ik begrijp ze niet!

→

IV

VRIJE

TIJD

24.
EEN SABBATJAAR NEMEN

TAKING A SABBATICAL

DOELSTELLINGEN

- PLANNEN MAKEN
- VRAGEN STELLEN OVER DE TOEKOMST

BEGRIPPEN

- *SAY* EN *TELL*
- *FOR* EN *DURING*
- *SOMEONE / ANYONE / NO ONE*
- TOEKOMENDE TIJD

HET TUSSENJAAR

– We organiseren [gooien] een feestje voor Louise volgende vrijdagavond. Ze vertrekt na Pasen om een tussenjaar te nemen in Australië. Wil je ons helpen het te organiseren? Je bent goed in dit soort [van] ding[en].

– Hoeveel mensen zullen (er) komen? Niet te veel, hoop ik?

– We zullen met een vijftigtal zijn [Er zal zijn ongeveer 50 van ons]. Niemand wil het missen.

– Ik help je met plezier een handje [zal zijn blij om geven je een hand], in het bijzonder voor (onze) beste Louise. Maar wat zal ze daar doen? Waar zal ze wonen? Zal ze kunnen werken?

– Ze zegt dat ze [voor] een tijdje Engels zal onderwijzen in Sydney en dan zal ze gedurende enkele maanden met de rugzak het land doorkruisen.

– Zal ze het niet zwaar vinden? Ze kent niemand in Australië, of wel?

– Je kent Louise, ze zal zich eender waar thuis voelen. Hoe dan ook, ze zei me dat ze iemand kent in Auckland. Blijkbaar baat haar neef daar een bar uit tijdens de zomer. Ze zal zich wel redden [zijn helemaal juist]. Ik ben er vrij zeker van dat ze op haar pootjes terechtkomt [zal landen op haar voeten]. En [de] Australiërs zijn heel relaxed [achterover-gelegen] en vriendelijk.

– Hoe zal ze rondreizen? Ik hoop dat ze niet zal liften!

– Waarom vraag je (het) haar niet zelf? Ze zal hier zo [enige minuut] zijn. (Als je) van de duivel spreekt! Hier is ze. Hallo daar, Louise. Ik had het met Brian over je grote avontuur.

– Louise: Ja, ik kijk er echt naar uit. Het zal fantastisch zijn.

– Beloof me dat je niet te veel selfies op het strand zal nemen en ze aan je fotowand hangen [zetten]. Ze zullen ons jaloers maken.

– Louise: Ik beloof het [dat ik niet zal], met de hand op het [kruis mijn] hart. Geef [(Over)handig] me nu alsjeblieft een drankje!

THE GAP YEAR

– We're **throw**ing a **par**ty for Lou**ise** next **Fri**day **night**. She's **leav**ing after **Eas**ter to **take** a **gap** year in Aus**tra**lia. **Will** you **help** us to **or**ganise it? You're **good** at this **sort** of **thing**.

– **How ma**ny **peo**ple will be **com**ing? Not **too ma**ny, I **hope**?

– There'll be a**bout fif**ty of us. **No** one **wants** to **miss** it.

– I'll be **glad** to **give** you a **hand**, e**spec**ially for **dear** Lou**ise**. But **what** will she **do** there? **Where** will she **live**? **Will** she be **a**ble to **work**?

– She **says** that she'll **teach Eng**lish in **Syd**ney for a **while** and then she'll **back**pack a**cross** the **coun**try for **sev**eral **months**.

– **Won't** she **find** it **tough**? She **does**n't **know a**nyone in Aus**tra**lia, **does** she?

– **You know** Lou**ise**, she'll **feel** at **home a**nywhere. **Any**way, she **told** me that she **knows some**one in **Auck**land. Ap**pa**rently, her **cou**sin runs a **bar** there **dur**ing the **sum**mer. **She'll** be all **right**. I'm **pret**ty **sure** that she'll **land** on her **feet**. And the Aus**tra**lians are very **laid-back** and **friend**ly.

– **How** will she **trav**el a**round**? I **hope** that she won't **hitch**hike!

– **Why** not **ask** her your**self**? She'll **be here** any **mi**nute. **Talk** of the **dev**il! **Here** she **is**. **Hi** there, Lou**ise**. I was **talk**ing to **Bri**an about your **big** ad**ven**ture.

– Louise: Yes, I'm **real**ly **look**ing **for**ward to it. It will be **great**.

– **Pro**mise me that you **won't** take too **ma**ny **self**ies on the **beach** and **put** them on your **pho**to **wall**. They'll **make** us **jeal**ous.

– Louise: I **pro**mise that I **won't**, **cross** my heart. **Now**, please **hand** me a **drink**.

DE DIALOOG BEGRIJPEN
FORMULES EN UITDRUKKINGEN

→ **A gap**, *een tussenruimte*; **a gap year**, *een jaar tussen het einde van de middelbare en het begin van de hogere studies - de gelegenheid om te reizen en, vaak ook, om zich in te zetten voor een humanitaire actie of sociaal doel.*

→ **To give someone a hand** *is iemand een handje helpen/toesteken*: **Give Paul a hand, please,** *Help Paul mee, alsjeblieft.* Er is ook het werkwoord **to hand**, *overhandigen, aanreiken*: **Hand me that briefcase please,** *Geef me die aktetas even aan.*

→ Let op: *een land* is **a country** en **land** is *land(grond)*; **to land** is *landen*: **Her plane lands at seven in the morning.** *Haar vliegtuig landt om 7 uur 's morgens.*

→ **The back** is *de rug*; **a backpack** is *een rugzak* en **to backpack** is *met de rugzak reizen*: **We backpacked around Scotland last summer,** *We zijn vorige zomer Schotland rondgetrokken met de rugzak.* Merk op hoe makkelijk het in het Engels is om woorden af te leiden; er zijn evenwel geen duidelijke regels om te bepalen of een zelfstandig naamwoord een werkwoord, bijvoeglijk naamwoord of zelfs een bijwoord kan worden.

→ **A cousin** staat zowel voor *een neef* als *een nicht* als kind van oom of tante; een kind van broer of zus is **a nephew** resp. **a niece**.

→ **All right** of soms **alright** functioneert dikwijls als bijvoeglijk naamwoord of bijwoord m.b.t. iemand die het goed maakt of iets dat in orde is: **England's all right but I prefer Australia,** *Engeland is oké, maar ik verkies Australië.* Een handige uitdrukking om toestemming te vragen is **Is it all right if...?**: **Is it all right if we invite Louise to the party?** *Is het goed als we Louise op het feestje uitnodigen?*

CULTURELE INFO

Jonge Britten kiezen al lang voor Australië als bestemming voor hun **gap year**. Beide landen onderhouden al meer dan twee eeuwen nauwe banden. Tijdens de dekolonisatieperiode na de Tweede Wereldoorlog richtten Groot-Brittannië en zijn voormalige kolonies **the Commonwealth**, *het Gemenebest* op (**common**, *gemeen(schappelijk)* en **wealth**, *weelde, rijkdom*; naar de naam van de kortstondige republiek in de 17e eeuw onder Oliver Cromwell). Met een vijftigtal lidstaten, komt het op voor mensen- en politieke rechten, alsook voor ontwikkeling door handel en investeringen. Buiten dit instituut is er een ruimte – of veeleer een concept – genaamd **the Anglosphere**, bestaande uit het Verenigd Koninkrijk, Ierland, de Verenigde Staten, Canada, Australië en Nieuw-Zeeland, landen die niet alleen dezelfde taal, maar ook hetzelfde culturele, politieke en economische patrimonium delen.

◆ **GRAMMATICA**

SAY EN *TELL*

Hoewel deze twee onregelmatige werkwoorden vertaald kunnen worden door *zeggen*, zijn ze structureel verschillend: **to say** (**past simple** en voltooid deelwoord: **said**) slaat op het uitspreken, meedelen van iets, terwijl het bij **to tell** (**past simple** en voltooid deelwoord: **told**) eerder over vertellen, informeren, het weergeven van de inhoud van het gesprek gaat:

• op **to tell** volgt veelal een woord voor de aangesprokene(n): **My son tells me that you are going to buy a house in Cornwall,** *Mijn zoon zegt me dat jullie een huis in Cornwall gaan kopen.*

• op **to say** volgt daarentegen de inhoud van het gesprek: **He says that he is coming to see us next week,** *Hij zegt dat hij volgende week op bezoek komt*; als de persoon tot wie men zich richt vermeld wordt, wordt die ingeleid met het voorzetsel **to**: **He said to me that he enjoyed his job,** *Hij zei (tegen) me dat hij zijn job graag deed.*

• om iemand te vragen iets te herhalen, zeg je **What did you say?,** *Wat zei je/u?*, want je wil dat die persoon dezelfde woorden opnieuw "uitspreekt"

• een geheugensteuntje om het verschil te onthouden: **Joanna was so surprised by what I told her that she did not know what to say,** *Joanna was zo verrast door wat ik haar zei/vertelde dat ze niet wist wat te zeggen* waarbij **tell** op het onthullen slaat en **say** op de woorden die Joanna niet uitgesproken krijgt.

Tot slot een paar uitdrukkingen met **to tell**: **to tell the truth**, *de waarheid zeggen*; **to tell a lie**, *een leugen vertellen, liegen* – hier is telkens de inhoud van het gesprek belangrijker dan de woorden die ervoor uitgesproken worden... **to tell a story**, *een verhaal vertellen* en **to say a word**!

FOR EN *DURING*

Beide voorzetsels kunnen vertaald worden door *gedurende* en iets in de tijd situeren: **for** geeft een antwoord op *hoelang?*, terwijl **during** te maken heeft met *wanneer?*

• **For** meet de periode en wordt gebruikt met een aantal: **She will teach English for six months,** *Ze zal gedurende zes maanden / zes maanden lang Engelse les geven.*

• **During** (zie Module 13) informeert over het tijdstip, in welke periode: **She taught English during the summer,** *Ze gaf Engelse les gedurende/tijdens de zomer.*

SOMEONE / ANYONE / NO ONE

In Module 17 hadden we het over **somebody**, **anybody** en **nobody**. Ziehier drie andere leden van dit broederschap die dezelfde regels volgen en hetzelfde betekenen: **Someone wants to talk to Louise,** *lemand wil Louise spreken;* **Does anyone know where she is?** *Weet iemand waar ze is?;* **No one can find her. Where did she go?** *Niemand kan haar vinden / vindt haar. Waar is ze naartoe?*

In theorie klinken **someone**, **anyone** en **no one** (soms **no-one**) wat formeler dan hun equivalenten op **-body**, maar wat ons betreft zijn beide vormen uitwisselbaar.

▲ VERVOEGING
TOEKOMENDE TIJD

- De **future simple** (ter info: er bestaat ook een duratieve vorm, de **future continuous**, die we niet zullen behandelen) wordt gevormd met **will** (vergelijkbaar met ons *zal/zullen*) + naakte infinitief:

	Bevestigend	Ontkennend	
I			
you			
he/she/it	will ('ll)	will not (won't)	give
we			
they			

Will	I	
	you	
	he/she/it	give?
	we	
	they	

- Er is ook de werkwoordsvorm **shall** voor de toekomende tijd, maar omdat die, op een paar uitzonderingen na, niet gebruikt wordt in dagelijks Engels, zullen we er in dit boek niet verder op ingaan.

- Let op bij sommige defectieve werkwoorden, bijvoorbeeld het modale hulpwerkwoord **can**, dat als infinitiefvorm **to be able to** aanneemt: **Will she be able to work?** *Zal ze kunnen werken?* (**Must** zien we in Module 26).

WOORDENSCHAT

to backpack *met de rugzak reizen*
to be alright/all right *oké zijn*
to cross *kruisen;* **a cross** *een kruis;*
  across *dwars door, tegenover*
to hand *overhandigen*
to hitchhike *(veelal verkort tot*
  to hitch*) liften*
to land *landen*
to look forward *(vooruit, -waarts)* **to**
  uitkijken naar, zich verheugen op
to miss *missen*
to promise *beloven*
to run *rennen, hier runnen, uitbaten*
to teach, taught, taught
  onderwijzen
to throw, threw, thrown *gooien*
to throw a party *een feestje*
  organiseren

during *gedurende, tijdens* (zie Grammatica)
for *gedurende* (zie Grammatica)
jealous *jaloers*
laid-back *relax*
pretty (bijw.) *nogal, vrij, tamelijk, behoorlijk*
several *verscheidene, enkele*
tough *zwaar, hard* (fig.) (zie ook Modules 10 en 19)

a beach *een strand*
Easter *Pasen*
a gap *een tussenruimte*
a gap year *een tussenjaar*
a wall *een muur, wand*
a while *een tijdje, poosje*

He/She will be all right *Hij/Ze redt zich/het wel*
Here he/she is *Hier is hij/ze*

Je kent nu drie manieren om iets dat in de toekomst zal gebeuren uit te drukken:

- o.t.t. van **to be** + **going** + **to-**infinitief voor iets of een voornemen in de nabije toekomst, subjectieve zekerheid (Module 15): **I'm going to visit them next week,** *Ik ga hen volgende week opzoeken.*

- **present continuous** (o.t.t. van **to be** + **-ing**-vorm) voor iets dat zeker zal gebeuren of een vast voornemen in de nabije toekomst (Module 14): **We're visiting a flat to rent tomorrow,** *We bezoeken morgen een huurappartement.*

- **will** + naakte infinitief bij vooruitzicht, belofte, verwachting enz. (sowieso in de toekomst): **I'm sure that this new job will be very interesting,** *Ik ben er zeker van dat deze nieuwe baan heel interessant zal zijn;* ook bij een beslissing die op het moment zelf wordt genomen: **Come on, I'll drive you to the airport,** *Komaan, ik breng je naar de luchthaven.*

Houd er bij het vertalen rekening mee dat we in het Nederlands vaak de tegenwoordige tijd gebruiken wanneer het toekomstige aspect duidelijk blijkt.

OEFENINGEN

1. VERVOEG IN DE *FUTURE SIMPLE* (GEBRUIK WAAR MOGELIJK OOK DE SAMENGETROKKEN VORM):

a. He (to park) .... outside your house if there is a space.

b. I (to ask) .... my wife but she (to say) .... no.

c. We (to be) .... safe, I assure you.

d. The car (to cost) .... us a fortune!

2. ZET DE ZINNEN IN DE ONTKENNENDE OF VRAGENDE VORM (GEBRUIK WAAR MOGELIJK OOK DE SAMENGETROKKEN VORM), BELUISTER DE OPNAME TER CONTROLE:

a. She promises that she (not, to take) .... / .... any selfies during her holiday.

b. .... you (to hitchhike) .... or (to take) .... the train? There are several possibilities.

c. He (not, to help) .... / .... us to organise the party. He's too busy.

d. .... she (to teach) .... English in Sydney or in Auckland? – I'm not sure.

e. I (not, to tell) .... / .... anybody, cross my heart.

3. VUL AAN MET *SOMEONE*, *ANYONE* OF *NO ONE*:

a. Does .... know where Sheila lives in Australia?

b. We're sorry but .... / .... is free to answer your call at the moment. Please leave a message.

c. Can .... tell me if Louise is having a party on Friday?

d. There is .... to see you. He says that he's your brother.

4. VERTAAL DE ZINNEN:

a. Help Louise een handje, alsjeblieft. Geef haar de aktetas aan.

→

b. Ik voel me echt thuis bij hem. Hij is echt aardig.

→

c. Als je van de duivel spreekt! Hier zijn mijn nicht Louise en mijn neef Steve. *

→

d. Ze kennen niemand in Australië, of wel?

→

* Twee mogelijkheden, de ene korter dan de andere.

25.
MET DE AUTO
DRIVING

DOELSTELLINGEN

- EEN AUTO HUREN
- VOORWAARDE EN GEVOLG UITDRUKKEN

BEGRIPPEN

- *LESS* EN *FEWER*
- *AS ... AS*
- VOORWAARDELIJKE ZINNEN BIJ MOGELIJKHEID EN ZEKERHEID

EEN AUTO HUREN

(Aan de telefoon met een autoverhuurbedrijf)
– Ik wil een auto huren voor een lang weekend. Wat hebben jullie?

– We hebben minder auto's deze week omdat maandag een feestdag is. Maar ik ben er zeker van (dat) ik iets zal kunnen vinden. Welke categorie wilt u?

– Een auto die groot genoeg is voor vier personen.

– Wat dacht u van een elektrische hybride? Hij is leuk om mee te rijden. Hij is even snel als een normale auto en heel comfortabel. Er is een enorme koffer (aan) en heel veel plaats binnenin.

– Is hij even zuinig als een middelgrote auto?

– Ja. Hij verbruikt minder benzine dan een motorfiets! Of we hebben een luxe berline, als u (dat) verkiest. Hij is niet zo goedkoop als een hybride – maar hij heeft een immens open [zonne]dak.

– Nee, ik kan me geen grote auto veroorloven. Welke documenten zal ik moeten voorleggen [hebben te tonen]?

– Als u bij ons huurt, zal u een geldig rijbewijs B [volledig] en een erkende [hoofd-] kredietkaart moeten hebben. Onze prijs omvat onbeperkte kilometrage. Als u geen [niet] verzekering neemt, bent [zal zijn] u verantwoordelijk bij [voor enige] schade.

– Wat gebeurt er [zal gebeuren] als ik de auto met een lege tank terugbreng?

– Als u hem niet vol doet [met benzine], rekenen we u een boete aan [zullen aanrekenen].

– Geeft [Zal geven] u me een korting als ik cash betaal?

– Ik vrees (dat) ik dat niet zal kunnen doen, meneer.

– Ik begrijp (het) volkomen. Ik zal het met mijn vrouw bespreken en u zo vlug (als) mogelijk (iets) laten weten. Dààg.

◀ 27   RENTING A CAR

(On the phone to a car rental company)
– I **want** to **rent** a **car** for a long week**end**. **What** do you **have**?

– We have **few**er **cars** this week be**cause Mon**day is a **pub**lic **hol**iday. But I'm **sure** I'll be **a**ble to **find some**thing. What **cat**egory do you **want**?

– A **car** that's **large** e**nough** for **four people**.

– **How** a**bout** an elec**tric hy**brid? It's **fun** to **drive**. It's as **fast** as a **nor**mal car and **ve**ry **com**fortable. There's an e**nor**mous **boot** and **plen**ty of **room** in**side**.

– Is it as eco**nom**ical as a **me**dium-sized **car**?

– **Yes**. It uses less **pet**rol than a **mo**tor **bike**! Or we have a **lux**ury sa**loon**, if you pre**fer**. It's not as **cheap** as a **hy**brid – but it has a **mass**ive **sun**roof.

– No, I **can't** a**fford** a **big car**. What **do**cuments will I **have** to **show**?

– If you **rent** from **us**, you'll **need** a **full va**lid **dri**ving **li**cence and a **ma**jor **cre**dit **card**. Our **price** in**cludes** un**lim**ited **mile**age. If you **don**'t take in**sur**ance, you will be res**pon**sible for **any da**mage.

– **What** will **hap**pen if I re**turn** the **car** with an **emp**ty **tank**?

– If you **don**'t fill it with **pet**rol, we'll **charge** you a **pen**alty.

– Will you **give me** a **dis**count if I pay **cash**?

– I'm a**fraid I won't** be **a**ble to **do** that, sir.

– I **fu**lly under**stand**. I'll **talk** it **over** with my **wife** and **let** you **know** as **quick**ly as **poss**ible. **Bye**.

■ DE DIALOOG BEGRIJPEN
FORMULES EN UITDRUKKINGEN

→ **To afford** betekent *zich veroorloven, de middelen hebben voor*: **Can we afford a holiday this year?** *Kunnen we ons dit jaar een vakantie permitteren?;* **We can't afford to make a mistake,** *We kunnen ons geen vergissing veroorloven.* We kunnen er het adjectief **affordable** van afleiden: **I know a lovely hotel that's very affordable,** *Ik ken een leuk hotelletje dat heel schappelijk/betaalbaar is.*

→ **How about** is een variant op **What about** (Module 8) om informatie te vragen of iets voor te stellen: **How are you? – I'm fine. How about you?** *Hoe gaat het met je? – Goed, en met jou?* **I'm very well, thanks. How about a coffee?** *Heel goed, bedankt. Zin in een koffietje?* Deze structuren staan vooraan in de zin. Volgt er een werkwoord op, dan staat dat normaal in de vorm van een onvoltooid deelwoord: **How about going for a drink?** *Gaan we iets drinken?*

→ **Plenty** zagen we in Module 5 voor *ruimschoots voldoende*. Met **of** erachter leidt het een niet-telbare hoeveelheid (*een heleboel, heel wat* enz.) in: **She has plenty of friends,** *Ze heeft heel wat vrienden.*

CULTURELE INFO

Britten en Amerikanen gebruiken niet altijd dezelfde woorden m.b.t. voertuigen en wegen:

Brits Engels	Amerikaans Engels	
a boot	a trunk	een koffer
a windscreen	a windshield	een voorruit
a wing	a fender	een vleugel
a lorry	a truck	een vrachtwagen
an estate car	a station wagon	een break, stationwagen
a car park	a parking lot	een parking, parkeerruimte
a motorway	a freeway/highway	een (auto)snelweg
a flyover	an overpass	een viaduct
a zebra crossing	a crosswalk	een zebrapad

Ook m.b.t. brandstof is het pad gevaarlijk:
benzine heet voor Britten **petrol**, maar voor Amerikanen **gasoline**, verkort tot **gas**, terwijl *petroleum* **oil** genoemd wordt
fuel is een algemene term voor *brandstof* (benzine, diesel enz.), terwijl **fuel oil** gebruikt wordt voor *stookolie*.

◆ GRAMMATICA
LESS EN *FEWER*

Om het comparatieve begrip *minder (dan)* (zie Module 22) te vertalen, moeten we een onderscheid maken tussen
• een niet-telbaar zelfstandig naamwoord (dus in het enkelvoud) → **less**: **His car uses less petrol than mine,** *Zijn auto verbruikt minder benzine dan de mijne.*
• een telbaar zelfstandig naamwoord in het meervoud → **fewer**: **We find that fewer people study science at university,** *We vinden dat minder mensen wetenschappen studeren aan de universiteit.*

Opmerkingen:
- veel Engelstaligen gebruiken in beide gevallen **less**
- in een niet uitgesproken vergelijking kan **less** volstaan: **You want a car that costs less (than other cars),** *U wilt een auto die minder kost (dan andere auto's).*

AS ... AS

We gebruiken deze structuur om vergelijkingen uit te drukken:
• bij gelijkheid (*zo/even ... als*): **The hybrid is as fast as a normal car,** *De hybride is even snel als een normale auto*; **Is the new model as comfortable as the old one?** *Is het nieuwe model zo comfortabel als het oude?*
• en in ontkennende vormen (*niet zo/even ... als*): **The motor bike isn't as fast as I thought,** *De motorfiets is niet zo snel als ik dacht* (al is ook **not so ... as** mogelijk).

As quickly as possible komt overeen met *zo vlug mogelijk*. Een alternatief is **as soon as possible**, soms afgekort tot **ASAP** in e-mails of in de sociale media.

▲ VERVOEGING
VOORWAARDELIJKE ZINNEN BIJ MOGELIJKHEID EN ZEKERHEID

• De structuur van een zin die uitdrukt dat aan de voorwaarde kan voldaan worden (mogelijkheid), is:
hoofdzin in de toekomende tijd, bijzin (met **if**, *als, indien*) in de tegenwoordige tijd.

Bevestigend
If I find a cheap fridge, I will tell you.
Als ik een goedkope koelkast vind, zal ik het je zeggen.

Ontkennend
I won't rent the car if it's not big enough.
Ik zal de auto niet huren als hij niet groot genoeg is.

Vragend
Will you come to the party if she agrees?
Zal je naar het feestje komen / Kom je naar het feestje als ze akkoord gaat?

• De structuur met "nulvoorwaarde", waarbij een feit altijd waar is als aan de voorwaarde wordt voldaan (zekerheid), is:
hoofdzin en bijzin (met **if**, *als, indien*) in de tegenwoordige tijd.

The car uses petrol if the engine is running.
De auto verbruikt benzine als de motor draait.

WOORDENSCHAT

to afford *zich veroorloven, de middelen hebben*
to be able to *kunnen*
to fill *vullen, vol doen*
to let someone know (to let, let, let) *iemand (iets) laten weten*
to rent *(ver)huren*
to return *teruggeven, -brengen, -komen enz.*
to talk (something) over *(iets) bespreken (niet verwarren met praten over = to talk about!)*
to use *gebruiken, verbruiken*

economical *zuinig*
empty *leeg*
enormous *enorm*
fewer *minder*
massive *massief, héél groot*
medium-sized *van middelmatige grootte dus middelgroot*
responsible *verantwoordelijk (let op de spelling met een i!)*
unlimited *onbeperkt*

a boot *een koffer (ook een laars)* (let op: *een boot* = **a boat**)
a discount *een korting*
a full driving licence *een rijbewijs B*
a hybrid (vehicle) *een hybride (voertuig)*
insurance *verzekering*
mileage *kilometrage*
a motor bike (of **motor cycle**) *een motorfiets*
petrol *benzine*
a public holiday *een feestdag* (lett. *publieke vakantie(dag)*)
a saloon (car) *een berline*
a sunroof *een open dak*
a tank *een tank, reservoir*

I fully understand *Ik begrijp het volkomen*

● OEFENINGEN

1. VORM VOORWAARDELIJKE ZINNEN (GEBRUIK WAAR MOGELIJK SAMENTREKKINGEN):

a. I (not, to come) .... to the party if James (not, to call) .... me.
b. If the car (to have) .... a big boot, ... you (to hire) .... it?
c. .... the doctor (to give) .... me an appointment if I (to call) .... her now?
d. I (to send) .... you an email if I (to find) .... your address.

2. FORMULEER DE VERGELIJKINGEN:

a. Is their flat (big) .... ours?
b. The job wasn't (interesting) .... I thought.
c. Coffee is (healthy) .... tea.
d. Look at Cathy's clothes. They're not (stylish) .... Sandy's.

3. VUL AAN MET *LESS* OF *FEWER*:

a. There are .... cars on the road today.
b. The motor cycle is .... comfortable than my old car.
c. Petrol costs much .... in Ireland than in England.
d. This model has .... doors than that one.

● 4. VERTAAL DE ZINNEN, BELUISTER DE OPNAME TER CONTROLE:

27 a. We zullen verantwoordelijk zijn bij schade als we geen verzekering nemen.
→

b. Kunnen we ons veroorloven om op vakantie te gaan dit jaar? – We kennen een heel fijn hotel in Cardiff dat heel schappelijk is.
→

c. Zal u ons een korting geven als we cash betalen? – Ik vrees dat ik dat niet zal kunnen doen, meneer.
→

d. Er zijn minder auto's vandaag omdat het een feestdag is. – Ik begrijp het volkomen.
→

e. Zin om iets te gaan drinken? – Ik zal het bespreken met mijn man…
→

26. OP HET PLATTELAND WONEN

LIVING IN THE COUNTRY

DOELSTELLINGEN

- ADVIES VRAGEN/GEVEN
- VOORWAARDEN STELLEN

BEGRIPPEN

- MEER OVER *MAY*
- MEER OVER *EACH/EVERY/BOTH*
- VOORWAARDELIJKE ZINNEN BIJ ONWAARSCHIJNLIJKHEID

STAD OF PLATTELAND?

– Scheelt er iets, schat? Je ziet er beroerd uit.

– Ik heb het gehad met grote steden. Ze zijn te lawaaierig en stressvol. Ik wou [wens] dat we ergens rustig woonden. Waarom verhuizen we niet naar een kleine stad of zelfs een dorp? Als we op het platteland woonden, zouden we zuiverdere lucht en een gezonder leven hebben. We zouden een hond of een kat kunnen hebben. We zouden niet bijna alle dagen uren doorbrengen in verkeersopstoppingen: we zouden gewoon de auto bij het dichtsbijzijnde station achterlaten en de trein nemen naar (het) werk. Je zou zelfs kunnen slapen of lezen tijdens het traject als je wou. Stel je voor! Zou dat niet zalig zijn?

– Nee [het zou niet].

– Jawel [het zou]! Wees niet zo knorrig!

– Wil je even naar me luisteren? Ik zal je wat goede [een stuk van] raad geven. Als ik jou was, zou ik eens diep [heel zorgvuldig] nadenken. Besef je dat we veel meer aan transport zouden uitgeven? Abonnementen zijn onbetaalbaar [kosten de aarde]. En we zouden (er) ieder een moeten kopen. Bovendien kunnen er andere problemen opduiken [zijn], zoals stakingen of vertragingen. De stad kan niet al te [heel] proper/netjes zijn, maar het is ten minste praktisch!

– Ik neem aan van wel. Je kan gelijk hebben. Maar het is een moeilijke beslissing om te nemen voor beiden van ons. Waarom in een stad wonen als je er niet van profiteert? We gaan toch bijna nooit [nauwelijks ooit] naar het theater of een restaurant. Ik wou dat we rijk waren. Als we voldoende geld hadden, zouden we een appartement hebben in de benedenstad en een mooie kleine cottage ergens in de Cotswolds.

– Ja, en zouden uilen kunnen preken [varkens kunnen vliegen]!

CITY OR COUNTRY?

– Is **any**thing **wrong**, **dear**? You seem **mis**erable.

– I'm **fed up** with big **cit**ies. They're too **nois**y and **stress**ful. I **wish** that we **lived some**where **qui**et. **Why** don't we **move** to a **small town** or even a **vill**age? If we **lived** in the **count**ry, we would have **clean**er **air** and a **health**ier life. We could have a **dog** or a **cat**. We wouldn't spend hours in traffic jams almost every day: we'd **simp**ly **leave** the **car** at the **near**est **sta**tion and take the **train** to **work**. You'd **e**ven be **able** to **sleep** or **read dur**ing the **jour**ney if you **want**ed. Just **think**! **Would**n't it be **relax**ing?

– **No** it **would**n't.

– **Yes** it **would**! **Don't** be so **gloo**my!

– Will you **list**en to me for a moment? I'll give you a **piece** of ad**vice**. If I were **you**, I would **think** very **care**fully. Do you **re**alise that we would **spend** far **more** on **trans**port? **Sea**son **tick**ets **cost** the **earth**. And we would **each have** to **buy** one. Be**sides**, there **may** be **oth**er **prob**lems, like **strikes** or de**lays**. The **ci**ty may **not** be **ve**ry **clean** but at **least** it's con**ven**ient!

– I su**ppose** so. You **may** be right. But it's a **hard** de**ci**sion to **take** for **both** of us. **Why** live in a **ci**ty if you don't **take** ad**van**tage of it? We **hard**ly **ev**er go to the **the**atre or a **rest**aurant, **do** we? I **wish** we were **rich**. If we **had e**nough **mo**ney, we would have a **flat** down**town** and a **pre**tty little **cott**age **some**where in the **Cots**wolds.

– **Yes**, and **pigs** may **fly**!

■ DE DIALOOG BEGRIJPEN
FORMULES EN UITDRUKKINGEN

→ **To be fed up (with)**, met **fed** als voltooid deelwoord en **past simple** van **to feed**, *voeden, voe(de)ren* en **up**, *op*, maar niet te verwarren met *opvoeden* = **to bring up, to educate**, want de idiomatische uitdrukking **to be fed up (with)** betekent *het gehad hebben (met), het beu zijn (van)*. Volgt er een werkwoord op, dan is dit een onvoltooid deelwoord (zie Module 15 en 16): **She's fed up with listening to his excuses,** *Ze heeft er genoeg van om naar zijn excuses te luisteren.*

→ **To cost the earth**, lett. *de aarde kosten* is een variant op **to cost a fortune** (zie Module 16) of op het oorspronkelijk Amerikaanse **to cost an arm and a leg**, lett. *een arm en een been kosten.*

→ **I suppose so** kwam al voor in Module 15: *Ik veronderstel het, vermoed van wel.* Dit soort korte antwoorden, waarin men zijn akkoord of een veronderstelling uitdrukt (**to think**, **to hope**) bevat **so**, *zo*: **Didn't he star in *Planet Wars*? – I think so,** *Speelde hij geen hoofdrol in* Oorlog der planeten? *– Ik denk het wel*; **Is it easy to park near their flat? – I hope so,** *Kan je gemakkelijk parkeren in de buurt van hun flat? – Ik hoop het.* Bij een ontkennend antwoord met **to think** en **to suppose** hoort **don't + so** (**I don't think/suppose so**), maar met **to hope** is het gewoon **not** (**I hope not**): **Is there a train strike today? – I hope not.** *Is er vandaag een treinstaking? – Ik hoop van niet.*

→ **Hard/hardly**: **hard** (lett. *hard*, fig. *zwaar, moeilijk*) kan bijvoeglijk naamwoord en bijwoord zijn (Module 18); met het bijwoordelijk suffix **-ly** erbij is **hardly** ook een bijwoord, maar dan in de betekenis van *bijna, nauwelijks*! Door de negatieve betekenis hoort het werkwoord dat erbij staat in de bevestigende vorm: **We hardly know our neighbours,** *We kennen onze buren nauwelijks.*

→ **Pigs may fly**, lett. *varkens zouden kunnen vliegen*, een hyperbool zoals die met onze *prekende uilen* of *wanneer het vriest in de hel / de sterren overdag schijnen*, soms ook geformuleerd als **Pigs might fly**.

CULTURELE INFO

Plaatsnamen leveren informatie over de geschiedenis van Groot-Brittannië of de Verenigde Staten. Zo zijn er in het Engels twee woorden voor *stad*: **city** en **town**. Doorgaans is **a city** (Londen, Glasgow, New York enz.) belangrijker dan **a town** (Dover, Blackpool enz.), hoewel vroeger alleen een plaats met een kathedraal als **city** beschouwd werd. In de omgangstaal komt **town** echter meer voor in idiomatische uitdrukkingen: **to have a night on the town**, *uitgaan, een stapje in de wereld zetten*; **to be out of town**, *de stad uit, weg zijn*; **to be the talk of the town**, *waar alle gesprekken over gaan*. Het vormt ook de basis van **downtown**, *benedenstad*.

GRAMMATICA
MEER OVER *MAY*

We zagen **may** al in een beleefde vraag (Module 12): **May I ask you a question?**, *Mag ik u even een vraag stellen?*

• Dit modaal hulpwerkwoord kent maar één vorm (dus geen eind-**s** in de 3e persoon enkelvoud) en wordt gebruikt om een mogelijkheid, twijfel, onzekerheid uit te drukken, in het Nederlands ook weergegeven met *kunnen/mogen* (in de voorwaardelijke wijs) of eventueel met een structuur met *misschien*: **This modem may work with my computer,** *Deze modem zou kunnen werken met mijn computer.*

• Ontkennen gebeurt met **not**, niet samengetrokken: **He may not arrive on time because he missed his train,** *Misschien komt hij niet op tijd, omdat hij zijn trein heeft gemist.*

MEER OVER *EACH/EVERY/BOTH*

• Uit Module 17 kennen we het bijvoeglijk gebruik van **each**, *elk(e), ieder(e)* en **every**, *elk(e), ieder(e), alle*. Alleen **each** kan ook zelfstandig gebruikt worden: **We each bought a ticket,** *We kochten ieder/elk een ticket.*
Na een bijwoord zoals **almost/nearly**, *bijna* is **every** van toepassing: **There's a traffic jam almost every day,** *Er is bijna alle dagen een verkeersopstopping.*

• Volgt op **both** een voornaamwoord (**us, you, them**), dan moet **of** tussengevoegd worden: **Today is a special day for both of us,** *Vandaag is een speciale dag voor beiden van ons / ons beiden.*

▲ VERVOEGING
VOORWAARDELIJKE ZINNEN BIJ ONWAARSCHIJNLIJKHEID

- De structuur van een zin die uitdrukt dat naar alle waarschijnlijkheid aan de voorwaarde zal voldaan worden, is:
hoofdzin in de voorwaardelijke wijs, bijzin (**if**-zin) in de **past simple**.

De voorwaardelijke wijs wordt gevormd met het hulpwerkwoord **would** (let erop dat de **l** niet uitgesproken wordt: [woed]), vergelijkbaar met ons *zou/zouden* + naakte infinitief:

	Bevestigend	Ontkennend	
I			
you	would	would not	work.
he/she/it	('d)	(wouldn't)	
we/they			

Vragend		
Would	I	work?
	you	
	he/she/it	
	we/they	

Bevestigend: **If I had her phone number, I would call her,** *Als ik haar telefoonnummer had, zou ik haar bellen.*
Ontkennend: **If Anna didn't buy so many clothes, she'd be rich,** *Als Anna niet zo veel kleren kocht, zou ze rijk zijn.*
Vragend: **Would you accept the job if they offered it to you?** *Zou je de job aannemen als ze je die aanboden?* - **would** wordt nooit **'d** in de vraagvorm!

- In dit soort **if**-zinnen kan bij de 1e persoon enkelvoud **were** i.p.v. **was** gebruikt worden: **If I was rich → If I were rich.** Dit gebeurt ook dikwijls wanneer men iemand raad geeft: **If I were you, I would sell your car.** *Als ik jou was, zou ik je auto verkopen.*

- Je hebt wellicht gemerkt dat het mechanisme van herhaling van het hulpwerkwoord in de **question-tag** altijd geldt, dus ook met **would**: **Wouldn't that be brilliant? – No it wouldn't; Would it be difficult to live in a big city? – Yes it would.**

WOORDENSCHAT

to cost, cost, cost *kosten*
to feed, fed, fed *voeden, voe(de)ren*
to sleep, slept, slept *slapen*
to spend, spent, spent
    *doorbrengen en uitgeven,
    besteden (zie ook Module 20)*
to take (of **to make**) **a decision** *een
    beslissing nemen*
to take advantage of *voordeel
    halen uit, profiteren van,
    benutten*

convenient *praktisch*
downtown *in de benedenstad*
gloomy *knorrig, zwartgallig*
hardly *bijna, nauwelijks*

miserable *miserabel, beroerd*
relaxing *rustgevend, dus... zalig*
a cat *een kat, poes*
the country *het platteland;*
    a country *een land*
a delay *een vertraging*
a dog *een hond*
(the) earth *(de) aarde*
a pig *een varken*
a strike *een staking*
a traffic jam *een
    verkeersopstopping*

Besides *bovendien, daarnaast*
If I were you *Als ik jou/u/jullie was*
I wish ... *Ik wou* (lett. *wens*) *dat ...*

• Net zoals het modale hulpwerkwoord **can** om bepaalde tijden te vormen als infinitief **to be able to** aanneemt (Module 24), verandert **must** in **to have to** voor het vormen van o.a. de toekomende tijd (**What documents will I have to show?** in Module 25) en de voorwaardelijke wijs (**I would have to take the train,** *Ik zou de trein moeten nemen*).

De ontkennende en vragende vorm is regelmatig: **She won't/would't have to drive me to work if Mike takes/took me,** *Ze zal/zou me niet naar kantoor moeten rijden als Mike me brengt/bracht;* **Will/Would we have to buy a new car?** *Zullen/Zouden we een nieuwe auto moeten kopen?*

● OEFENINGEN

1. VERVOEG DE WERKWOORDEN IN DE PASSENDE TIJD:

a. He (to buy) .... a season ticket if he (to afford) .... it.

b. If we (not, to live) .... in the country, we (not, to have) .... enough money to buy a flat.

c. You (to like) .... to come to the movies with me tonight?

d. I (not, to like) .... to take the train to work every day.

2. VUL DE ZINNEN AAN MET *EACH*, *EVERY* OF *BOTH* (IN SOMMIGE GEVALLEN ZIJN BIJ GEBREK AAN CONTEXT TWEE ANTWOORDEN MOGELIJK):

a. I take the train to London .... week.

b. .... time I take the train, it's late.

c. It's a hard decision for .... of us.

d. We .... have to buy a new ticket, not just me.

3. VERVOEG MET DE PASSENDE VORM VAN *MUST* IN DE TOEKOMENDE TIJD:

a. You (must, drive) .... me to work. My car is in the garage.

b. We (must, move) .... to the country if you take that new job?

c. You (must, not, sell) .... your house.

d. There's too much traffic so they (must, take) .... the train.

🔊 4. VERTAAL DE ZINNEN, BELUISTER DE OPNAME TER CONTROLE:

28

a. Ze koopt bijna nooit nieuwe kleren.

→

b. Speelde ze niet de hoofdrol in *Stakingen en vertragingen*? – Ik denk het wel.

→

c. Wil je naar me luisteren? Ik ben jouw excuses beu.

→

d. Je zou zelfs kunnen lezen of slapen tijdens de trip. – Nee. *(Vergeet de* tag *niet!)*

→

e. Het kost een smak geld, maar ik zou het kopen. – En de sterren zouden overdag kunnen schijnen.

→

27.
EEN NIEUW LEVEN

A NEW LIFE

DOELSTELLINGEN

- DE *PRESENT PERFECT* GEBRUIKEN
- HET JUISTE VOORZETSEL GEBRUIKEN BIJ WERKWOORDEN
- EEN PROFESSIONEEL PARCOURS TOELICHTEN

BEGRIPPEN

- WEGLATEN VAN HET VOEGWOORD *THAT*
- BASISBETEKENIS VAN WERKWOORDEN UITBREIDEN
- *PRESENT PERFECT* (V.T.T.)

LOOPBAANADVIES

– Sorry dat ik u lastigval. Ik weet dat u een drukbezet man bent, maar ik zou informatie en advies willen over carrières.

– Ik zal mijn best doen om u te helpen als ik (dat) kan, mw. Toner.

– Ik ben (u) dankbaar voor uw tijd. Mijn partner en ik hebben besloten om naar York te verhuizen. Hij heeft een nieuwe baan als [een] sociaal werker en ik heb beslist om te veranderen (van) beroep [wisselen carrières]. Ik heb de kans om iets nieuws te doen en ik wil er het beste [meeste] van maken. We hebben al een huis in de stadsrand gevonden (dat) we leuk vinden.

– Welke ervaring hebt u opgedaan [gehad]?

– Ik was [een] lerares ontwerp en technologie gedurende 12 jaar.

– Wat hebt u gedaan buiten [losstaand van] lesgeven?

– Ik volgde een opleiding als [een] bibliothecaresse toen ik mijn vakstudies af had [hogere beroepsschool verliet]. Sindsdien heb ik veel dingen gedaan. Ik heb veel ervaring opgedaan [gehad] in multimedia. Ik heb al gewerkt als [een] verzekeringsklerk. Ik was ook [een] handelsvertegenwoordigster een lange tijd geleden.

– Wat wil u nu doen?

– Ik heb altijd [een] juridisch secretaresse willen zijn.

– Hebt u in een advocatenbureau [bedrijf] gewerkt?

– Nee. Maar ik kan heel goed overweg met mensen. Zelfs advocaten.

– Wat hebt u anders nog gedaan?

– Wel, ik heb economie gestudeerd 10 jaar geleden toen ik in Leeds woonde. Ik heb ook handel onderwezen. Wat ik echt graag zou willen, is mijn eigen baas zijn.

– Hebt u ooit overwogen om een bedrijf op te richten?

– Dat is een goed idee. U bent zeer behulpzaam [hebt meest hulpvol] geweest. Hoelang werkt u hier al [hebt u gewerkt hier]?

– O, ik heb nooit gewerkt. Ik ben [een] consultant.

CAREER ADVICE

– **Sor**ry to **trouble** you. I **know** you're a **bu**sy man but I'd **like** some infor**ma**tion and ad**vice** about ca**reers**.

– I'll do my **best** to **help** you if **I can**, Ms **To**ner.

– I'm **grate**ful for your **time**. My **part**ner and I have de**cid**ed to **move** to **York**. He has **got** a new **job** as a so**ci**al **work**er and I have **made** up my **mind** to **change** ca**reers**. I **have** the **chance** to do **some**thing **new** and I **want** to **make** the **most** of it. We've **already found** a **house** we **like** in the **sub**urbs.

– What ex**peri**ence **have** you **had**?

– I was a de**sign** and tech**no**logy **teach**er for **twelve years**.

– A**part** from **teach**ing, **what** have you **done**?

– I **trained** as a lib**ra**rian when I left **col**lege. Since **then**, I've done **ma**ny **things**. I have had a **lot** of ex**peri**ence in multi**me**dia. I've al**ready worked** as an in**sur**ance clerk. I was **al**so a **sales** repre**sen**tative a **long time** a**go**.

– **What** do you **want** to do **now**?

– I've **al**ways **want**ed to be a **leg**al **sec**retary.

– Have you **worked** in a **law firm**?

– **No**, I **have**n't. But I **get on** very **well** with **peop**le. **E**ven **law**yers.

– What **else** have you **done**?

– Well, I **stud**ied eco**nom**ics ten **years** a**go** when I **lived** in **Leeds**. I've **al**so taught **bus**iness **stud**ies. **What** I'd **real**ly **like** is to **be** my own **boss**.

– Have you **ev**er **thought** a**bout sett**ing **up** a **com**pany?

– That's a **good** i**de**a. **You've** been **most help**ful. How **long** have you **worked** here?

– Oh, I've **ne**ver **worked**. I'm a con**sul**tant.

◼ DE DIALOOG BEGRIJPEN
FORMULES EN UITDRUKKINGEN

→ **Trouble**, *zorg, last* enz. is niet-telbaar: **We're in trouble,** *We zitten in de penarie.* **(I'm) sorry to trouble you** is vergelijkbaar met **(I'm) sorry to bother you** (Module 16): *Het spijt me / Sorry dat ik u lastigval/stoor.*

→ **To train** geeft zowel *opleiden* als *een opleiding volgen* weer: **The college trains around a hundred teachers every year,** *De hogeschool leidt ieder jaar een honderdtal leraren op;* **My dad trained as a teacher in Leeds,** *Mijn papa volgde een opleiding als leraar / lerarenopleiding in Leeds.* Vergeet het lidwoord **a/an** niet voor een beroepsnaam!

→ **Law**, *wet, rechten* (let op de uitspraak [lo-o] om niet te verwarren met het bijvoeglijk naamwoord **low** [loo^w], *laag*). **The lawyer [lo**je**] says it's not legal to break the law,** *De jurist zegt dat het niet wettelijk is om de wet te schenden* (lett. *breken*). Beluister aandachtig de opname van oefening 2.

→ **A clerk**, *een klerk, (kantoor)bediende* zoals in **a desk clerk,** *een baliebediende, receptionist(e)*; **a bank clerk,** *een bankbediende,* en het ervan afgeleide bijvoeglijk naamwoord **clerical**, *administratief* zoals in **a clerical assistant**, *een administratief assistent(e).* Opmerking: **clerical** betekent ook *klerikaal.*

→ **A college** biedt onderwijs in meer technische vakgebieden. Opletten dus bij het vertalen, want het Engelse, Amerikaanse, Belgische en Nederlandse onderwijssysteem verschillen van elkaar. (Zie ook Module 10.)

→ **To make the most** (= *meest*) **of** is te vergelijken met *het beste maken van / halen uit, profiteren van*: **Let's make the most of the nice weather because it's going to rain tomorrow,** *Laten we profiteren van het mooie weer, want morgen gaat het regenen.*

CULTURELE INFO

In Groot-Brittannië is het administratieve basisgebied **the county**, *het graafschap* (niet te verwarren met **a country**, *een land*). Van de in totaal 86 **counties** zijn er veel waarvan de naam eindigt op **-shire** (**Hampshire**, **Lancashire** etc.), van een oud Saksisch woord voor "district". Sommige hebben dezelfde naam als hun hoofdstad, **the county town**, wat het geval is voor o.a. **Yorkshire**, **Leicestershire** en **Nottinghamshire** (let op de uitspraak van het onbeklemtoonde **-shire** dat verzwakt tot [sje]). Er zijn ook zes **metropolitan counties**, gevestigd rond grote steden zoals Manchester of Birmingham en de metropoolregio **Greater London**, *Groot-Londen*.

◆ GRAMMATICA
WEGLATEN VAN HET VOEGWOORD *THAT*

Je hebt gemerkt dat **that** als voegwoord dikwijls weggelaten wordt: **We know (that) you're a busy man,** *We weten dat u een drukbezet man bent.*

BASISBETEKENIS VAN WERKWOORDEN UITBREIDEN

Waar in het Nederlands de basisbetekenis van een werkwoord vaak beïnvloed wordt door een voorvoegsel zet men in het Engels veelal een element achter het werkwoord. Voorbeelden:

- **to make**, *maken*

to make up heeft verschillende vertalingen: *opmaken, verzinnen* enz.

to make up one's mind (lett. je geest opmaken) is een idiomatische wending voor **to decide**: **Strawberries or pears? I can't make up my mind.** *Aardbeien of peren? Ik kan maar niet beslissen;* **Make up your mind!** *Beslis dan toch!*

- **to set**, *zetten, stellen* enz.

to set up, *opzetten, oprichten* (een bedrijf, organisatie enz.)

- **to get** zagen we op zich al in verschillende betekenissen

to get on, *op-, instappen* (zie Module 16)

to get on with, *overeenkomen, het kunnen vinden, opschieten met*: **I get on very well with my parents-in-law,** *Ik schiet heel goed op met mijn schoonouders.*
Onthoud de constructies in hun geheel en in een context:
to get on well with someone, *het goed met iemand kunnen vinden* maar
to get on with something is *doorgaan met iets*!

▲ VERVOEGING
PRESENT PERFECT (V.T.T.)

De **present** (tegenwoordige tijd) **perfect** (voltooid) drukt het tegenwoordig aspect uit van een handeling/toestand in het verleden of iets dat in het verleden begonnen is en nog steeds voortduurt.

VORMING

o.t.t. van het hulpwerkwoord **to have** (nooit van **to be**!) + voltooid deelwoord van het hoofdwerkwoord:

	Bevestigend	Ontkennend	
I you	have/'ve	have not/haven't	worked.
he/she/it	has/'s*	has not/hasn't	
we you they	have/'ve	have not/haven't	

*opletten voor verwarring met de samentrekking van **he/she/it is** tot **he/she/it's**!

In de vragende vorm komt het hulpwerkwoord voor het onderwerp te staan: **Have you worked?**

Uiteraard kan **to have** ook als "gewoon" werkwoord gebruikt worden: **She has had a lot of patience,** *Ze heeft veel geduld gehad.*

GEBRUIK

De **present perfect** verbindt dus een afgelopen iets uit een niet nader bepaald verleden met het heden. Bijvoorbeeld, wanneer mw. Toner zegt: **I've worked as an insurance clerk** gebruikt ze de **present perfect** om het belang in het heden te benadrukken van het werk dat ze deed (voltooide) in een periode die ze niet vernoemt. Vergelijk **I've worked as an insurance clerk** en **I trained as a librarian when I left college**. In de tweede zin vermeldt ze wanneer (**when I left college**) en dus kan ze de present perfect van **to train** niet gebruiken. Zo bleek in Module 21 dat het bijwoord **ago** als tijdsbepaling al volstaat om het gebruik van de **past simple** te vereisen (**I was a sales representative a long time ago**). Echter met een bijwoord van frequentie, zoals **before** (*vroeger*), **always** (*altijd*) of **ever** (*ooit*), waarmee geen duidelijkheid wordt verschaft, is de **present perfect** van toepassing: **Have you ever thought about...?**

In een vragende structuur staan de bijwoorden **always, often, ever, usually** etc. voor het voltooid deelwoord, terwijl **before** aan het zinseinde hoort.

Dus: bestaat er een verband tussen het heden en een voltooide handeling of bevat de zin een bijwoord van frequentie, → **present perfect**; anders → **past simple**. Beide kunnen in het Nederlands vertaald worden met een voltooid tegenwoordige tijd, wat in het begin wat ingewikkeld lijkt, maar je zal het onderscheid in het Engels wel gauw assimileren.

WOORDENSCHAT

to get on (well) with *(goed) overweg kunnen, kunnen opschieten met*
to make the most of (something) *het beste maken, profiteren van (iets)*
to make up one's mind *beslissen*
to set up (to set, set, set) *oprichten (bedrijf enz.)*
to train *trainen, een opleiding volgen*
to trouble *lastigvallen, storen*

apart from *behalve, buiten*
grateful *dankbaar*
helpful *behulpzaam, gedienstig*
legal *wettelijk, juridisch*
own *eigen*
since *sinds; aangezien*

a boss *een baas*
business studies *handelsstudies*
a chance *een kans*
a clerk *een klerk, kantoorbediende*
a consultant *een consultant*
design and technology *ontwerp en technologie*
economics *economie(studie) (ondanks de **-s** toch een enkelvoudsvorm)*
experience *ervaring*
a law *een wet,* **law** *rechten*
a law firm *een advocatenbureau*
a lawyer *een advocaat/-cate*
a librarian *een bibliothecaris/-resse*
a library *een bibliotheek*
a sales representative *een handelsvertegenwoordiger/-ster*
a secretary *een secretaris/-resse*
a social worker *een sociaal werker/-ster*
a suburb *een voorstad, buitenwijk*

I'm grateful *ik ben (u) dankbaar*
What I'd really like … *Wat ik echt zou willen, graag zou …*

● OEFENINGEN

1. VERVOEG DE WERKWOORDEN IN DE *PRESENT PERFECT* OF *PAST SIMPLE*:

a. I (to have) .... a lot of experience in business.

b. She (to work) .... in insurance for ten years but now she's a teacher.

c. They always (to want) .... to be their own boss.

d. He (to be) .... a librarian a long time ago.

2. ZET DE ZINNEN IN DE VRAGENDE VORM, BELUISTER DE OPNAME TER CONTROLE:

a. He has been a sales representative.
→

b. They have had a lot of experience in multimedia.
→

c. She has always wanted to be a lawyer.
→

d. I have taught business studies before. (*Gebruik de 2e pers. enkelvoud.*)
→

e. They've found a house they like in Leeds.
→

3. GEEF WAT IN HET NEDERLANDS TUSSEN HAAKJES STAAT WEER:

a. My parents opened (*een boekhandel*) .... ten years ago.

b. Ms Toner (*een opleiding volgen*) .... as (*lerares*) ....

c. In the UK, you go to (*het middelbaar onderwijs*) .... when you are twelve.

d. Too many cyclists (*zich verwonden*) .... themselves in London.

4. VERTAAL DE ZINNEN:

a. Ze heeft altijd sociaal werkster willen zijn. – Wat heeft ze anders nog gedaan?
→

b. Hoelang werkt u hier al? – Ik heb hier nooit gewerkt.
→

c. We hebben besloten om een huis te vinden in de stadsrand. – Ik zal mijn best doen om u te helpen als ik dat kan.
→

d. Ze heeft nooit in een bedrijf gewerkt, maar ze kan heel goed overweg met mensen.
→

28.
NAAR DE RADIO LUISTEREN

LISTENING TO THE RADIO

DOELSTELLINGEN

- DE *PRESENT PERFECT CONTINUOUS* GEBRUIKEN
- PRATEN OVER EEN PAS AFGELOPEN HANDELING
- HANDELINGEN SITUEREN IN HET VERLEDEN

BEGRIPPEN

- *JUST* BIJ EEN PAS AFGELOPEN HANDELING/GEBEURTENIS
- *SINCE*
- *NEITHER ... NOR*
- *YET/STILL/ALREADY*
- *PRESENT PERFECT CONTINUOUS* (DURATIEVE V.T.T.)

DIT IS HET NIEUWS

– Wat heb je de hele namiddag gedaan [heb je geweest doende]? Heb je geslapen [geweest slapend]?

– Nee. Ik heb mijn adresboek zitten bijwerken [heb geweest bijwerkend]. Ik heb nog niet (de) tijd gehad om naar het nieuws te luisteren. Zet de radio aan.

"Dit [Hier] is het recentste nieuws van de BBC. Ons belangrijkste nieuwsonderwerp [top verhaal] is dat de eerste minister net ontslag heeft genomen. We weten dat ze al gedurende enige tijd ziek is [heeft geweest ziek]. Noch haar adjunct noch de oppositieleider was beschikbaar voor commentaar. Maar een van haar meest naaste collega's, de minister van Binnenlandse Zaken, verklaarde [heeft gezegd] net: "De premier heeft onlangs gezondheidsproblemen gehad [heeft geweest lijdend van] zo(dat) de regering deze aankondiging al sinds januari verwachtte [heeft geweest verwachtend]. Het is evenwel een heel droevig moment".

Nu het [voor enig] andere nieuws. Iemand die vorige week een loterijbiljet kocht, heeft een miljoen pond gewonnen, maar de winnaar heeft nog geen contact opgenomen [niet getreden in aanraking] met de organisatoren. Een woordvoerder van de loterij verklaarde: "Hij of zij heeft nog altijd geen contact opgenomen met ons [ons gecontacteerd]".

De effectenbeurs zakt al sinds het begin van de maand. De economie vertraagt al gedurende [de voorbije] twee kwartalen, maar vastgoedprijzen [huis-] dalen niet. En nu cricket. Engeland speelt tegen Australië in (het) Lord's (stadion). De Australiërs hebben al drie wedstrijden gewonnen en ze staan nog altijd aan de leiding. Dus als u hoopte op een mirakel, zult u teleurgesteld zijn.

Dat waren [Die zijn] de hoofdpunten [-lijnen]. Hier is Joe Amis met het weer."

"Het regent al [gedurende de voorbije] vier dagen en het [dingen] lijkt nog te verergeren. De wind is [gedurende] de voorbije [paar] uren aan het toenemen en (voor) vannacht wordt [is] over [in] het [Engelse] Kanaal (een) ruwe zee verwacht."

– Laten we (de radio) uitzetten en naar bed gaan.

HERE IS THE NEWS

– **What** have you been **do**ing all after**noon**? **Have** you been **sleep**ing?

– **No**, I haven't. I've been **up**dating my ad**dress** book. I **have**n't had **time** to **list**en to the **news yet**. **Turn** on the **ra**dio.

"**Here** is the **la**test **news** from the **BBC**. Our **top sto**ry is that the **Prime Min**ister has **just** re**signed**. We **know** she has been **ill** for **some time**. **Nei**ther her **dep**uty nor the oppo**si**tion **lead**er was a**vail**able for com**ment**. But **one** of her **clo**sest **coll**eagues, the **Home Sec**retary, has **just said**: "The **PM** has been **suff**ering from **health prob**lems **late**ly so the **gov**ernment has been ex**pect**ing this a**nnounce**ment since **Jan**uary. **Even so** it's a very **sad mom**ent".

Now for some **o**ther **news**. A **per**son who **bought** a **lott**ery **tick**et last week has **won** a **m**illion **pounds** but the **winn**er has not **got** in **touch** with the **or**ganisers **yet**. A lottery **spokes**person said: "**He** or **she still** hasn't **con**tacted us".

The **stock mark**et has been **go**ing **down** since the be**ginn**ing of the **month**. The e**con**omy has been **slow**ing for the **last two quar**ters but **house pric**es have **not** been **fall**ing. And now, **crick**et. **Eng**land are **play**ing Aust**ra**lia at **Lord's**. The Aust**ra**lians have already **won three match**es and they are **still** in the **lead**. So if you have been **hop**ing for a **mir**acle, you'll be disap**point**ed.

Those are the **head**lines. Here's **Joe Amis** with the **weath**er."

"It's been **rain**ing for the **past four days** and **things** seem to be **gett**ing **worse**. The **wind** has been **ris**ing for the past **few hours** and **rough sea** is ex**pec**ted to**night** in the **Eng**lish **Chan**nel."

– Let's **turn off** and **go** to **bed**.

DE DIALOOG BEGRIJPEN
FORMULES EN UITDRUKKINGEN

→ Let op het verschil tussen **latest** en **last**: **latest** wijst op het recentste, nieuwste of het laatste in een reeks, **last** op het laatste (tot nu toe).

→ **The top**, *de top;* **at the top**, *bovenaan:* **The links are at the top of the home page**, *De links staan bovenaan de homepage.* **Top** kan ook bijvoeglijk gebruikt worden: **My office is on the top floor**, *Mijn kantoor is op de bovenverdieping*; **our top story**, *ons belangrijkste nieuwsitem. Dat is top!* wordt ook wel **That's great!** of gewoon **Fantastic!**

→ **To get in touch with** houdt de handeling van "contact opnemen met" in: **I'll get in touch with her later, after the meeting,** *Ik zal later contact opnemen met haar, na de vergadering*; **to be in touch** is *contact houden,* bijvoorbeeld aan het eind van een brief of een e-mail: **I'll be in touch,** *Ik hou contact.*

→ **Some time**, *enige tijd, even:* **I've been waiting for some time,** *Ik wacht al een tijdje.* Niet verwarren met **some of the time**, *een deel van de tijd, somtijds, soms*: **Gary is right some of the time, but not always,** *Gary heeft soms gelijk, maar niet altijd.*

→ **Spokesperson** klinkt neutraler dan **spokesman** of **-woman**.

→ **To turn on** of **off** is *aan-* of *af-/uitzetten* (denk aan de tijd waar aan een knop van een radio- of televisietoestel nog moest gedraaid worden...); **to turn up** is in die context *het volume hoger zetten* (het tegengestelde is **to turn down**) of zoals in Module 17 *komen opdagen.* Onthoud alles in zijn context, want soms zijn er dus andere betekenissen (bv. **to turn down** als *afslaan* of *afwijzen*).

CULTURELE INFO

Het Britse Parlement, dat zetelt in het Londense paleis van Westminster, ook genaamd **the Houses of Parliament**, is samengesteld uit **the House of Commons**, *het Lagerhuis* en **the House of Lords**, *het Hogerhuis.* Het hoofd van de regering is **the Prime Minister**, doorgaans verkort tot **the PM**, *de eerste minister*, de leider van de partij die de meeste stemmen behaalt bij de parlementsverkiezingen, **the general election** (in het enkelvoud), welke normaal om de vijf jaar plaatsvinden. Deze minister benoemt een **Cabinet**. De leider van de grootste oppositiepartij wordt **the Leader of the Official Opposition**, die een alternatieve ministerraad of **shadow Cabinet** benoemt.

◆ GRAMMATICA
JUST BIJ EEN PAS AFGELOPEN HANDELING/GEBEURTENIS

Just wordt gebruikt met de **present perfect** (en soms **continuous**) voor een net afgelopen handeling/gebeurtenis: **Have you heard the news? The PM has just resigned!** *Heb je het nieuws gehoord? De premier heeft net ontslag genomen!*

SINCE

Het voegwoord **since** wordt, net als **for** (zie Module 24), heel dikwijls gebruikt met de **present perfect** of **continuous**.
Na **for** *(gedurende)* komt informatie over hoelang iets gebeurt
(na **during** *(gedurende/tijdens)* over wanneer, in welke periode iets gebeurt)
en na **since** *(sinds)* over sinds hoelang/wanneer iets gebeurt:
It has been raining for the past three days, *Het regent al (gedurende) drie dagen*;
The Prime Minister has been ill since July, *De eerste minister is al sinds juli ziek.*

NEITHER ... NOR

We kennen al de constructie **either ... or** bij de keuze tussen twee mogelijkheden (Module 20). Het ontkennende **neither ... nor** staat met een werkwoord in de bevestigende vorm om de regel "nooit twee ontkenningen samen" te respecteren: **Neither the PM nor the Home Secretary was present,** *Noch de premier noch de minister van Binnenlandse Zaken was aanwezig.*

YET/STILL/ALREADY

• **Yet** = *al* en **not yet** = *nog niet* (lett. *niet al*) staat meestal aan het einde van de zin m.b.t. een verwacht iets dat al / nog niet is gebeurd: **Has Tom arrived? – Not yet.** *Is Tom aangekomen? – Nog niet.*
• **Still** = *nog (altijd/steeds)*: **The children were still sleeping when we arrived,** *De kinderen sliepen nog toen we aankwamen;* **Australia have* lost two matches but they're still in the lead,** *Australië heeft twee wedstrijden verloren, maar ze staan nog altijd aan de leiding.*
Still en **yet** worden vooral in een gesprek gebruikt met de **present perfect**, omdat ze iets wat begon in het verleden verbinden met een huidige toestand.
* In Brits Engels wordt een "team" veelal als een meervoud beschouwd (zie ook **England are playing** in de dialoog).

- **Already** is *al* m.b.t. iets dat eerder al (dan verwacht) gebeurde; het wordt dikwijls gebruikt met de **present perfect** (tussen **have/has** en hoofdwerkwoord) in de bevestigende vorm: **We've already invited him to the party,** *We hebben hem al uitgenodigd op het feestje.*

In een ontkennende of vragende zin wordt **already** vervangen door **still** of door **yet**: **We still haven't invited him to the party,** *We hebben hem nog altijd niet uitgenodigd op het feestje.*

▲ VERVOEGING
PRESENT PERFECT CONTINUOUS (DURATIEVE V.T.T.)

De duratieve vorm van de **present perfect** verbindt eveneens iets uit een niet nader bepaald verleden met het heden, maar dan eerder m.b.t. een langer durende handeling of gebeurtenis.

VORMING

has/have + **been** + onvoltooid deelwoord van het hoofdwerkwoord:

	Bevestigend	Ontkennend	
I	have/'ve	have not/haven't	been waiting.
you	have/'ve	have not/haven't	
he/she/it	has/'s*	has not/hasn't	
we/they	have/'ve	have not/haven't	

*opletten voor verwarring met de samentrekking van **he/she/it is** tot **he/she/it's**!

In de vragende vorm komt het hulpwerkwoord **has/have** voor het onderwerp te staan: **Have you been waiting?**

Het werkwoord in een **tag** is **to have**.

GEBRUIK

Deze tijd benadrukt de duur van een handeling/gebeurtenis die aanving/gebeurde in een niet nader bepaald verleden en nog steeds voortduurt of waarvan het resultaat nog merkbaar is op het moment dat men erover spreekt.

Even vergelijken: **The Australians have won four matches,** *De Australiërs hebben vier wedstrijden gewonnen* en **It has been raining for the past four days,** *Het regent al (gedurende) vier dagen.* In de eerste zin gaat het om het winnen (resultaat) van afgelopen wedstrijden in een onbepaald verleden → **present perfect**, in de tweede begon het vier dagen geleden te regenen en regent het nog → **present perfect continuous**.

● WOORDENSCHAT

to contact of **to get in touch with** contact opnemen met
to expect verwachten (zie ook p. 26)
to fall vallen; dalen, zakken
to get worse erger worden, verergeren
to go down neerwaarts gaan, zakken
to resign ontslag nemen
to rise, rose, risen stijgen, opgaan
to slow vertragen
to suffer lijden
to turn on/off aan-/afzetten
to update bijwerken, updaten
to win, won, won winnen

available beschikbaar
disappointed teleurgesteld
neither … nor noch … noch
rough ruw
top top-, hoofd-, belangrijkst

a headline een hoofdpunt, krantenkop
the Home Secretary de minister van Binnenlandse Zaken (zie Culturele info)
a match een wedstrijd of lucifer (p. 24)
a Prime Minister (PM) een eerste minister, premier
a quarter een kwart, kwartaal, kwartier
a spokesperson een woordvoerder/-ster
a stock market een effectenbeurs
a story een verhaal, hier nieuwsitem
the wind de wind

Let's go to bed Laten we naar bed gaan

I've been waiting all day to buy tickets to the concert, Ik ben al de hele dag aan het wachten / wacht al de hele dag om tickets voor het concert te kopen; **How long has it been snowing?** Hoelang is het al aan het sneeuwen / sneeuwt het al?

In dit stadium van je studie onthoud je vooral dat de **present perfect continuous** heel dikwijls wordt gebruikt met bijwoorden van tijd zoals **recently** of **lately,** of met tijdsaanduidingen zoals **all day** of ook met **for** en **since**. Je merkt dat de **present perfect continuous** in het Nederlands kan weergegeven worden met een o.t.t. Herinner je dat sommige werkwoorden geen duratieve vorm hebben (Module 14).

OEFENINGEN

1. VERVOEG DE WERKWOORDEN IN DE *PRESENT PERFECT CONTINUOUS*, GEBRUIK WAAR MOGELIJK DE SAMENGETROKKEN VORM:

a. I (to wait) for three hours for the weather to get better. →

b. Has the economy (to slow, *vragend*)? →

c. The PM (to suffer, *ontkennend*) from health problems lately. →

d. They (to expect) this announcement but it's still very sad. →

2. VUL DE ZINNEN AAN MET *FOR*, *SINCE* OF *DURING*:

a. England haven't won a match ……………… December.

b. Mr Bennet was so tired that he fell asleep ……………… the conference.

c. My colleague has been suffering from health problems ……………… many years.

d. The Home Secretary made the announcement ……………… a press conference.

e. The stock market has been rising ……………… the beginning of the year.

f. I haven't listened to the news ……………… a whole week.

3. BASEER JE OP DE DIALOOG OM DE ZINNEN AAN TE VULLEN, BELUISTER DE OPNAME TER CONTROLE:

a. The economy ……………… slowing for two quarters.

b. How long ……………… raining? – Three days!

c. ……………… the PM nor the Home Secretary ……………… available for comment last night.

d. Has ……………… snowing recently? – Yes, for three days.

e. She's busy at the moment but you can ……………… in ……………… with her after the programme.

f. Turn ……………… the radio, turn ……………… the volume, listen ……………… the news, then turn ……………… and come to bed.

4. VUL DE ZINNEN AAN MET *STILL*, *YET* OF *ALREADY*:

a. Have my colleagues arrived? – Not ……………… .

b. We won the last match and we're ……………… in the lead.

c. Are petrol prices ……………… rising?

d. I've ……………… listened to the news, but I want to listen again.

29.
BRIEVEN SCHRIJVEN

WRITING LETTERS

DOELSTELLINGEN

- **EEN VORMELIJKE BRIEF OPSTELLEN**
- **EEN BRIEF NAAR EEN VRIEND(IN) OPSTELLEN**
- **EEN E-MAIL OPSTELLEN**

BEGRIPPEN

- **PASSIEVE VORM**
- **BASISBETEKENIS VAN WERKWOORDEN UITBREIDEN (VERVOLG)**

BANEN, NIEUWS EN EEN BEZOEK

Geachte heer of mevrouw,
Ik solliciteer voor de betrekking van senior accountant geplaatst op myjobs.com. Ik werk als hoofd van (de) ontwikkeling(safdeling) bij Ball Ltd sinds 2015. Gedurende die periode [tijd] heb ik kantoren geopend over heel Europa en heb ik de bedrijfsboekhouding en betalingssystemen opgevolgd. Daarvoor was ik aankoopassistent bij een bedrijfje in het zuiden van Engeland. Ik stuur mijn cv en kopieën van mijn diploma's als bijlage mee en hoop spoedig iets van u te vernemen [horen van u in de nabije toekomst].

Hoogachtend, James Page.

[Mijn] Beste Sally,
Heel erg bedankt voor je heel lieve brief die ik vanmorgen ontving. Ik ben al een eeuwigheid van plan om [naar] je te schrijven en je te laten weten wat (er) met mij en mijn [het] gezin gebeurt. We maken het allemaal goed. Karen, onze oudste, maakt haar school af dit jaar. Ze kreeg [was] een plaats aangeboden aan (de) kunstacademie vorige maand, maar ik denk niet dat ze die zal (aan)nemen. Ze zegt dat ze een jaar vrij wil nemen en deeltijds werken [werk doen]. Hoe dan ook, ze heeft haar papa verteld dat ze twijfels [tweede gedachten] had. Kinderen! Je kan niet met hen leven en je kan niet zonder hen leven. Zoals ik je waarschijnlijk vertelde, zoek ik al maanden en maanden een baan. Vorige week werd ik benaderd door de personeelsmanager bij een groot bedrijf in Brighton. Ik belde hen onmiddellijk, maar men zei me dat de man op [een] zakenreis was. Dus nu ben ik aan het nagelbijten tot hij terugkomt. Vingers gekruist! Ik kan niet wachten om je terug te zien: zeg me wanneer je tijd vrij hebt en dan [zullen] komen we samen om iets te drinken / voor een drankje en een gezellige, lange babbel.

Veel liefs, Stephanie.

Hallo, daar. Leuk om (wat) van je te horen! Het is al zo [te] lang geleden. Ik kom naar Brighton volgende week. Ik bel je zodra ik aankom.

Hou je goed, Scott

31 — JOBS, NEWS AND A VISIT

Dear Sir or Madam,

I am applying for the position of senior accountant advertised on myjobs.com. I have been working as head of development with Ball Ltd since 2015. During that time, I have opened offices all over Europe and I have looked after the company's accounts and payment systems. Before that, I was a purchasing assistant with a small firm in southern England. I am attaching my CV and copies of my qualifications and I hope to hear from you in the near future.

Yours faithfully, James Page

My dear Sally,

Thanks so much for your really sweet letter, which I got this morning. I've been meaning to write to you for ages and let you know what has been happening with me and the family. We're all doing fine. Karen, our eldest, is leaving school this year. She was offered a place at art college last month but I don't think she'll take it. She says she wants to take a year off and do part-time work. However, she told her dad that she was having second thoughts. Kids! You can't live with them and you can't live without them. As I probably told you, I've been looking for a job for months and months. Last week I was contacted by the personnel manager at a big company in Brighton. I called them immediately but I was told that the guy was on a business trip. So now I'm biting my nails until he gets back. Fingers crossed! I can't wait to see you again: tell me when you have some spare time and we'll get together for a drink and a nice long chat.

Lots of love, Stephanie.

Hi there. Good to hear from you! It's been too long. I'm coming to Brighton next week. I'll call you as soon as I arrive.

Take care, Scott

■ DE DIALOOG BEGRIJPEN
FORMULES EN UITDRUKKINGEN

→ **Head of,** *hoofd van* of *verantwoordelijke voor* (*verantwoordelijk* = **responsible** dat alleen als bijvoeglijk naamwoord bestaat!): **This is Mary Billings, she's head of sales,** *Dit is Mary Billings, ze staat aan het hoofd van de verkoopafdeling.*

→ **Southern:** we zagen de vier windstreken in Module 3; de adjectieven **northern, southern, eastern** en **western** worden dikwijls gebruikt in geografische aanduidingen, vergelijkbaar met *zuid-, zuiders, zuidelijk, in het zuiden van; noord-* enz.

→ **CV,** uitgesproken als [sievie]) en geschreven in hoofdletters, Brits Engels voor een *cv*, wat Amerikanen **a resumé** noemen!

→ **Sweet,** *zoet* wordt in de omgang gebruikt in de betekenis van *lief, schattig,...*

→ **Age,** *leeftijd;* de meervoudsvorm wordt gebruikt voor een tijdperk: **the Middle Ages,** *de middeleeuwen* en in de omgangstaal met **for** voor "een lange tijd": **Karen hasn't seen James for ages,** *Karen heeft James al een eeuwigheid niet gezien.*

→ **Off** kan gebruikt worden met een tijdsaanduiding om een periode waarin men vrij is aan te duiden: **Tuesday is my day off,** *Dinsdag is mijn vrije dag.*

→ **To have second thoughts** is een idiomatische manier om "twijfelen" uit te drukken: **We're having second thoughts about their offer,** *We hebben onze twijfels over hun voorstel.*

→ **Fingers crossed,** verkorte vorm van **Keep your/my** etc. **fingers crossed.**

→ **The eldest (daughter),** *de oudste (dochter):* **old - older - oldest,** maar **elder - eldest** m.b.t. personen.

CULTURELE INFO

Weetjes bij het opstellen van een zakelijke brief:
- kent men de familienaam van de geadresseerde, dan is de briefaanhef **Dear Mr/Mrs/Ms X** en de slotformule **Yours sincerely**; anders begint men met **Dear Sir/Madam** en eindigt men met **Yours faithfully**.
- samentrekkingen zijn gebruikelijk in gesproken taal, kunnen ook in een informele brief of in e-mailverkeer, maar laat ze achterwege in zakelijke briefwisseling.

Je doet er alleszins goed aan je zelfgeschreven vormelijke brief, voor je hem opstuurt, door een Engelstalige te laten nalezen: het is in dit stadium van je studie volstrekt normaal om fouten te maken in het Engels, maar het is niet nodig om die schriftelijk te bevestigen...

◆ GRAMMATICA
PASSIEVE VORM

VORMING
- vorm van **to be** (in het Nederlands meestal van "worden") vervoegd in de tijd van het werkwoord uit de actieve zin + voltooid deelwoord
- samentrekking van het hulpwerkwoord, ontkennende/vragende vorm: de basisregels zijn van toepassing.
- **continuous form**: **being** toevoegen voor het voltooid deelwoord: **We are being encouraged,** We worden aangemoedigd.

GEBRUIK
- vergelijkbaar met het Nederlands: **I was contacted by the press,** Ik werd gecontacteerd/benaderd door de pers.
- in "onpersoonlijke" wendingen, vooral wanneer de identiteit van het agens onbelangrijk of onbekend is, is de passieve vorm een elegante oplossing: **My wallet has been stolen,** Mijn portefeuille werd gestolen / Ze hebben mijn portefeuille gestolen; **She was offered a place at college,** Men bood haar een plaats aan de hogeschool aan / Er werd haar een plaats aangeboden / Ze kreeg een plaats aangeboden; **I was told that anyone can become Prime Minister,** Men zei me dat eender wie eerste minister kan worden / Er werd me gezegd dat...
- ook gebruikt op informatieborden, dikwijls zonder het werkwoord **to be**: **Cheques Not Accepted,** Cheques (worden) niet aanvaard, **No Change Given,** (We geven) geen wisselgeld (terug).

Door veel met Engelstaligen en Engelse teksten om te gaan, zullen zich vlot automatismen vormen.

BASISBETEKENIS VAN WERKWOORDEN UITBREIDEN (VERVOLG)

• **to look after** komt overeen met *zich bezighouden met, zorgen voor, passen op* enz., afhankelijk van de context en altijd waar sprake is van "toezicht": **I looked after my sister's children yesterday while she was at work,** *Ik heb gisteren op de kinderen van mijn zus gepast terwijl ze aan het werk was*; op een waarschuwingsbord op een openbare plaats: **Look After Your Belongings,** *Houd uw bezittingen in de gaten*

• **to hear from** kan op verschillende manieren vertaald worden, bijvoorbeeld: **We haven't heard from James since Christmas,** *We hebben sinds Kerstmis niets gehoord/vernomen* of *geen nieuws van James;* de formule in **I hope to hear from you in the near future** of vlotter **Hoping to hear from you soon** is vergelijkbaar met *In afwachting van een spoedig antwoord ... / In de hoop ... / Hopend op ...* .

En om af te sluiten nog een samenstelling met een bijwoord:

• **to get together,** *samen-, bij elkaar komen, elkaar ontmoeten* voor een borrel, een hapje en een drankje, een avondje uit enz.; **a get-together** is *een vriendenbijeenkomst, feestje.*

Je merkt het, ook al zijn veel dingen herkenbaar, als Nederlandstalige moeten we toch opletten!

WOORDENSCHAT

to advertise adverteren, via advertentie aankondigen, aanbieden, zoeken enz.
to apply solliciteren
to attach meesturen, toevoegen als bijlage
to bite, **bit**, **bitten** bijten
to bite one's nails nagelbijten
to contact benaderen (zie ook Module 28)
to get together samenkomen, -brengen enz.
to have second thoughts twijfels hebben
to look after zich bezighouden met, zorgen voor enz.
to mean, **meant**, **meant** van plan zijn (naast bedoelen, betekenen)
to purchase aankopen

for ages eeuwenlang, een eeuwigheid
immediately onmiddellijk
part-time deeltijds
spare vrij, extra, reserve- (zoals in **spare room** in Module 15)
sweet zoet, lief

eastern oost-, oosters, oostelijk, in het oosten
western west-, ...
northern noord-, ...
southern zuid-, ...

an accountant een accountant
the accounts de rekeningen, dus boekhouding
an art college een kunstacademie
a business trip een zakenreis
a chat een babbel
a copy een kopie; een exemplaar
a letter een letter of brief
a payment een betaling
personnel personeel
a position een positie, betrekking
purchasing het aankopen, aankoop-
qualifications kwalificaties, diploma's
a system een systeem
a thought een gedachte
a year (day, week) off een jaar (dag, week) vrij

Good to hear from you! Leuk om van je te horen!
How sweet of you! Wat lief van je!
Take care Hou je goed
Yours faithfully Hoogachtend

● OEFENINGEN

1. ZET DE WERKWOORDEN IN DE PASSIEVE VORM:

a. My husband (to contact) ……………… by his old firm and (to give) ………… a job. (*verleden tijd*)

b. We (to tell) ……………… that the hotel had no free rooms. (*verleden tijd*)

c. I'm glad to hear that Sally (to offer) ……………… a place at university. (*present perfect*)

d. What's the matter? – Her wallet (to steal) ……………… . (*present perfect*)

2. VERVOEG DE WERKWOORDEN TUSSEN HAAKJES IN DE PASSENDE TIJD, BELUISTER DE OPNAME TER CONTROLE:

a. We will email you when we (to arrive) ……………… in London.

b. I look after my sister's kids every week when she (to be) ……………… at work.

c. Let us know if you (to have) ……………… any free time next week.

d. As soon as we (to receive) ……………… the payment, we will post your package.

e. When will you (to pay) ……………… the bill?

3. VUL DE ZINNEN AAN, BELUISTER DE OPNAME TER CONTROLE:

a. Have you heard ……………… Ball Ltd? – No, not yet.

b. I hope that you will let ……………… know if your plane is late.

c. He says that he will give ……………… smoking in the near future. I don't believe him.

d. Make sure that you look ……………… your belongings when you take the Tube.

e. We get ……………… once a week for a chat and a cup of tea.

f. I really look ……………… to seeing her again when she comes to Brighton.

4. VERTAAL DE ZINNEN:

a. Ze willen een dag vrij nemen, maar we hebben het te druk.
→

b. Laat me weten wanneer je tijd vrij hebt en dan komen we samen om iets te drinken.
→

c. Het bedrijf heeft een aanbod gedaan, maar ik twijfel. Ik wil deeltijds werken.
→

d. Ze hebben hem een plaats aangeboden op de kunstacademie, maar ik denk niet dat hij die zal aannemen.
→

30.
NIET OP KANTOOR
OUT OF THE OFFICE

DOELSTELLINGEN

- EEN TELEFOONGESPREK VOEREN IN VERSCHILLENDE REGISTERS

BEGRIPPEN

- OPNEMEN
- DE JUISTE PERSOON
- VRAGEN NAAR/AANGEVEN VAN DE REDEN VAN DE OPROEP
- DOORSCHAKELEN
- AFWEZIGHEID/ONBESCHIKBAARHEID MEEDELEN
- BOODSCHAP/TERUGBELLEN
- AFSCHEID NEMEN
- VRAGEN OM TE HERHALEN, SPELLEN ENZ.

BOODSCHAPPEN ACHTERLATEN

– Hallo, met [dit is] Tom. Is Bill er [binnen]? Ik moet hem spreken.

– Hoi Tom. Monica hier. Momentje, ik kijk of hij in de omtrek [rondom] is. Sorry, hij is er niet [uit] op dit ogenblik. Wil je een boodschap achterlaten?

– Nee, ik was gisteren al van plan om hem op te bellen [terugkeren naar hem], maar ik ben (het) vergeten. Zeg hem gewoon dat ik gebeld heb. Bedankt. Daag.

– Zal (ik) doen. Doei.

– Ben ik bij [Is dat] Steptoe & Zonen? Ik zou [met] Harry Steptoe willen spreken.

– Mag ik vragen wie ik aan de lijn heb [belt]?

– [Dit is] Theresa Harvey. Ik ben een cliënte van Harry. Ik bel om te horen [achterhalen] of hij vrij is om te lunchen.

– Ik kijk even of hij er is. Blijft u aan de [Houd de] lijn, alstublieft. Bedankt voor het wachten. Ik kan mr. Steptoe niet te pakken [grip van] krijgen. Misschien zit hij vast in een vergadering of opgehouden door [opgebonden met] iets.

– Zou u hem kunnen vragen om me terug te bellen? Het is belangrijk.

– Natuurlijk. Laat me uw nummer opschrijven [neer-].

– Hij kan me bereiken op 077 619 3822, toestel 16.

– 60?

– Nee, 16. Of hij kan me e-mailen. Mijn adres is m_harvey@bu.co.uk.

– Ik zorg ervoor [zal maken zeker] dat hij uw bericht ontvangt. Bedankt voor het bellen. Goeiedag (nog).

– Bedankt voor uw oproep naar [Dank u voor het bellen] IBL. Hoe kan ik (u) van dienst zijn?

– Zou u me willen doorverbinden met de afdeling Personeelszaken, alstublieft?

– Wie mag ik aanmelden [zeggen is bellend]? Mw Caine heeft het heel druk momenteel.

– Mijn naam is Robbins: R-O-B-B-I-N-S.

– En waarover gaat het [wat is dit betreffend]?

– Mw. Caine heeft me een voorstel gestuurd, dat ik gelezen heb, en ik bel haar terug.

– Een ogenblik, alstublieft. Ik vrees dat ze nu net niet aan haar bureau zit [weg is van].

– In dat geval, mag ik een boodschap nalaten voor haar? Zou u haar kunnen laten weten dat ik geïnteresseerd ben?

– (Dat) zal ik zeker. Is er verder iets (waar)mee ik u kan helpen?

– Nee. Heel erg bedankt voor uw hulp.

LEAVING MESSAGES

– Hel**lo**, this is **Tom**. Is **Bill** in? I **need** to **talk** to **him**.

– **Hi Tom**. It's **Mo**nica. **Hold on**, I'll **see** if he's a**round**. **Sor**ry, he's **out** at the **mo**ment. Do you **want** to **leave** a **mes**sage?

– No, I **meant** to get **back** to him **yes**terday but I for**got**. Just **tell** him **I called**. **Thanks**. **Bye**.

– **Will do**. **Bye**.

– Is that **Step**toe and **Sons**? I'd **like** to **speak** with **Harry Step**toe.

– May I **ask** who's **call**ing?

– This is Theresa **Har**vey. I'm a **cli**ent of **Harry's**. I'm **call**ing to find **out** if he's **free** for **lunch**.

– I'll **see** if he's **in**. **Hold** the **line** please. **Thanks** for **wait**ing. I can't **get hold** of Mr **Step**toe. He **may** be **stuck** in a **mee**ting or **tied up** with **some**thing.

– Could you **ask** him to **call** me **back**? It's im**por**tant.

– Of **course**. Let me **write down** your **num**ber.

– He can **reach** me **at** 077 619 3822, ex**ten**sion 16.

– Six**ty**?

– No, **sixteen**. Or he can **e**mail me. My ad**dress** is m_**har**vey@bu.co.uk.

– I'll **make sure** he **gets** your **mes**sage. **Thanks** for **call**ing. Good **bye**.

– **Thank you** for **call**ing **IBL**. **How** may I **be** of a**sssis**tance?

– Would you **put** me **through** to the **HR** de**part**ment **please**?

– **Who** may I **say** is **call**ing? Ms **Caine** is very **bu**sy at the **mo**ment.

– **My name** is **Ro**bbins: R-O-B-B-I-N-S.

– And **what** is this re**gard**ing?

– Ms Caine sent me a pro**po**sal, which I have **read**, and I am re**turn**ing her call.

– **Please hold**. I'm **afraid** she's **away** from her **desk** right **now**.

– In **that case**, may I **leave** a **mess**age for her? Could you **let** her **know** that I'm **in**terested?

– I **cer**tainly **will**. Is there **a**nything **else** I can **help** you **with**?

– **No**. **Thank** you **so much** for your **help**.

DE DIALOOG BEGRIJPEN
FORMULES EN UITDRUKKINGEN

→ **Around**: *rond(om)* (o.a. Module 10); *omstreeks, ongeveer* (o.a. Module 13); **around the corner,** *om de hoek, in de buurt* (Module 20) en nu: **I want to speak to Sally. Is she around?** *Ik wil Sally spreken. Is ze in de buurt?*

→ **Will do,** verkorte versie van **I will do it: Call me tomorrow. – Will do,** *Bel me morgen. – Doe ik.* Of nadrukkelijker: **Please let me know tomorrow. – I certainly will,** *Laat het me morgen weten, alstublieft. – Zal ik zeker doen.*

→ **A customer,** *een klant* (Module 7) koopt goederen en **a client** (uitspraak: [**kla**jent]), *een cliënt* diensten, maar de grens tussen beide is dun. Kies bij twijfel voor **a customer**.

→ **I am a client of Harry,** *Ik ben een cliënt/-e van Harry* of **I am a client of Harry's,** waarbij Harry's zaak niet uitgesproken wordt – zelfde vertaling.

→ **To be tied up,** van het regelmatige **to tie**, *(vast)binden, knopen,* is een idiomatische wending voor *druk bezig zijn, opgehouden worden*; het voorwerp daarvan wordt ingeleid met het voorzetsel **with: She's tied up with a customer at the moment,** *Ze is druk bezig met een klant momenteel.*

→ **To get back to:** je weet dat **to get** een werkwoord van beweging zoals **to come** kan vervangen, bv. in de tweede brief in Module 29: **until he gets back,** *tot hij terugkomt/terugkeert,* maar **to get back** kan ook figuurlijk gebruikt worden, bv. in **to get back to someone as soon as possible,** *zo snel mogelijk opnieuw contact opnemen met iemand, een antwoord geven* enz.

→ **To hold on** is *aanhouden, volhouden*. In courant taalgebruik is de uitdrukking **Hold on** een variant op **Hang on** (Module 15), *Blijf even hangen, Wacht ('s) even, Momentje* enz.: **Are you free on Friday? – Hold on, I'll check my diary,** *Ben je vrijdag vrij? – Wacht even, ik kijk het na in mijn agenda.* Het woord **hold** is heel nuttig bij telefoongesprekken, bijvoorbeeld: **I'll put / I'm putting you on hold,** *Ik zet u even in de wacht / op de wachtlijn;* **Please hold (the line),** *Blijf(t u) even aan de lijn.* Zo is er ook **a hold message** en **hold music,** *een bericht en de muziek dat/die te horen is tijdens het wachten,* alsook **to get hold of,** *te pakken krijgen* in de betekenis van *bereiken,* enigszins vergelijkbaar met **to contact.**

Alweer een paar voorbeelden die aantonen hoe belangrijk het is om dergelijke werkwoorden samen met hun nader bepalende element - en in een context - te onthouden: deze woordjes kunnen betekenisbepalend zijn, vallen niet altijd letterlijk te vertalen en worden soms in het Engels anders gebruikt dan in het Nederlands.

◆ HOE EEN OPROEP BEANTWOORDEN EN EEN TELEFOONGESPREK VOEREN?

OPNEMEN

Vroeger zei men bij het opnemen eerst zijn telefoonnummer: **619 3822**, **Hello?** Tegenwoordig volstaat men met **Hello?** *Hallo?*, met stijgende toon, of start men met zijn naam, met dalende toon: **This is Sam Kelly (speaking).**
Uiteraard kan men bij een privé-oproep min of meer zelf kiezen hoe die te beantwoorden: **Yeah?**, **Yes?**, **I'm listening** enz.

DE JUISTE PERSOON

• In een formeel register zijn er verschillende mogelijkheden om het telefoongesprek aan te vatten: **Is this/that XXX?**, lett. *Is dit/dat XXX?* (het onderscheid tussen **this** en **that** heeft in deze context geen belang), *Spreek ik met XXX?*

• **May I speak to XXX?** *Zou ik XXX kunnen spreken?*
May klinkt vormelijker dan **can** en wordt dus in meer van die typische wendingen voor aan de telefoon gebruikt. (Even herhalen dat dit modaal hulpwerkwoord ook een mogelijkheid uitdrukt: **Harvey may be in a meeting,** *Misschien zit Harvey in een vergadering.*)
To speak to en **to talk to** zijn in deze context synoniemen, hoewel het eerste meer gebruikt wordt. Vergeet in het Engels het voorzetsel niet! Sommige Engelstaligen, namelijk Amerikanen, gebruiken **with** i.p.v. **to**.

• **This is XXX. / I'm XXX. / Speaking.** Ben jij degene voor wie men belt, dan kan je dat op verschillende manieren bevestigen, bijvoorbeeld:
May I speak to Harvey? – This is Harvey./I'm Harvey./Speaking.
In een vormelijke context antwoorden Amerikanen en sommige Britten met: **This is he/she.**

VRAGEN NAAR / AANGEVEN VAN DE REDEN VAN DE OPROEP

Een eenvoudige, polyvalente formule is **What's this about?** *Waarover gaat het?* Vormelijker klinkt het met een afleiding van het werkwoord **to regard**, *betreffen*: **What is this regarding?** of **What is this in regard to?**

DOORSCHAKELEN

To put someone through of gewoon **to connect**, *iemand doorverbinden, doorschakelen*: **I'm putting you through now / I am connecting you now,** *Ik verbind u door.*

AFWEZIGHEID/ONBESCHIKBAARHEID MEEDELEN

In gewone omgangstaal kan afwezigheid simpel meegedeeld worden met **Sorry, he's/she's not in** of **He's/She's out** (van **out of the house**, *het huis uit*).
Dat iemand niet aan de telefoon kan komen, kan in formele of professionele context op verschillende manieren meegedeeld worden. Veelal luidt de inleiding **I'm sorry but…**
Een paar voorbeelden:
… she can't come to the phone right now. … *ze kan nu niet aan de telefoon komen.*
… he's on another line. … *hij zit op een andere lijn.*
… she is tied up (with something/someone). … *ze is druk bezig (met iets/iemand).*
… they are stuck in a meeting. … *ze zitten vast in een vergadering.*
… she has stepped out of the office*. … *ze is het kantoor uit gegaan.*
… he's away from his desk*. … *hij zit niet aan zijn bureau.*
Het standaard antwoord is **I understand**, *Ik begrijp het.*

BOODSCHAP/TERUGBELLEN

Men kan vragen om een boodschap over te brengen aan of teruggebeld te worden door iemand:
Could/May I leave a message (for him/her)? *Zou ik een boodschap kunnen achterlaten (voor hem/haar)?*
Could you ask him/her to call me back, please? *Zou u hem/haar kunnen vragen om me terug te bellen, alstublieft?*

---

* Onthoud dat voor *een bureau* **an office** gezegd wordt m.b.t. *een kantoor* en **a desk** m.b.t. *een meubel* (Module 15).

AFSCHEID NEMEN

Er is geen specifieke formule om een gesprek te beëindigen. Je gesprekspartner zou je kunnen vragen of je nog andere onderwerpen wenst aan te halen:
Is there anything else I can help you with? *Is er verder iets waarmee ik u kan helpen?*
Is there anything else I can do for you? *Kan ik verder nog iets voor u doen?*
Een privé-gesprek beëindigt men vaak met **Bye**, *Daag*; **See you**, *Tot ziens*; **Talk soon**, *We spreken elkaar gauw*; **Nice talking to you,** *Het was fijn om je te spreken* – of zelfs **Ciao**; in een formeel gesprek kan men zeggen **Thank you / Thanks for your time** (Module 22), **Thanks for your call**, *Bedankt voor uw oproep* of ook:
Thank you for your help/attention, *Bedankt voor uw hulp/aandacht.*
Tot slot nog de sympathieke uitdrukking **Have a nice day,** *Nog een fijne dag verder.*

VRAGEN OM TE HERHALEN, SPELLEN ENZ.

• Mocht je iets niet goed begrepen hebben, aarzel dan niet om je gesprekspartner te vragen dat even te herhalen: **Could you repeat that please?** *Zou u dat kunnen herhalen, alstublieft?;* **Would you mind saying that again?** *Vindt u het niet erg om dat even te herhalen?*

• Om te vermijden dat men dezelfde woorden in hetzelfde tempo herhaalt, kan je gerust **slowly**, *langzaam* toevoegen: **Could you repeat that slowly please?** of ook: **Could you speak more slowly please?** *Zou u langzamer kunnen spreken, alstublieft?*

• Gaat het om een naam, dan kan gevraagd worden om die te spellen: **Would you mind spelling that for me please?** *Vindt u het niet erg om dat even te spellen voor me, alstublieft?* Voor het spellen van het alfabet in het Engels, zie Module 3.

• Getallen (zie Module 2), dagen (zie Module 3), maanden en datum (zie Module 14).

• Een probleem dat ook Engelstaligen soms ondervinden, zit in het verschil horen tussen getallen die eindigen op **-teen** (van 13 tot 19) en die op **-ty** (de tientallen). Durf dus gerust te vragen **Did you say thirTEEN or thirTY?**, **sixTEEN or sixTY?** enz., hierbij duidelijk het laatste element benadrukkend.

NIEUWE COMMUNICATIEMIDDELEN

Hoe heten al die tekens in e-mailadressen, Twitterberichten enz.:

@	at	apenstaartje
.	dot	punt (als zinseinde heet het **a full stop**)
-	hyphen	liggend streepje
_	underscore	laag liggend streepje
/	forward slash	schuine streep *(vooruit -)*
\	backslash	omgekeerde schuine streep *(terug-)*
#	hashtag	hekje; in Groot-Brittannië ook **pound** genoemd
:	colon	dubbelepunt
;	semicolon	puntkomma

to email, *e-mailen*
to tweet, *tweeten, twitteren*
to SMS: sms-taal vergt al een behoorlijke lexicale kennis; verderop in dit boek tonen we een paar veel gebruikte berichtjes.

WOORDENSCHAT

to be in/out *aanwezig, er zijn / afwezig, weg, er niet zijn*
to be stuck *vast zitten,* van **to stick, stuck, stuck** *kleven*
to be tied up *druk bezig, opgehouden* (lett. *opgebonden*) *zijn*
to find out *te weten komen, achterhalen* (dus niet *uitvinden =* **to invent**!)
to get hold of *te pakken krijgen*
to make sure *ervoor zorgen dat, het nodige doen opdat* (synoniem: **to ensure**)
to put someone through *iemand doorverbinden*
to reach *bereiken*
to regard *betreffen*
to return *terugkeren, -geven*
to write (down) *(neer-, op)schrijven*

assistance *assistentie, hulp*
a client *een cliënt/-e*
an extension *een uitbreiding,* hier *toestelnummer waarnaar doorgeschakeld wordt*
HR, Human Resources (lett. *menselijke bronnen = personeel*) *personeelszaken*
a message *een bericht, boodschap*
a proposal *een voorstel*

right now *nu net, op dit ogenblik; meteen*

Hold on *Momentje, Even geduld* enz.
I/We certainly will *(Dat) zal ik / zullen we zeker* - **Will do** *Doe ik / Doen we* (informeel taalgebruik)
Thanks for calling *Bedankt voor het bellen / je/uw oproep*

⬢ OEFENINGEN

1. ZET DE ELEMENTEN IN DE JUISTE VOLGORDE OM EEN VLOTTE ZIN TE VORMEN:

a. I'm – he's – afraid – away – his desk – from – right now.
→

b. We'll – sure – that – make – she – their message – gets.
→

c. Is – we – anything – there – else – can – you – help – with –?
→

d. May – I – how – of – assistance – be –?
→

2. VUL DE ZINNEN AAN:

a. We can't get hold .... Harvey. – He must be .... from his desk.

b. I'll get .... you when I hear .... my lawyer.

c. Please hold .... I'm trying to get .... touch .... my boss.

d. I'm afraid that I'm tied .... a customer right now.

e. Could you put me .... the HR department, please?

f. Is there anything else we can help you ....?

3. VERTAAL DE ZINNEN:

a. We willen Harry spreken. Is hij in de buurt? – Ik zal kijken of hij er is.

→

b. Laat me weten of je vrij bent om te lunchen morgen. – Doe ik.

→

c. Ik ben een cliënt/klant van mw. Caine. Zou u haar kunnen laten weten /willen meedelen dat ik hier ben?

→

d. Kan ik Erin spreken. – Met Erin*. – Hallo, Erin, met Mike.

→

e. Bedankt om Engels te leren met Assimil! Ga alstublieft verder. – Doe ik!

→

*(drie mogelijkheden)

OPLOSSINGEN VAN DE OEFENINGEN

> **OPMERKING**
>
> Op de volgende bladzijden vind je de oplossingen van de oefeningen uit de vorige modules. De oefeningen waar een opname bij hoort zijn aangeduid met het pictogram 🔊 en het nummer van de track op je audio streaming. Op een track hoor je eerst de dialoog en dan de oefeningen van een les, vandaar dat ze hetzelfde tracknummer hebben.

1. KENNISMAKING

1. a. I'm Scottish. – **b.** You're from Liverpool. – **c.** She's here and he's over there. – **d.** It isn't easy.
2. a. Am I Scottish? – **b.** Are you from Liverpool? – **c.** Is she here and is he over there? – **d.** Isn't it easy?
🔊 03 **3. a.** What – **b.** Where – **c.** When – **d.** Who – **e.** Why – **f.** How
4. a. We are (of We're) here for the conference. – **b.** Great! See you later. – **c.** Is your wife here? – Yes, she is. – **d.** Where are you from, Jim?

2. EERSTE GESPREK

1. a. My – **b.** His – **c.** Their – **d.** Her – her
2. a. Is that an interesting job? – **b.** Are these your house keys? – **c.** Is she free for dinner? – **d.** Is that her handbag?
3. a. is – **b.** What – his – **c.** those your – they aren't – **d.** That is / That's
🔊 04 **4. a.** three – **b.** seven – **c.** twelve – **d.** six – **e.** fifteen – **f.** nine – **g.** thirteen – **h.** four – **i.** twenty
5. a. Are you free for dinner this evening? – I am / I'm afraid not. – **b.** I live in New York. I am / I'm here on business and I am / I'm very busy.

3. PRATEN MET EEN ONBEKENDE

1. a. any – **b.** some – **c.** any – **d.** some
2. a. Thursday the eleventh – **b.** Tuesday the fourth – **c.** Saturday the second – **d.** Monday the twelfth
4. a. Thanks very much for your help. – My pleasure. / It's a pleasure. – **b.** Excuse me, is there an ATM near here? – **c.** The newsagent is just behind you, but it's closed. – **d.** Is it far? They are / They're very tired. – Not at all.

4. EEN HUISELIJK GESPREK

1. a. It isn't too small. / It's not too small. – **b.** You aren't untidy. / You're not untidy. – **c.** We aren't very organised. / We're not very organised. – **d.** He isn't joking! / He's not joking!
2. a. These are my brothers' clothes. – **b.** Those are Sandy's trousers. – **c.** They're Ian's jeans.
3. a. This shirt is mine. – **b.** These socks are his. – **c.** That leather jacket is hers. – **d.** Those keys are ours.
🔊 06 **4. a.** Whose are these keys? – They're mine. – **b.** Anyway, Sandy is here for the conference. – You are / You're joking. – **c.** These jeans are mine. – Sorry, my mistake. – **d.** I am / I'm not untidy, I am / I'm just a little disorganised. – **e.** His trousers are black and his shorts are grey. – **f.** Her jacket is too small.

5. DE FAMILIE

1. a. finishes – **b.** cooks – **c.** enjoy – **d.** are
2. a. us – **b.** her – **c.** them – **d.** him – **e.** her – **f.** you
3. a. for – for – **b.** for – **c.** of – to – **d.** at – at – **e.** of
4. a. wives – **b.** meals – **c.** ladies – **d.** boys – **e.** babies – **f.** kids

🔊 07 **5. a.** The children are hungry and thirsty. **b.** You are / You're right. They want their presents now. – **c.** He really enjoys cooking. He is / He's very kind. – **d.** There are so many plates and glasses, but there is / there's plenty for everyone.

6. BIJ DE DOKTER

🔊 08 **1. a.** matter with – **b.** Is – any – any – there are **c.** How are – well – have – **d.** one – **e.** Is – in – he is – **f.** Is there – yourself
2. a. to – **b.** in – **c.** to – **d.** in – on – **e.** in – **f.** on
3. a. There – **b.** There are – **c.** there – **d.** There is – **e.** Here
4. a. ten o'clock – **b.** two o'clock in the morning – **c.** eleven o'clock in the evening – **d.** nine o'clock – **e.** seven o'clock in the evening – **f.** eight o'clock – **g.** twelve o'clock / midday / noon
5. a. His feet and his head hurt and his mouth is dry. – Yes, and his temperature is high. – **b.** The cinema is not / isn't in the shopping centre. It is / It's opposite the police station on the main road. – **c.** Where is my coat? The blue one or the grey one? The blue one. – **d.** I am / I'm already late for my appointment. See you later. – **e.** In case you are / you're hungry, there is ice cream for dessert. – **f.** Where are Rod and Sue? They are / They're already late.

7. ETEN EN DRINKEN BESTELLEN

1. a. Can I have a cheese sandwich? – **b.** Can't you pay by cheque? – **c.** Can we order a cup of tea? – **d.** Can they eat a lot of sugar? – **e.** Can't she have the bill?
2. a. many – **b.** much – **c.** a lot of – **d.** much – **e.** many – **f.** a lot of
🔊 09 **3. a.** at – **b.** Who's – **c.** Are – to – we are – **d.** can have – Can I – **e.** cheese – With – without – **f.** have – hurry – much
4. a. They enjoy my meatloaf. It is / It's home-made – **b.** Anything else? – No, thank you. – That will be ten pounds and nineteen pence / ten pounds nineteen / ten nineteen. – **c.** What can I get you? – Just a cup of white coffee, please. – **d.** Have a nice day. – You too. – **e.** We do not / don't have any cash. Can we pay by card? – Yes of course. – **f.** I cannot / can't eat too much sugar or too many calories. – Of course not.

8. WINKELEN

1. a. down – by – **b.** to – **c.** for – **d.** on – **e.** over
🔊 10 **2. a.** Do they want to pay cash? – **b.** Does she like these dark blue sweaters? – **c.** Do you have the next size down? – **d.** Does he need to buy a pair of shoes? – **e.** Do we sell ink-jet printers?
3. a. ones – **b.** one – **c.** one – **d.** ones – **e.** ones
4. a. At a butcher's – **b.** At a baker's – **c.** At a stationer's – **d.** At a fishmonger's – **e.** At a greengrocer's – **f.** At a supermarket

5. a. My son needs a pair of shoes. – Certainly. What size does he take? – **b.** They don't / do not fit. Do you have the next size up? – **c.** Is she being served? – No, she's just looking. – **d.** This printer is on sale. – I can see why!

9. DE TREIN NEMEN

1. a. Do they want to fly to Liverpool on Wednesday? – **b.** Does Steve want to take the ten fifteen train? – **c.** Is there a cheap train this afternoon? – **d.** Do you have another idea?
2. a. How much – **b.** How much – **c.** How many – **d.** How much
3. a. It's quarter past nine / nine fifteen – **b.** It's twenty-five past five / five twenty-five – **c.** It's ten past four / four ten – **d.** It's half past nine / nine thirty – **e.** It's ten to seven / seven fifty – **f.** It's quarter to nine / eight forty-five – **g.** It's half past twelve / twelve thirty

🔊 11 **4. a.** I'm / I am afraid that the return fare is expensive. – How much? – **b.** Does he have another idea? – Yes, he does. Cancel the meeting. – **c.** How much does a single (ticket) cost? – Two hundred pounds. – **d.** Does the plane arrive before midnight? – No (it doesn't). – **e.** Please sit down. – Thank you. I feel a little nervous. – **f.** There are a few trains, and some of them are inexpensive. – OK, but I can't be late.

10. TELEFONEREN

1. a. around – through – down – **b.** on – next to – **c.** in – between – **d.** to – at
2. a. always – **b.** still – **c.** always – **d.** still – always
3. a. Give Mary a ring/call. Any luck? – No, the line is still engaged/busy. – **b.** I'm / I am tired and I am / I'm still hungry. So am I. – **c.** I don't / do not like his accent. – Neither does Jim. – **d.** What kind of computer has he got? – A white one. Sorry, I'm bad at technology.

11. ZICH KLAARMAKEN OM UIT TE GAAN

1. a. Who – from – **c.** When – **d.** Who – with – **d.** Whose – these/those
2. a. that – **b.** what – **c.** that – **d.** Which
3. a. Sue is a woman I like very much. – **b.** I have a friend who owns three cars – **c.** The sports he doesn't like are cricket and football. – **d.** It's a blog that gives information on writers.

🔊 13 **4. a.** She says (that) he's / he is a nice guy but she doesn't / does not even know his name. – **b.** Who is the card from? – I haven't a clue. I don't even recognise the writing. – **c.** I bet you can answer this question: when is Saint Valentine's Day? – **d.** Let's make an appointment. Does Thursday suit you? – **e.** Which do you prefer: these red trousers or that grey dress? – The dress is too big.

12. EEN HOTELKAMER BOEKEN

1. a. Does he want a city map? – **b.** We don't want a single room. – **c.** Does the rate include internet access? – **d.** It does not include breakfast.
2. a. No, I don't. – **b.** Yes, they do. – **c.** Yes, I do. – **d.** Yes, you can.
3. a. I know him well. – **b.** I always stay in the Towers Hotel. – **c.** We like London a lot. – **d.** I usually take a double room.
🔊 14 **4. a.** Do you mind if I ask you a question? – **b.** I don't / do not have your driving licence. – Here it is. – **c.** Where's / Where is the lift? – It's / It is at the end of the corridor on the right. – **d.** He can't / cannot connect to the internet and the TV doesn't / does not work. – **e.** What do you want and where do you want to go? – **f.** Just a moment, please. We're / We are very busy.

13. OP EEN CRUISE

1. a. in – in – from – **b.** on – **c.** in – down – on/in – **d.** during – for
2. a. Do they rest in the afternoons? – **b.** Are the other passengers very nice? – **c.** Can you train in the gym? – **d.** Is there an internet café with broadband?
🔊 15 **3. a.** You can't take your time. You need to hurry. – **b.** Let's have something to eat and then decide what to do. – **c.** I want to e-mail my office. – **d.** She always falls asleep during long films. – **e.** It's important to shower before going back to your room. – **f.** Stan doesn't want to go for a walk because he quickly gets bored.

4. a. He gets up, shaves and has a shower before breakfast. – **b.** You can rest in the sun, swim in the pool or go for a walk. – **c.** How's life? Are you having fun? – It depends on the day! – **d.** They say (that) anything is possible. It's wonderful.

14. EEN VAKANTIE ORGANISEREN

1. a. We are planning – **b.** They're saving – **c.** It is snowing – **d.** She's reading
2. a. take – **b.** take – **c.** it is / it's raining – **d.** snow – **e.** it is / it's snowing
3. a. Are you driving to Glasgow tomorrow evening? – **b.** I'm not planning a holiday in China this year. – **c.** Are they coming to see us next week? – **d.** I do not / don't think she's talking about climate change.
🔊 16 **4. a.** He is / He's coming to see me next week. He always comes here in autumn. – **b.** How long does the journey take? – Probably three hours. – **c.** Which city do you prefer, Glasgow or Edinburgh? – **d.** Are you going on holiday with your friends? – No, I'm not. – **e.** Give me a minute, please / Please give me a minute, I'm / I am checking the weather forecast.

15. VERHUIZEN

1. a. He's visiting – **b.** We're not going to put – **c.** Are you going to rent – **d.** She's not going to paint
2. a. against – **b.** in front of – behind – **c.** near – **d.** in the corner of

🔊 17 3. a. Where – b. What – c. Why – d. What – e. When – f. Who

4. a. What's up? – I hate moving, decorating, painting and stuff/things like that. – b. What room does she want for her office? – The spare room, next to the bedroom. – c. What about the armchairs and the sofa? Where are we going to put them? – d. What colour are we going to paint it? What about blue? – I suppose so.

16. HET OPENBAAR VERVOER NEMEN

1. a. cycling – b. to meet – c. talking – d. to give up
2. a. ourselves – b. himself – c. yourself – d. themselves
3. a. unkind – b. disagree – c. uncomfortable – d. dislike

🔊 18 4. a. Would you mind opening the window? – Not at all. b. I'm sorry to bother/trouble you but can I sit next to you? – By all means. I'm getting off at the next stop – c. Are you comfortable in that chair? – Yes, very comfortable – d. The shops are crowded at Christmas. – I know what you mean! – e. He stopped smoking last week and he feels terrible.

17. KAMPEREN

1. a. travelled – b. complained – apologised – was – c. missed – stopped – d. asked

🔊 19 2. a. anybody – b. something – c. Somebody – d. anything – e. Nobody – f. nothing

3. a. along – b. by – by – c. in – d. for
4. a. My holiday was horrible. What about you? How was your holiday? – b. It was very tiring, actually. I worked for a week! – c. My wife looked everywhere but everything was full. – How awful! – d. We visited my parents-in-law. What about you?

18. SOLLICITATIEGESPREK

1. a. went – left – was – b. spoke – gave – c. heard – wrote – d. met
2. a. about – b. to – for – c. for – d. geen voorzetsel

🔊 20 3. a. hard – b. excellent – fantastic – c. easily – d. good – e. fairly large – f. fast

4. a. My dad gave me some advice and I made some progress but I failed the exam. – b. I heard about a very interesting job. – c. They told her that they agreed with her. – d. The advert that I saw looks interesting, doesn't it. – No, not really.

19. NAAR EEN RESTAURANT GAAN

1. a. Who is she talking to? – b. What is Michael looking at? – c. Who is Sally smiling at? – d. Where do Piotr and Sasha come from?

🔊 21 2. a. smelled – b. looks – c. sounds – d. tastes – e. feel

3. a. The servers are very busy. Can we have the menu please? – b. I took the set menu: a first course / starter, a main course and a pudding/sweet. It was

nothing special. – **c.** How is the restaurant? – It's very nice but crowded. – **d.** Most of the people we know don't like English food.

20. BOODSCHAPPEN DOEN

1. a. Did he go to that new place in the city centre? – **b.** Did she get any mushrooms? – **c.** Did you find any fruit in the superstore? – **d.** Did they buy three bags of potatoes?

2. a. He didn't go to that new place in the city centre. – **b.** She didn't get any mushrooms. – **c.** You didn't find any fruit in the superstore. – **d.** They didn't buy three bags of potatoes.

3. a. How far is – **b.** How wide is – **c.** How long are – **d.** How high is – **e.** How often does

🔊 22 **4. a.** Do you have the shopping list? – What an idiot. I forgot it. – **b.** She went to the superstore round the corner but it was closed. – Never mind. – **c.** I forgot the strawberries, the grapes and the pears. – You've got a memory like a sieve. – **d.** Did you buy any carrots? I want some for a salad. – No, I forgot. **e.** How much time do we have? – At least two hours.

21. NAAR DE BIOSCOOP GAAN

1. a. older than – **b.** more entertaining than – **c.** funnier – **d.** fatter than

2. a. the biggest – **b.** the most expensive – **c.** the oldest – **d.** the funniest

🔊 23 **3. a.** Is he? – **b.** Did you? – **c.** Aren't you? – **d.** Are they? – **e.** Didn't she? – **f.** Is it?

4. a. Guess what? I saw the film/movie a couple of weeks ago. – What was it like? – **b.** I had a couple of drinks with her after work. – You lucky thing! – **c.** Their last film came out the day before yesterday but it was a flop. – What a shame.

22. EEN ZAKELIJKE BESPREKING

1. a. more reliable – **b.** the most expensive – **c.** worse than – **d.** the worst

2. a. hers – **b.** ours – **c.** mine – **d.** theirs

🔊 24 **3. a.** do you do – Glad – **b.** get down – Would – like – **c.** to keep – **d.** for your – all – **e.** get – something – I'm fine – **f.** much – charge

4. a. The CleanCo is worse than the Dust Devil. It's the worst product on the market. – **b.** They got the best value for money when they bought that vacuum cleaner. – **c.** The hotel charged me twenty-five pounds for breakfast!

23. OP KANTOOR

1. a. was playing – rang – **b.** put – quit – **c.** happened – froze – was typing – **d.** wasn't sending – was working

2. a. is a lot longer – **b.** far less serious – **c.** busier than – **d.** by far the biggest – **e.** far more expensive

🔊 25 **3. a.** matter – **b.** What kind – **c.** bit – **d.** honest – **e.** get – **f.** explains

4. a. Where was your husband living when he met you? – In Wales. – **b.** What were you doing when your computer crashed? – I was downloading a game. – **c.** I emailed / sent an email to my teammate but he didn't answer. – **d.** What's wrong with your colleagues? – Honestly, I don't understand them!

24. EEN SABBATJAAR NEMEN

1. a. will / He'll park – **b.** will / I'll ask – will / she'll say – **c.** will / We'll be – **d.** The car will cost

🔊 26 **2. a.** will not / won't take – **b.** Will you hitchhike or take – **c.** will not / won't help – **d.** Will she teach – **e.** will not / won't tell

3. a. anyone – **b.** no one / no-one – **c.** anyone – **d.** someone

4. a. Give Louise a hand, please. Hand her the briefcase. – **b.** I really feel at home with him. He's really nice. – **c.** Talk of the devill Here are my cousin Louise and my cousin Steve (*Korter alternatief … my cousins Louise and Steve*). – **d.** They don't know anyone in Australia, do they?

25. MET DE AUTO

1. a. won't come – doesn't call – **b.** has – will – hire – **c.** Will – give – call – **d.** will send – find

2. a. bigger than – **b.** as interesting as – **c.** as healthy as – **d.** as stylish as

3. a. fewer – **b.** less – **c.** less – **d.** fewer

🔊 27 **4. a.** We'll / We will be responsible for any damage if we don't take insurance. **b.** Can we afford to go on holiday this year? – We know a really nice hotel in Cardiff that is / that's very affordable. – **c.** Will you give us a discount if we pay cash? – I'm afraid I won't be able to do that, sir. – **d.** There are fewer cars today because it is / it's a public holiday. – I fully understand. – **e.** How about going for a drink? – I'll talk it over with my husband…

26. OP HET PLATTELAND WONEN

1. a. would buy – could afford – **b.** didn't live – wouldn't have – **c.** Would you like – **d.** I wouldn't like

2. a. every – **b.** Every / Each – **c.** both – **d.** each

3. a. You will have to drive – **b.** Will we have to move – **c.** You will not have to sell – **d.** they will have to take

🔊 28 **4. a.** She almost never buys new clothes. – **b.** Didn't she star in *Strikes and Delays*? – I think so. – **c.** Will you listen to me? I'm fed up with your excuses. – **d.** You'd even be able to read or sleep during the journey. – No I wouldn't. – **e.** It costs the earth, but I would buy it. – And pigs may fly.

27. EEN NIEUW LEVEN

1. a. have had – **b.** worked – **c.** have always wanted – **d.** was

🔊 29 **2. a.** Has he been a sales representative? – **b.** Have they had a lot of experience in multimedia? – **c.** Has she always wanted to be a lawyer? – **d.** Have you taught business studies

before? – **e.** Have they found a house they like in Leeds?
3. a. bookshop – **b.** trained – a teacher – **c.** secondary school – **d.** injure
4. a. She has always wanted to be a social worker. – What else has she done? – **b.** How long have you worked here? – I've never worked here. – **c.** We have decided to find a house in the suburbs. – I'll do my best to help you if I can. – **d.** She's never worked in a company but she gets on very well with people.

28. NAAR DE RADIO LUISTEREN

1. a. I've been waiting – **b.** Has … been slowing – **c.** hasn't been suffering – **d.** They've been expecting
2. a. since – **b.** during – **c.** for – **d.** during – **e.** since – **f.** for
🔊 30 **3. a.** has been – **b.** has it been – **c.** Neither – was – **d.** it been – **e.** get – touch – **f.** on – up – to – off
4. a. yet – **b.** still – **c.** still – **d.** already

29. BRIEVEN SCHRIJVEN

1. a. was contacted – given – **b.** were told – **c.** has been offered – **d.** has been stolen
🔊 31 **2. a.** arrive – **b.** is – **c.** have – **d.** receive – **e.** pay
🔊 31 **3. a.** from – **b.** me – **c.** up – **d.** after – **e.** together – **f.** forward
4. a. They want to take a day off but we're too busy. – **b.** Let me know when you have some spare time and we'll get together for a drink. – **c.** The company has made an offer but I'm having second thoughts. I want to work part-time. – **d.** They have offered him a place at art college but I don't think (that) he'll take it.

30. NIET OP KANTOOR

1. a. I'm afraid he's away his desk from right now. – **b.** We'll make sure that she gets their message. – **c.** Is there anything else we can help you with? – **d.** How may I be of assistance?
2. a. of – away – **b.** back to – from – **c.** on – in – with – **d.** up with – **e.** through to – **f.** with
3. a. We want to talk to Harry. Is he around? – I'll see if he's there. – **b.** Let me know if you're free for lunch tomorrow. – Will do. – **c.** I'm a client/customer of Ms Caine's. Could/Would you let her know that I'm here? – **d.** Can I speak to Erin. – This is Erin. / I'm Erin. / Speaking. – Hi Erin, it's Mike. – **e.** Thank you for learning English with Assimil. Please continue. – Will do!

BIJLAGEN: ONREGELMATIGE WERKWOORDEN, SMS-TAAL, VALSE VRIENDEN EN *DUNGLISH* - NEDERENGELS

◆ ONREGELMATIGE WERKWOORDEN

In het Engels zijn er, zoals bij veel talen, een aantal zgn. "sterke" of onregelmatige werkwoorden, die dus de gebruikelijke vervoegingsregels niet volgen. Hun hoofdtijden (infinitief, onvoltooid verleden tijd, voltooid deelwoord) moeten bijgevolg uit het hoofd geleerd worden.

Laten we beginnen met de twee belangrijkste hulpwerkwoorden:

Infinitief (to)	O.v.t.	Voltooid deelwoord	Vertaling
be	was / were	been	zijn
have	had	had	hebben

Gelukkig zit er in de onregelmatige werkwoorden toch een zekere "regelmaat", waardoor ze in groepjes kunnen onthouden worden (eerder dan ze via een alfabetische lijst te moeten leren). In deze bijlage nemen we de werkwoorden uit onze cursus en nog een paar andere belangrijke werkwoorden op.

1) DE DRIE HOOFDTIJDEN HEBBEN DEZELFDE VORM

Infinitief (to)	O.v.t.	Voltooid deelwoord	Vertaling
bet	bet	bet	wedden
cost	cost	cost	kosten
cut	cut	cut	snijden
fit	fit	fit	passen, goed zitten
hit	hit	hit	slaan, raken
hurt	hurt	hurt	pijn doen, bezeren
let	let	let	laten
put	put	put	zetten
quit	quit	quit	verlaten
read	read*	read*	lezen
set	set	set	stellen
shut	shut	shut	sluiten
spread	spread	spread	sprijden

De uitspraak is anders dan bij de infinitief: [ried] - [red] - [red].

2) VOLGEN HET SCHEMA I → A → U

Infinitief (to)	O.v.t.	Voltooid deelwoord	Vertaling
begin	began	begun	*beginnen*
drink	drank	drunk	*drinken*
ring	rang	rung	*bellen, rinkelen*
shrink	shrank	shrunk	*krimpen*
sing	sang	sung	*zingen*
spin	span	spun	*spinnen*
spring	sprang	sprung *	*springen*
swim	swam	swum	*zwemmen*

* Zoals in **spring**, *lente*, wanneer de natuur open "springt"...

3) INFINITIEF EN VOLTOOID DEELWOORD HEBBEN DEZELFDE VORM

Infinitief (to)	O.v.t.	Voltooid deelwoord	Vertaling
come	came	come	*komen*
become	became	become	*worden*
run	ran	run	*rennen, (hard)lopen*

4) DE EIND-D VAN DE INFINITIEF WORDT -T

Infinitief (to)	O.v.t.	Voltooid deelwoord	Vertaling
bend	bent	bent	*buigen*
build	built	built	*bouwen*
lend	lent	lent	*lenen*
send	sent	sent	*(ver)zenden*
spend	spent	spent	*doorbrengen, uitgeven*

5) DE *EE* VAN DE INFINITIEF WORDT *E* EN VERLEDEN TIJD EN VOLTOOID DEELWOORD GAAN UIT OP - *T*

Infinitief (**to**)	O.v.t.	Voltooid deelwoord	Vertaling
feel	felt	felt	*(zich) voelen*
keep	kept	kept	*(bij)houden*
kneel	knelt	knelt	*knielen*
meet	met	met	*ontmoeten*
sleep	slept	slept	*slapen*
sweep	swept	swept	*vegen*

6) VERLEDEN TIJD EN VOLTOOID DEELWOORD KRIJGEN EEN *O* EN HET VOLTOOID DEELWOORD GAAT UIT OP -*N*

Infinitief (**to**)	O.v.t.	Voltooid deelwoord	Vertaling
break	broke	broken	*breken*
choose	chose	chosen	*kiezen*
forget	forgot	forgotten	*vergeten*
freeze	froze	frozen	*vriezen*
speak	spoke	spoken	*spreken*
steal	stole	stolen	*stelen*
wake	woke	woken	*wekken*
wear	wore	worn	*dragen (kleren)*

to get volgt dit schema in Amerikaans Engels (**get**, **got**, **gotten**), maar wordt in Brits Engels vervoegd als **get**, **got**, **got**

7) ALLEEN DE VERLEDEN TIJD KRIJGT EEN *O* EN HET DEELWOORD GAAT UIT OP -*N*

Infinitief (**to**)	O.v.t.	Voltooid deelwoord	Vertaling
drive	drove	driven	*rijden, besturen*
ride	rode	ridden	*(paard)rijden*
rise	rose	risen	*opstaan, opkomen*
write	wrote	written	*schrijven*

8) IE-KLANK VAN DE INFINITIEF WORDT E-KLANK

Infinitief (to)	O.v.t.	Voltooid deelwoord	Vertaling
feed	fed	fed	voeden
lead	led	led	leiden
mean	meant	meant	betekenen, bedoelen

9) VERLEDEN TIJD EN VOLTOOID DEELWOORD KRIJGEN -OUGHT/-AUGHT

Infinitief (to)	O.v.t.	Voltooid deelwoord	Vertaling
bring	brought	brought	brengen
buy	bought	bought	kopen
fight	fought	fought	vechten
think	thought	thought	denken
catch	caught	caught	vangen, halen
teach	taught	taught	onderwijzen, leren

10) VERLEDEN TIJD KRIJGT -EW EN VOLTOOID DEELWOORD KRIJGT -OWN/-AWN

Infinitief (to)	O.v.t.	Voltooid deelwoord	Vertaling
blow	blew	blown	blazen
grow	grew	grown	groeien, worden
know	knew	known	kennen, weten
fly	flew	flown	vliegen
draw	drew	drawn	tekenen, trekken

En tot slot nog een paar veel gebruikte onregelmatige werkwoorden die geen van de 10 schema's volgen:

Infinitief (to)	O.v.t.	Voltooid deelwoord	Vertaling
fall	fell	fallen	vallen
find	found	found	vinden
give	gave	given	geven
go	went	gone	gaan
hear	heard	heard	horen
hold	held	held	houden
leave	left	left	laten, vertrekken
lie*	lay	lain	liggen
lose	lost	lost	verliezen
make	made	made	maken
pay	paid	paid	betalen
say	said	said	zeggen
see	saw	seen	zien
show	showed	shown	tonen
sit	sat	sat	zitten
stand	stood	stood	staan
take	took	taken	nemen
tell	told	told	zeggen, vertellen
understand	understood	understood	begrijpen, verstaan

* niet verwarren met het regelmatige **to lie**, *liegen*!

Alle werkwoorden hoeven niet in een keer gememoriseerd te worden. Het kan ook per tabel of, voor bovenstaande lijst, per groep van vier of vijf werkwoorden. Het is ook leuk om een verband te leggen, bv. met filmtitels of liedjes waarin een van de werkwoorden voorkomen (*Begin Again*, *Frozen*, *Get Carter*). Met een ludieke aanpak krijg je de onregelmatige werkwoorden het makkelijkst verwerkt!

◆ SMS-TAAL

Een paar basisprincipes bij sms-taal
(**SMS**, afkoring van **Short Message Service**):

EEN FONEEM VERVANGEN DOOR EEN CIJFER OF EEN LETTER

2 vervangt **to/too**	I want 2 go 2	**I want to go too**, *Ik wil ook gaan, er ook heen*
4 vervangt **for**	This is 4 you	**This is for you**, *Dit is voor jou*
B vervangt **be**	B quick	**Be quick**, *Wees snel, Haast je*
U vervangt **you**	Love U	**Love you**, *Hou van je*
C vervangt **see**	C U soon	**See you soon**, *Zie je snel (terug), Tot gauw*
R vervangt **are**	R U there	**Are you there?**, *Ben je er?*
Y vervangt **why**	Y R U late	**Why are you late**, *Waarom ben je (te) laat?*

zelfs **Y R U L8** (8 klinkt als [eejt])!

ZOVEEL MOGELIJK KLINKERS WEGLATEN, BIJVOORBEELD:

cn → can
hv → have
knw → know
ths → this

EEN PAAR VEEL GEBRUIKTE BERICHTJES:

AFAIK	As Far As I Know	*Voor zover ik weet*
AFK	Away From Keyboard	*Weg van het toetsenbord*
CUL8R	See You Later	*Tot later/straks*
NP	No Problem	*Geen probleem*
IHNI	I Have No Idea	*Ik heb er geen idee van*
BTW	By The Way	*Trouwens, A propos*
LOL	Laughing Out Loud	*Lol, Hahaha, Grapje*
OMG	Oh My God	*O mijn God! Hemeltje!*
ROFL	Rolling on the Floor Laughing	*Kom niet bij van het lachen*
THX	Thanks	*Bedankt*

Er zijn er nog vele andere, maar dit assortimentje geeft een inzicht in de basismechanismen van deze manier om tegen hoge snelheid te communiceren.

◆ VALSE VRIENDEN

"Valse vrienden" zijn Engelse en Nederlandse woorden die wel op elkaar lijken, maar in beide talen een heel andere betekenis hebben. We vullen de voorbeelden die we hiervan al zagen in het boek verder aan met meer van die "valse vrienden" uit het dagelijks leven:

Dit Engelse woord...	(Nederlandse vertaling)	lijkt op het Nederlandse woord...	(Engelse vertaling)
actual, actually	werkelijk, echt, eigenlijk	actueel	current, present
ale	soort licht bier	aal	eel
become, to	worden	bekomen	obtain, to
beware, to	oppassen	bewaren	keep, to
brave	dapper	braaf	good
can	blik	kan	jug
car	auto	kar	cart
chips	frieten	chips	crisps
control, to	beheersen, regelen	controleren	check, to
cry, to	huilen, wenen	kraaien	crow, to
deer	hert	dier	animal
den	hok, hol	den	pine
eagle	arend, adelaar	egel	hedgehog
eventual, eventually	uiteindelijk	eventueel	possible, possibly, perhaps
fabric	weefsel	fabriek	factory
form	formulier	vorm	shape
genie (in a bottle)	geest (in een fles)	genie	genius
glad	blij	glad	slippery
haven	toevluchtsoord	haven	harbour, port
headline	krantenkop	hoofdlijn	main line
hood	kap, muts	hoed	hat
hound	jachthond	hond	dog
knight	ridder	knecht	servant

lecture	lezing	lektuur	reading
lemon	citroen	limoen	lime
loan	lening	loon	pay, salary, wage
map	(land)kaart, (stads)plan	map	file, folder
meaning	betekenis	mening	opinion
mug	mok	mug	gnat, mosquito
novel	roman	novelle	novella
obligation	verplichting	obligatie	bond
ordinary	gewoon	ordinair	vulgar
offer, to	aanbieden	offeren	sacrifice, to
pencil	potlood	penseel	(paint-)brush
photograph	foto(grafie)	fotograaf	photographer
price	prijs (kost~)	prijs (winnende ~)	prize
pretty	aantrekkelijk, aanzienlijk	prettig	nice, lovely,...
proper	juist, degelijk	proper	clean
receipt	ontvangstbewijs	recept	recipe
rest, to	rusten	resten, over zijn	remain, be left, to
rumour	gerucht	rumoer	noise, din, fuss
shellfish	schaaldieren	schelvis	haddock
slim	slank	slim	smart
small	klein	smal	narrow
stuck	vastgelopen, -zittend	stuk	broken
vacancy	vacature	vakantie	holiday
warehouse	pakhuis	warenhuis	department store
we	we	wie	who
worst	ergste, slechtste	worst	sausage

◆ DUNGLISH - NEDERENGELS

In ons Nederlands zitten heel wat Engelse woorden.

Sommige begrippen hebben we gewoon overgenomen uit het Engels, bijvoorbeeld:
brunch, lunch;
bachelor, master;
computer, tablet, smartphone
T-shirt, jumpsuit.

Het is ook zo dat vaak één Engels woord, eventueel vernederlandst, volstaat om een hele Nederlandse uitleg samen te vatten, bijvoorbeeld:
casual, cool
daten, update
jetlag
lobbyen
nerd
primetime, realityreeks
selfie
stress

Veel Engelse termen werden intussen vernederlandst, bijvoorbeeld:

all-in(clusive)vakanties	van **all inclusive holidays**
brunchen	van **to have brunch**
gaan shoppen	van **to go shopping**
gamen	van **to game**
in-/uitzoomen	van **to zoom in/out**
opgepimpt	van **pimped-up**
rosbief	van **roast beef**
up-/downloaden	van **to up-/download**

Voor heel wat Engelse woorden en uitdrukkingen die we makkelijk in de mond nemen, biedt ons Nederlands nochtans een gelijkwaardig alternatief, bijvoorbeeld:

checken	nakijken
fixen	regelen

gossip	roddel
een goal	een doelpunt
een meeting	een bijeenkomst, vergadering
not done	ongepast
trendy	eigentijds

Soms gebruiken we in het Nederlands Engelse termen voor dingen die Engelstaligen anders benoemen, bijvoorbeeld:

een caddie, boodschappenkar	a trolley
een camping, kampeerterrein	a campsite
een flipper(kast)	a pinball machine
een gps	a satnav
een gsm, mobieltje	a mobile (phone)
een living, woon-, zitkamer	a living room, sitting room
een parking, parkeergarage	a car park
een planning, uurregeling	a schedule
een smoking	a dinner suit, dinner jacket

En dan zijn er de Engelse woorden die zonder o.a. de Nederlandse schilders en zeevaarders niet hadden bestaan, bijvoorbeeld:

boss	van "baas"
brandy	van "brandewijn"
coleslaw	van "koolsalade"
cookie	van "koekje"
cruise	van "kruisen"
deck	van "dek"
dollar	van "daalder"
iceberg	van "ijsberg"
landscape	van "landschap"
scate	van "schaats"
skipper	van "schipper"
yacht	van "jacht"

Ontwerp: Céladon éditions
www.celadoneditions.com
Grafisch design: Sarah Boris
Geluidstechnicus: Léonard Mule @ Studio du Poisson Barbu
Nederlandse bewerking en redactie: Carine Caljon

© 2023 Assimil
Wettelijk depot: januari 2023
Uitgavenummer: 4221
ISBN: 978 2 7005 7100 4
www.assimil.com

Drukwerk: Topografia Real in Roemenië